读客® 公务员读史丛书

读历史，更懂政治，修身治国平天下

血腥的盛唐

让中国历史上最著名的主角们，为您讲述中华民族历史上最辉煌、最璀璨也最黑暗、最血腥的朝代

一部289年的唐史，就是一部中国5000年历史的缩影。

3

武则天夺权

王觉仁 著

凤凰出版传媒集团
凤 凰 出 版 社

图书在版编目（CIP）数据

血腥的盛唐 . 3 / 王觉仁著 . -- 南京 : 凤凰出版社
, 2012.5

ISBN 978-7-5506-1075-0

Ⅰ . ①血… Ⅱ . ①王… Ⅲ . ①中国历史－唐代－通俗读物 Ⅳ . ① K242.09

中国版本图书馆 CIP 数据核字（2011）第 276559 号

书　　名　血腥的盛唐 . 3
著　　者　王觉仁
责任编辑　陈　欣
特约编辑　唐正申　赵晨凤
策　　划　读客图书
版　　权　读客图书
封面设计　读客图书　021-33608311
出版发行　凤凰出版传媒集团
　　　　　凤凰出版传媒股份有限公司
　　　　　凤凰出版社
　　　　　北京凤凰天下文化发展有限公司
出版社地址　南京市中央路 165 号，邮编：210009
公司网址　北京凤凰天下网　http://www.bookfh.cn
印　　刷　北京盛兰兄弟印刷装订有限公司
　　　　　北京市大兴区黄村镇西芦城黄鹅路
开　　本　680mm x 990mm 1/16
印　　张　19
字　　数　293 千
版　　次　2012 年 8 月第 1 版　2014 年 3 月第 6 次印刷
标准书号　ISBN 978-7-5506-1075-0
定　　价　29.90 元

如有印刷、装订质量问题，请致电 021-33608311（免费更换，邮寄到付）

目录

第一章
瘸子储君李承乾

齐王李祐造反

贞观十七年（公元643年）春天，大唐的天空依旧澄明。

这一年，太宗李世民四十五岁，君临天下十有七载。

十七年来，大唐帝国政通人和、国泰民安、四海升平、万邦来朝，无论从哪一个方面来看，这个繁荣强大的帝国都足以让李世民感到欣慰和自豪。

一切看上去都很美。

但是，这年正月，一则令人不安的流言却开始在长安城的大街小巷悄悄流传。

流言说的是太子李承乾。

要了解流言的具体内容，我们不妨把目光转到长安的酒肆茶坊里，听听某长安百姓和某外地旅人的如下对话：

某外地旅人问（下面简称外地人）：人们说太子什么？

某长安百姓答（下面简称长安人）说他有病。

外地人：什么病？

长安人：足疾。十几岁时生病落下的。

外地人：这么说，堂堂储君居然是个瘸子？

长安人：别说得这么难听，人家那叫足疾！

外地人：足疾也罢，瘸子也罢，问题是这种人将来怎么当皇帝？这不是有失国体吗？将来岂不是要让番邦人笑掉大牙？

长安人：说得也是……不过，皇上还有一个儿子魏王李泰，长得膘肥体壮、膀大腰圆……不，是长得高大威猛、仪表堂堂，而且聪明颖悟、多才多艺，最受皇上宠幸。您不知道吧，皇上出门都把他带在身边，瞧这势头啊，这魏王李泰迟早有一天会把李承乾拱掉，自己当太子。

外地人：哦？如此说来，当今皇上也有废立之意啦？

长安人：这个嘛，咱平头百姓不敢瞎猜。不过有一点是肯定的，很多名流政要和勋贵子弟都在向魏王靠拢，如果不是他有戏可唱，那帮人精干吗要削尖了脑袋往他身边拱？

外地人：嗯，有道理。那我们就骑驴看唱本——走着瞧吧……

这些流言蜚语就像春天的柳絮一样在长安坊间到处乱窜、恣意飞扬，最后终于不可阻挡地飞进皇宫，落进太宗李世民的耳中。

李世民勃然大怒，同时也隐隐生出了一丝不祥的预感。

贞观十七年正月十五，在元宵佳节的朝会上，一脸阴霾的李世民当着文武百官的面作出了严正声明："听说坊间的官员、百姓认为太子有足疾，而魏王颖悟，又时常随朕出游，所以议论纷纷，甚至有投机之徒已经开始攀龙附凤。今天，朕要明白告诉诸卿，太子的脚虽然有毛病，但并不是不能走路。而且《礼记》说：'嫡子死，立嫡孙。'太子的儿子已经五岁，朕绝对不会让庶子取代嫡子，开启夺嫡之源！"

谣言止于智者。

愚蠢的流言止于自信的帝王。

李世民坚信，只要自己毫不动摇地坚持嫡长制的原则，不让任何人有机可乘，太子李承乾就能在皇权的接力赛上稳稳当当地接好下一棒。无论在任何情况下，李世民都绝不允许武德九年那场兄弟阋墙、父子反目的悲剧在今日重演！

坊间的流言虽然可恶，不过它顶多就是让李世民感到郁闷和不安而已，但接下来发生的这件事情，却足以令他陷入巨大的悲怆和哀伤之中。

贞观十七年正月十七，李世民最为倚重的股肱大臣之一、一代名臣魏徵与世长辞。

听到噩耗的那一刻，李世民如遭雷击，哀恸不已。

他为魏徵举行了一场庄严而隆重的葬礼，命朝廷九品以上的文武百官全部去给魏徵送行，并赐予“羽葆鼓吹，陪葬昭陵”的特殊待遇。在当时，这是人臣所能享有的最大哀荣。

魏徵出殡的那天，李世民登上御苑的西楼，望着那支一眼望不到头的送葬队伍，往事在他眼前一幕幕掠过，泪水止不住潸潸而下……

还没等李世民从魏徵之死的哀伤中完全解脱出来，一些令人不安的坏消息又接踵而至。先是鄠县（今陕西户县）县尉游文芝密告代州（今山西代县）都督刘兰成谋反，有关部门经过调查，证实刘兰成谋反罪名成立，随即将其逮捕并腰斩。紧接着，新任洛州（今河南洛阳市）都督张亮入宫辞行时，居然向皇帝告密，又说有个朝廷重臣要谋反。

谁？

侯君集。

张亮是开国功臣，侯君集也是开国功臣，如今一个开国功臣状告另一个开国功臣谋反，这个问题绝对要比刘兰成一案严重得多！

是张亮在诬陷，还是侯君集真的要造反？

似乎后者的可能性更大。

冰冻三尺，非一日之寒。侯君集这个人，其实早在贞观十四年就开始出问题了。当时他出任西征统帅，率部平定了高昌，于是就有些居功自恃，公然侵吞高昌王室的大量珍宝。上梁不正下梁歪，其部众看见主帅带头贪墨，顿时一哄而上，争抢战利品。

侯君集不敢制止，因为他是第一个伸黑手的。要是他贼喊捉贼，手下人绝对不服，而且回朝后肯定会把事情抖出来。所以，侯君集只好睁一眼闭一眼，任手下人尽情哄抢战利品。

也许是事情闹得太大，所以他刚刚班师回朝，就东窗事发了。

有关部门抓到了他贪墨的证据，立刻对他发出弹劾。太宗李世民一听奏报，二话不说就把他丢进了诏狱。

侯君集满腹不平。

自己刚刚为帝国立下赫赫战功，可一回来，居然连皇帝的面都还没见着，连一杯庆功酒都还没喝到，就先蹲号子吃了牢饭，这他奶奶的算怎么回事？

后来中书侍郎岑文本上疏替他求情，李世民才把他放出了诏狱。可侯君集平定高昌的功勋好像从此一笔勾销了，不但没人给他摆庆功宴，更没人给他加官晋爵。这口鸟气，侯君集无论如何也咽不下去！

在侯君集看来，李世民在玩弄帝王术，借惩贪之名对功臣进行打压。从此，侯君集心灰意懒，“志殊怏怏”（《旧唐书·侯君集传》），对李唐朝廷和太宗李世民的忠诚度一落千丈。

与此同时，一个大胆的念头开始在他心中蠢蠢欲动。

贞观十七年二月，太子詹事张亮被调出朝廷，改任洛州都督，侯君集故意刺激他说：“是什么人排挤你？”

张亮没好气地说：“不是你还有谁？”

侯君集急得跳脚：“我讨平一个国家回来，却碰上比一间屋子还大的嗔恨和猜忌，我还有心思排挤你？”

见张亮不语，侯君集忽然卷起袖子大声说：“老子郁闷得不想活了，你要不要反？我和你一起反！”

乍一听如此大逆不道之言，张亮着实吓了一大跳。他先是在心里问候了侯君集的十八辈祖宗，继而暗暗叫苦：今天这些话要是被人听见，自己就得陪着侯君集一块玩完！虽然此次无缘无故被弄出京师他也很憋屈，可他万万不敢往造反的事上想，如今侯君集这么一嚷嚷，简直是拽着他往火坑里跳啊。

狗日的侯君集，你自己想死就死，何苦拉着老子当垫背！

张亮为此郁闷了好几天，最后一狠心，找皇帝告御状去了。

张亮知道，只有这么做，他才能与侯君集划清界限，彻底洗刷同谋造反的嫌疑。

李世民听完张亮的告密后，良久无语。

最后，李世民长叹一声：“你跟侯君集都是开国功臣，而且侯君集说这种话时，旁边没有第三者在场。如果交付法司审讯，他必定不服，到头来也审不出个子丑寅卯，这件事你暂且不要再提了。”

事后，李世民虽然待侯君集如故，就像什么事都没发生过一样，但显然已经对他多留了一个心眼。

这真是一个让人无语的春天。

政治流言猖獗，股肱重臣辞世，地方大员刚因谋反被诛，开国功臣又涉嫌谋反……好像所有坏事都凑到一块去了。

要照老百姓的话说，这就叫流年不利！

数日后的一次朝会上，情绪恶劣的李世民忽然对群臣发了一通牢骚："人主惟有一心，而攻之者甚众。或以勇力，或以辩口，或以谄谀，或以奸诈，或以嗜欲，辐凑攻之，各求自售，以取宠禄。人主少懈，而受其一，则危亡随之，此其所以难也。"（《资治通鉴》卷一九六）

听着天子这段既像独白又像训斥的牢骚话，满朝文武面面相觑，猝然不知应对。

许多人用眼角的余光偷偷瞥了瞥御榻上的皇帝，心里头纷纷敲起了鼓。

勇力、辩口、谄谀、奸诈、嗜欲，各求自售，以取宠禄……这说的都是谁呢？不会是说我吧？

也许是为了冲淡这个春天的晦气，并且纾解一下坏到了极点的心情，李世民决定做一件酝酿已久的事。

这是他多年来的一个夙愿，也是大唐王朝的一件盛事。

二月二十八日，李世民命著名画家阎立本绘制了二十四位开国功臣的画像，悬挂于太极宫三清殿旁边的凌烟阁。他们是：长孙无忌、李孝恭、杜如晦、魏徵、房玄龄、高士廉、尉迟敬德、李靖、萧瑀、段志玄、刘弘基、屈突通、殷开山、柴绍、长孙顺德、张亮、侯君集、张公谨、程知节、虞世南、刘政会、唐俭、李世勣、秦叔宝。

这就是历史上著名的"凌烟阁二十四功臣"。

做完这件事，李世民的心情总算有所好转。

可他无论如何也不会想到，更坏的消息马上就来了。

贞观十七年三月初，一匹快马风驰电掣地进入长安。大汗淋漓的信使抵达京师后，不顾满面灰尘，直接拍马驰进了太极宫。

这个风尘仆仆的信使，给朝廷和天子带来了一则十万火急的消息——

齐王李祐造反了！

齐王李祐是太宗李世民的第五子，武德八年封宜阳王，同年改封楚王。贞观二年，徙封燕王，就任豳州都督，贞观十年改封齐王，授齐州（今山东济南市）都督。

从这份简单的履历可以看出，这个齐王也算是经过历练的人，不像是那种长于深宫、昏庸无能的纨绔子弟。

但是很可惜，尽管李世民早早就让他出任封疆大吏，把他放在地方上历练，可这个齐王李祐却始终无甚长进，只学会了飞鹰走马、游弋射猎，压根没学到什么抚众驭民的真本事。

亲王无能，外戚自然乘虚而入。

李祐的舅父阴弘智在朝中担任尚乘直长，是一个管理御马的七品芝麻官，仕途很不得意，当然就希望齐王李祐能够竞争天子宝座，以便跟着鸡犬升天，于是暗中劝告李祐说："大王兄弟这么多（李世民共有十四子），陛下千秋万岁之后，你应该招募一批壮士保卫自己的安全。"言下之意，就是希望齐王暗中积蓄力量，以备来日夺取皇位。

李祐深纳其言。阴弘智随即举荐了他的两个大舅子：燕弘亮和燕弘信。

这兄弟俩本是江湖中人，平日里要枪弄棒，吆朋喝友，也有几分老大的派头。李祐一见倾心，赐给他们大量财宝，让他们暗中招募死士。

太宗李世民对皇子们一向管教甚严，给他们派任的长史和司马都是一些刚烈正直之人。其中，负责辅佐齐王的长史权万纪就是一个性情偏狭、极端严厉的人。齐王喜欢飞鹰走马，权万纪就屡屡谏诤；齐王宠幸手下的两个卫士昝君謩、梁猛彪，权万纪就把他们视为眼中钉，找个借口就把他们逐出了齐王府。李祐大为不快，暗中又把他们召了回来，对他们的宠幸有增无减。

对于齐王李祐的所作所为，李世民也有所耳闻，于是经常写信斥责。权万纪担心皇帝怪罪他辅佐无方，随即想了一个免责的办法，对齐王说："大王是皇上爱子，陛下是为你好才严加教训，大王若能改过自新，我愿入朝替大王说话。"随即写了一道奏疏，条条列出李祐所犯的错误，然后强迫李祐在上面签字，以表明他真心悔过的态度。李祐无奈，只好乖乖地签字画押。

权万纪拿着奏疏到了京师，对皇帝说，齐王李祐在他的辅佐下一定可以改过自新。李世民非常高兴，一边勉励权万纪，一边下诏历数李祐的种种过失，并且再次发出严厉的批评和警告。

李祐听说皇帝褒奖了权万纪，却独独把自己骂得狗血喷头，顿时暴跳如雷："这姓权的出卖我！竟敢以我的过失换取他的功劳，总有一天我要宰了他！”

自此，齐王李祐与权万纪嫌隙日深，而叛乱的祸根从这一天起便已悄然埋下。

权万纪到长安走了一趟后，自以为有了皇帝的嘉奖和信任，从此就像拿到了一把尚方宝剑，对齐王的管束越发变本加厉，不但不让他迈出城门一步，而且把他打猎用的鹰犬全都放跑了，此外还严禁昝君謩、梁猛彪与齐王见面。

堂堂一个皇子，竟然被自己的辅臣管制到这种地步，叫齐王如何忍受？

权万纪并不知道，他的过分刻薄终将给自己招来杀身之祸。

有一天夜里，权万纪家的院子里忽然扔进来几块石头，权万纪料想这肯定是昝君謩和梁猛彪所为，下一步很可能会谋杀他。于是第二天一早断然将二人逮捕，并且立刻用快马投递奏章到京师，弹劾齐王李祐及其党羽数十人。

到这一步，权万纪与齐王李祐的矛盾就彻底激化了，双方已呈水火不容之势。

李世民闻奏后，立即派遣刑部尚书刘德威亲自到齐州调查取证，结果很多证据都对齐王非常不利。李世民大怒，随即下令李祐随同权万纪一起回京。

齐王李祐大为恐惧，知道自己又被权万纪打了小报告，于是蓄积已久的怨恨终于爆发，随即与燕弘亮等人一起密谋，决定除掉权万纪。

此时权万纪也已嗅出危险的气息，所以不等齐王一起，自己先行动身回京了。齐王当然不会放过他，立刻命燕弘亮率二十几个骑兵追杀，在半道上射死了权万纪。

擅自诛杀皇帝亲任的辅臣，这回的娄子算是捅大了。事已至此，反是死，不反也是半条命，齐王李祐一咬牙——那就反了！

除了权万纪外，李祐对另一个经常劝谏他的辅臣韦文振也是恨之入骨。韦文振时任齐王府典军，手中握有兵权，李祐要想起兵，头一个就得先摆平他。于是李祐便派人胁迫他一起造反，韦文振不从，率一干部属出逃，只跑出数里地，就被齐王李祐追获，当场砍杀。部属们吓得趴在地上，浑身颤抖，纷纷向齐王磕头求饶。

做完这一切，齐王李祐彻底掌控了齐州的局势。

坐镇齐州十年，他还是头一回品尝到手握大权、说一不二的滋味。

这滋味真是美极了。

李祐感觉自己胸中一股睥睨天下、傲视群伦的豪情壮志油然而生。

原来造反是如此惬意的一件事情，早知道就早反了！

随后，李祐开始给党羽们大肆封官，名头有什么上柱国、开府、拓东王、拓西王等等，同时打开府库尽情赏赐，俨然已经是一个功成名就的帝王。接着，李祐又把城外的老百姓悉数赶进城中，又命军队磨利武器、加固城墙，大有与朝廷分庭抗礼之势。

齐王李祐激情澎湃地进行着他的造反大业，可在齐州的官员和百姓看来，齐王这么做简直是在自掘坟墓。

士民们当然不想当他的陪葬品，于是纷纷撇下妻儿老小，半夜里偷偷从城墙上缒下，争先恐后地逃亡。

齐王李祐根本无力阻止。

李世民万万没有想到，李祐竟然会走到这一步！

他知道这小子一贯是烂泥扶不上墙，本来也没指望他有多大出息，只是想严加督导，别让他捅出太大的娄子就行。不成想这小子放着好好的亲王和都督不当，居然干起了杀人造反的勾当！

如此丧心病狂，无异于宣判自己的死刑。

李世民心里又恨又痛。

真是哀其不幸，怒其不争！

三月六日，李世民一边下诏命兵部尚书李世勣集结齐州以西九个州的军队进行讨伐，一边给齐王李祐下了最后一道手诏：

> 吾常诫汝勿近小人，正为此也。汝素乖诚德，重惑邪言，自延伊祸以取覆灭。痛哉，何愚之甚也！遂乃为枭为獍，忘孝忘忠，扰乱齐郊，诛夷无罪。去维城之固，就积薪之危；坏磐石之亲，为寻戈之衅。且夫背礼违义，天地所不容；弃父逃君，人神所共怒。往是吾子，今为国仇。万纪存为忠烈，死不妨义；汝生为贼臣，死为逆鬼。彼则嘉声不隤，尔则恶迹无穷。吾闻郑叔、汉戾，并为猖獗，岂期生子，乃自为之?!吾所以上惭皇天，下愧后土，叹惋之甚，知复何云。（《旧唐书·庶人祐传》）

这是一个苦心孤诣的帝王对一个大逆不道的臣子最后的谴责。

这也是一个痛心疾首的父亲给一个冥顽不灵的儿子最后的诀别书。

书毕，李世民悲从中来，泫然泣下。

就像我们在前文说过的那样，对于齐王李祐的悖逆之举，李世民除了感到痛心疾首之外，脑海中一定也会闪过武德九年六月四日的那一幕。当他颤抖地写到“背礼违义，天地所不容；弃父逃君，人神所共怒”这样的字句时，内心一定也会泛起一种深藏已久的惭悚和愧疚；而“上惭皇天，下愧后土”这样的感叹，除了是替李祐感到羞惭之外，一定也包含着某种程度上的自我谴责。那潸然而下的泪水，又岂是为齐王李祐一人而流？

大难将至，可齐王李祐似乎毫无察觉。

眼下他正在齐州城里美滋滋地当着他的土皇帝。

他命部众分头把守各个城门，然后把燕弘亮、燕弘信等五个最亲信的死党召进卧内，天天和他们一起寻欢作乐，左手抱着美女，右手端着酒盅，通宵达旦，好不快活。

觥筹交错之间，说到朝廷和官军的动向，燕弘亮拍着胸脯对齐王说：“大王不必忧虑！我右手拿酒杯，左手为大王挥刀，来一个砍一个，来两个砍一双！”

李祐顿时喜上眉梢。

有燕弘亮这等武功盖世的大侠替他包打天下，他还怕什么鸟官军？

此刻，李世勣的讨伐大军正在向齐州火速推进，而青州（今山东青州市）、淄州（今山东淄博市）等数州兵马也已纷纷开进齐州地界。朝廷已经给齐王及其党羽撒下了一个天罗地网，可这帮家伙却还在温柔乡中大做白日梦！

令人啼笑皆非的是，尽管朝廷为了此次平叛而兴师动众，准备大动干戈，可最后讨平齐王的，既不是李世勣的讨伐大军，也不是青州等地的兵马，而是齐王府里头的一个小小兵曹。

这个兵曹名叫杜行敏，是一个正七品的芝麻官。他知道齐王的谋反不得人心，于是暗中纠集了不附齐王的官兵和百姓一千余人，于三月十日深夜突然发动兵变，齐州城里顿时杀声震天。当天夜里，齐王党羽凡是居住在府外的，都被变兵一一砍杀。李祐惊问外面发生了什么事，左右也不知何故，只好随口说：“恐怕是李世勣的军队已经攻进城了！”

此刻，杜行敏已经凿破了齐王府的外墙，率众蜂拥而入。李祐和燕弘亮等人慌忙披上铠甲、拿上兵器，躲进内堂顽抗。杜行敏等一千余人将内堂团团围住，从次日凌晨一直打到中午，始终不能攻破。

杜行敏最后决定采用火攻。他向齐王喊话说：“你从前是皇子，现在是国贼！行敏为国讨贼，更无所顾，倘若你拒不投降，立刻让你变成灰烬！”随即命人在房屋四周堆上柴薪，手举火把，随时准备点燃。

齐王李祐忽然挑开窗户，扔出来一句话：“我马上就开门，但是有一个条件，你们必须保燕弘亮兄弟不死。”

直到这一刻，这位愚蠢透顶、不可救药的齐王显然还没有意识到自己的处境。

他不但以为自己可以逃过一死，而且还想保住燕弘亮兄弟的性命。

李祐实在是太可爱了。都说虎父无犬子，可英明神武的太宗李世民居然生出了这么一个宝贝儿子，实在让人无语。

杜行敏答应了齐王的要求，李祐等人随即开门投降。燕弘亮刚一露头，马上有一帮人冲上去把他摁倒在地，然后狠狠地抠出了他的眼珠子，扔在地上踩得粉碎。

答应保你不死，可没答应保你的眼珠子！

其他的党羽更惨，先是被打断了腿，随后又全部被斩首。

杜行敏押着蓬头散发的齐王在城里走了一圈，以此安抚众心，最后将他押回齐王府关了起来，上表向朝廷奏捷。

齐王李祐的这场叛乱，从头到尾都像是一场闹剧。

还没等平叛官军踏进齐州城一步，李祐的皇帝梦就灰飞烟灭了。

李祐被押赴京城之后，囚禁在内侍省。李世民毫不犹豫地给他下了一道最后的圣旨——贬为庶人，赐其自尽。

李祐死后，同党被判处死刑的共有四十四人，其中当然包括燕弘亮、燕弘信兄弟以及野心家阴弘智。而七品芝麻官杜行敏则因平叛有功，被破格提拔为巴州（今四川巴中市）刺史，封南阳郡公；权万纪和韦文振也各有追封。

这一年春天，霏霏淫雨一直笼罩在太极宫的上空。

太宗李世民独自一人站在寝殿的窗前，望着窗外迷离的雨雾出神。细心的宫人们发现皇帝的神情憔悴而疲惫，目光中郁结着一层浓重的忧伤。

而最让他们担心的是皇帝的脸色。

那是一种以前从未有过的苍白，仿佛刚刚从落了一季的雨水中打捞出来的一样。

宫人们知道，齐王李祐的叛乱事件已经给皇帝造成了不小的打击，而眼下东宫又尽干些出格离谱的事，频频爆出令人震惊的丑闻。更让人气愤和无奈的是——太子李承乾不但不思悔改，反而肆无忌惮、一意孤行，真是让皇帝伤透了心……

雨下得更大了。

天色越发晦暗，宫人们赶忙亮起了几盏烛灯。

隐隐约约中，人们看见皇帝的脸上有什么东西在闪动。

那是泪。

两行清亮的泪。

李世民想废掉太子

李承乾是李世民的嫡长子，武德二年（公元619年）生于太极宫承乾殿，遂以此殿命名。

他从小聪慧敏捷，一直深受李世民喜爱，武德九年（公元626年）李世民登基为帝，同时将八岁的李承乾立为太子。贞观九年，太上皇李渊驾崩，李世民按照礼制为高祖守孝，那段时期朝廷政务皆由太子决断，年仅十七岁的李承乾就“颇识大体”，把国家大事处理得井井有条，所以李世民对他非常信任，“每行幸，常令太子居守监国”（《旧唐书·恒山王承乾传》），也从没见他出过什么差错。

在整个贞观初期，李世民对这个储君还是比较满意的。后来虽说察觉了太子的一些不良习气，可李世民仍然对他寄予厚望，一再对东宫的辅臣们说：“太子生长深宫，百姓艰难，耳目所未涉，能无骄逸乎！卿等不可不极谏！”（《资治通鉴》卷一九四）

然而，李承乾却未曾体会到李世民的一片苦心。

差不多从贞观十年起，李承乾身上的纨绔习气就越发严重了。他开始沉湎于声色犬马，终日射箭打猎、嬉戏宴游，毫无节制。

当然，这些事情都是背着那些刻板严厉的辅臣干的。

由于从小接受了比较好的帝王教育，所以李承乾颇有几分学识，而且口才绝对一流。凡是在公开场合，李承乾总是正襟危坐，开口闭口都是孔孟之学和忠孝之道。说到紧要处，他甚至会做出一副慷慨激昂、声泪俱下之状。辅臣们无不为之悚然动容、啧啧称赞。

可一回到东宫，李承乾把朝服一脱、靴子一蹬，立刻就变了个人，终日“与群小相亵狎”，该怎么玩就怎么玩，把那些圣贤学问全都扔到了爪哇国。

如果连续好些日子玩得太疯，李承乾预料到辅臣们肯定会来进谏，于是就会主动出去迎接，一见他们到来，便会大行跪拜之礼，然后“引咎自责”，用一种既严肃又诚恳的态度进行深刻的自我批评，把辅臣们精心准备的一大套说辞全都堵在了嗓子眼，搞得他们一脸窘迫，“拜答不暇”（《旧唐书·恒山王承乾传》）。

因为李承乾深谙变脸绝技，所以在他当太子的早期，朝野舆论一致认为他是一个贤明的储君。

李承乾自以为皇位非他莫属，因此越发肆无忌惮，所玩的游戏也越来越不靠谱。

不知道从什么时候开始，他忽然迷恋上了少数民族文化，尤其喜欢突厥人的风俗习惯。

他开始说突厥语，穿突厥衣服，并特意遴选了一批面貌酷似突厥人的人当侍从，以五个人为一组把他们编为一个迷你型部落，让他们把头发梳成小辫，身穿羊皮衣服，在东宫的草地上牧羊；旁边还插上一杆绣有五个狼头的大纛，并架起帐篷，然后自己住进去，每天亲自杀羊，烤熟了以后就拔出佩刀，割成一块一块与左右分享。

干完这些，李承乾还是不过瘾，有一天忽然对左右说：“我假装是可汗，现在翘了辫子，你们仿效突厥的风俗来给我办丧事。”说完两眼一闭，往地上一倒，当即一动不动。于是左右侍从便骑马围着李承乾的“尸体”，一边转圈一边号丧，并依照突厥风俗纷纷割破自己的脸，以表对“去世可汗”的沉痛悼念之情。

许久，李承乾才高兴地跳起来，说：“有朝一日我继承了天下，定要率数万骑兵到金城（今甘肃兰州市）以西打猎，然后把头发解开去当突厥人，投靠阿史那思摩，只要当一个突厥将军，我就绝不会落于人后。”

堂堂大唐储君继位后居然要抛弃他的江山和子民，委身于突厥降将阿史那思摩，并且当他手下一个小小的将军，这岂不是滑天下之大稽？

纸终究是包不住火的，如此荒诞不经的言行很快就落进了辅臣们的耳中。东宫大臣于志宁、张玄素、孔颖达等人吓坏了，赶紧苦口婆心地对太子进行劝谏。

可太子一个字都听不进去。

李承乾现在甚至连变脸都懒得变了。

他决定采用新的办法来对付辅臣。

什么办法？

杀。

李承乾一怒之下就派出了几名杀手，打算一举除掉于志宁等人。后来刺杀行动虽然未能得手，但是从此以后，太子李承乾就和东宫的大臣们彻底决裂了，同时也彻底走上了一条自绝于李唐社稷的不归路。

在李唐皇室中，打算自绝于宗庙社稷的绝不仅仅只有李承乾一人。

还有一个宗室亲王和李承乾一样，也不是什么好鸟。

他就是高祖李渊的第七子——汉王李元昌。

李元昌仗着自己的亲王身份，时常为非作歹、触犯国法，所以屡屡被太宗李世民谴责。李元昌由此怀恨在心，就自然而然地和太子李承乾走到了一起。

这两个家伙称得上是一对臭气相投的活宝——太子李承乾是年少轻狂，而汉王李元昌则是为老不尊！

这对活宝凑在一块的时候，最喜欢玩打仗的游戏。他们经常各自统领一队人马，披上铠甲，手执竹枪竹刀，然后扎营列阵，冲锋厮杀，以此为乐。手下人个个刺得浑身是血，要是有人胆敢不听从命令，就会被绑在树上毒打，甚至被活活打死。李承乾宣称：“使我今日作天子，明日于苑中置万人营，与汉王分将，观其战斗，岂不乐哉！”又说：“我为天子，极情纵欲，有谏者辄杀之，不过杀数百人，众自定矣。”（《资治通鉴》卷一九六）

假如这个活宝真的当上了大唐天子，那么不出几年，大唐王朝必定像隋朝一样立刻玩完。

不过李承乾这种人注定是当不上天子的。

他的所作所为到头来除了把自己玩死之外，不会有任何别的结果。

对于这一点，有个人看得比谁都清楚。李承乾玩得越离谱，这个人就越高兴。他巴不得李承乾玩得更出格一点，趁早把自己玩死。

这个人就是李承乾的一母同胞——魏王李泰。

李泰是李世民和长孙皇后生的第二个儿子。

也就是说，李承乾一旦被废，作为嫡次子的魏王李泰就是顺理成章的继任者。

李泰生于武德三年（公元620年），从小“善属文”“多艺能”，深得太宗欢心。贞观二年（公元628年），年仅九岁的李泰便遥领扬州大都督一职，此后又兼任雍州牧、左武侯大将军、鄜州大都督、相州大都督等重要职务，于贞观十年（公元636年）改封魏王。

从贞观十年起，随着太子李承乾的日渐堕落和屡教不改，李世民内心的天平开始逐渐朝魏王李泰倾斜。“时泰有宠，太子承乾多过失，太宗微有废立之意。”（《旧唐书·韦挺传》）

因为李泰喜好文学，所以李世民就特准他在魏王府中开设文学馆，任他自行延揽天下名士。许多政治嗅觉比较灵敏的朝臣立刻意识到——这是天子有意释放的一个政治信号。

当年的秦王李世民不也是通过文学馆延揽人才、树立声望，继而取代李建成的太子之位，最终登上天子宝座的吗？

天子既然发出了这种政治信号，有心人当然就对魏王李泰趋之若骛，于是“士有文学者多与，而贵游子弟更相因藉，门若市然”（《新唐书·濮恭王泰传》）。

但是，并不是所有的朝臣都想去攀魏王李泰的大腿。

比如魏徵、王珪、褚遂良等坚持嫡长制原则的朝廷重臣就根本不买李泰的账。

也许是因为意识到了这一点，所以李泰就暗中授意个别朝臣到天子面前告状，说朝廷三品以上的高官大多轻视魏王。李世民为了树立李泰的威信，以便他来日入主东宫，遂把所有宰执重臣召集起来，声色俱厉地训斥说：“隋文帝时代，朝廷一品以下的官员在诸王面前都要低声下气，同样是皇帝的儿子，我朝为何就不一样？朕只不过是对诸王要求比较严格而已，却听说朝廷三品以上的官员因此就不把诸王放在眼里，假如朕不再对他们严格管束，诸王岂不是可以照样凌辱你们？”

此言一出，以房玄龄为首的大臣们顿时满脸惊惶、汗流浃背，纷纷跪地谢罪。只有魏徵直挺挺地站着，不以为然地说：“臣以为，如今的文武百官，绝对没有人轻视魏王。从礼制上来讲，皇帝的臣属与儿子地位相等；按《春秋》记载，周王派出的朝廷使节，其地位甚至在诸侯之上。因此，凡三品以上者皆为朝廷公卿，就连陛下也应该对他们尊重礼敬。如果是乱世之时纪纲大坏，那当然什么话也不用说了，可如今圣明在位，魏王就断无凌辱群臣之理。隋文帝放纵诸子，让他们为非作歹，最后自取灭亡，这种榜样岂能效法？”

魏徵的反驳义正词严、有理有节，李世民无言以对，只好勉强挤出一副笑容，说：“理到之语，不得不服。朕以私爱忘公义，向者之忿，自谓不疑，及闻徵言，方知理屈。”（《资治通鉴》卷一九四）

可是，李世民的这种妥协终究只是表面上的。在心里，他实际上一直没有放弃废立之意，所以仍旧处处维护李泰。贞观十二年（公元638年）正月，礼部尚书王珪奏称：“三品以上官员，路遇亲王车乘都要下车叩见，这不合礼制。”

李世民一听就火了：“你们一个个自以为尊贵，都瞧不起我的儿子们，是不是？”

魏徵马上又站出来说：“诸王位在三公以下，如今，朝廷的九卿、八座（左右仆射和六部尚书）皆为三品官员，遇到亲王却要下车行礼，这确实不合礼制。”

这次李世民不再让步了，他干脆打开天窗说亮话：“人生寿夭难期，万一太子不幸，安知诸王他日不为公辈之主？何得轻之！”（《资治通鉴》卷一九五）

这话说得已经很露骨了。满朝文武都很清楚，天子所谓的“诸王”，其实就是指魏王。

在此，天子的废立之心已经表露无遗。

大家听了都不吭声，只有魏徵坚决不认同皇帝的说法：“自从周朝以来，皇位都是父子相继，从来没有兄弟的份，为的是根除庶子的夺嫡之心，杜绝祸乱的根源，这是人君最应该警惕的事情。”

李世民知道，储君废立是一件非同小可的大事，稍有不慎就会动摇国本。如果真要废黜承乾、改立李泰，必将在朝臣中遇到绝大的阻力，反对者断非魏徵一人。更何况，在目前太子尚无大过的情况下，言及废立为时尚早。思虑及此，李世民只好再次让步，批准了王珪的奏议。

尽管李世民在事关魏王的问题上一再对朝臣们作出让步，可他对魏王的宠爱依然是有增无减。

由于李泰身形肥胖，行动不利索，李世民就格外开恩，特许他入宫朝谒时可以乘坐小轿。这样的宠遇在满朝文武和所有的皇子中都是绝无仅有的。

李泰是一个聪明人，他当然不会辜负父皇李世民对他的信任和宠爱。贞观十二年（公元638年），李泰听从司马苏勖的建议，认为“自古名王多引宾客，以著述为美”（《旧唐书·濮王泰传》），因而“大开馆舍，广延时俊，人物辐凑，门庭如市”（《资治通鉴》卷一九六），开始大张旗鼓地编纂《括地志》。

《括地志》是一部大型的地理学著作，正文550卷，序略5卷，全面记述了贞观时期的疆域区划和州县建置，博采经传地志，旁求故志旧闻，详载各政区建置沿革及山川、物产、古迹、风俗、人物、掌故等，在当时无疑具有很强的现实意义和政治意义。

此书历三年而成，贞观十六年（公元642年）正月，魏王李泰毕恭毕敬地将此书上呈天子。李世民龙颜大悦，命人将书收藏于宫中的秘阁，对李泰和参与修撰的人大加赏赐。

自从李泰开始编纂《括地志》以来，李世民给魏王府的钱物赏赐就逐年逐月地增加，其数量远远超过了太子李承乾，到贞观十六年初，赏赐达到了高峰；《括地志》完成后不久，李世民又命李泰入居武德殿，以便于“参奉往来”。

对于这些做法，褚遂良和魏徵等人深感不安，遂上疏直谏。褚遂良针对皇帝给魏王的赏赐过厚谏言：“有国家，必有嫡庶。然庶子虽爱，不得超越；嫡子正体，特须尊崇……臣职在谏诤，无容静默。伏见储君料物，翻少魏王，朝野见闻，不以为是。”

魏徵则针对魏王入居武德殿一事谏言：“此殿在内，处所宽闲，参奉往来，极为便近。但魏王既是爱子，陛下常欲其安全，每事抑其骄奢，不处嫌疑之地。今移此殿，便在东宫之西，海陵（李元吉）昔居，

时人以为不可。”（《旧唐书·濮王泰传》）

面对他们的直言切谏和强烈反对，李世民在赏赐上才不得不有所节制，并收回了让李泰入居武德殿的成命。

尽管褚遂良和魏徵等人一直在竭力遏制魏王的夺嫡势头，可毕竟有皇帝在背后替他撑腰，所以魏王李泰在李唐朝廷的人气指数还是不断攀升，许多朝臣和权贵自然也是纷纷向他靠拢。

太宗李世民曾先后派遣黄门侍郎韦挺、工部尚书杜楚客（杜如晦的弟弟）等人出任魏王府的总管大臣。而这两个人也就顺其自然地成为魏王李泰的利益代言人，他们十分卖力地替李泰穿针引线，大量结交朝廷官员。杜楚客甚至不惜以重金贿赂当朝权贵，极力称赞魏王贤明，说只有他才是最有资格的皇位继承人。权贵们为了寻找日后的政治靠山，当然也乐意把他们的筹码押在获胜几率更高的魏王身上，其中就有柴绍之子、驸马都尉柴令武和房玄龄之子房遗爱等人。

短短几年间，李泰就在帝国的政治高层中建立了一个以他为核心的魏王党，其政治目标非常明确，就是两个字——夺嫡。

面对大唐帝国的储君之位，魏王李泰及其同党蠢蠢欲动，大有志在必得之势。

一股夺嫡潜流已经在大唐帝国的政坛上剧烈奔涌。

李泰坚信：李承乾这个没用的瘸子迟早有一天会从储君的位子上滚蛋，只有他这个文武双全、众望所归的魏王才是入主东宫的不二人选！

李承乾把自己玩死了

可是，世上没有不透风的墙。

李泰暗中交结朋党的行径很快引起了李世民的警觉和反感。

在这件事情上，李泰显然操之过急了。无论哪朝哪代，一个藩王如果对储君之位表现出太过露骨的欲望，而且为了实现夺嫡野心，又在朝中拉帮结派，大肆树立朋党，那就肯定会触犯皇帝的大忌！

尽管李世民一直对魏王李泰钟爱有加，也不是没有让他取代太子李承乾的想法，可在八字还没有一撇的情况下，李泰就表现得如此锋芒毕露和迫不及待，终究还是让李世民感到了深深的不快——你李泰的手未免伸得太长了！

再者，自从李世民透露出废立之意后，以魏徵、褚遂良为首的朝廷重臣就极力反对，这也给李世民造成了非常大的政治压力。所以，大约从贞观十六年（公元642年）下半年起，李世民的态度就发生了重大转变，逐渐打消了废立之心。

这一年八月，李世民在一次朝会上问群臣说："当今国家何事最急？"褚遂良马上答道："今四方无虞，惟太子、诸王宜有定分最急。"（《资治通鉴》卷一九六）

所谓"宜有定分"，实际上就是劝告天子彻底打消废长立幼的想法，从而杜绝魏王的夺嫡之心。李世民深以为然，随后便任命魏徵为太子太师，让他一心一意辅佐太子。

众所周知，魏徵是贞观群臣中最以忠直著称的人，同时更是嫡长制最坚定的拥护者，把他派去给太子当首席教师，一方面固然是希望把李承乾打造成合格的储君，另一方面，也是试图以此"绝天下之疑"。

换言之，就是让魏王李泰死了当太子的这条心！

正因为如此，所以当后来魏王党人有意在京城散布不利于太子的政治流言时，李世民才会坚决地站出来辟谣，在朝会上向满朝文武重申嫡长继承制的原则。

尽管太子这些年来的所作所为让李世民很不满意，可他依然没有放弃李承乾。

如果太子能够痛改前非，李世民还是希望把他扶上帝位。

然而，李承乾终究是一个扶不起的阿斗。

就在李世民刚刚回心转意、放弃废立之念时，东宫就爆出了一桩令人不齿的丑闻。

事情源于一个叫称心的乐童。

称心这个名字是李承乾起的。顾名思义，就是这个乐童让太子感到非常"称心如意"。史书称，这个小男孩"年十余岁，美姿容，善歌舞"（《旧唐书·恒山王承乾传》），所以深得李承乾宠爱。

宠爱到什么程度呢？

宠爱到"与同卧起"（《资治通鉴》卷一九六）的程度，也就是一起吃、一起睡、一起做爱做的事。

在中国历史上，演绎这一幕断背山情节的绝非李承乾一人。远有卫灵公与弥子瑕的“分桃”典故、魏安釐王与龙阳君的“龙阳之好”；近有汉哀帝与董贤的“断袖”之风、陈文帝与韩子高的“男后奇谈”……历朝历代，有这种同性恋倾向和恋童癖行为的帝王将相可谓不胜枚举。

但是，别人有十个称心可能都没问题，而李承乾只要拥有一个称心就足以把他害死。因为眼下他的屁股正坐在一个火山口上，底下的夺嫡潜流正暗潮汹涌，随时可能喷发。在这样的危急时刻，李承乾的这些龌龊勾当又怎么可能不被对手刻意曝光呢？

很快就有人把事情捅到了皇帝那里，李世民勃然大怒，当即把称心逮捕诛杀，并且把李承乾骂得狗血喷头，恨不得马上就把他废了。

在人的一生中，最难对付的敌人往往并非来自于外，而是来自于内——来自人性深处种种难以克制的欲望。一个人如果不能首先战胜内心之敌，他就不可能变得强大，更别指望战胜对手。在你死我亡的政治斗争中，你身上每多出一种欲望，都有可能会向对手暴露出一个致命的弱点，而对方就有可能抓住你的破绽，一举将你置于死地！

很可惜，大唐储君李承乾似乎不懂得这个道理。在魏王李泰处心积虑要整垮他的危急关头，他居然不懂得把自己的屁股擦干净，甚至处处向对手暴露自己的死穴，这种储君不被废掉简直没有天理。

令人感到悲哀的是，称心之死依旧没有引起李承乾应有的反思和警觉。他不但没有洗心革面、痛改前非，反而在宫中为称心建起一座灵堂、供起一尊塑像，朝夕焚香祭奠，终日泪水涟涟。此外，他又把称心的尸体埋葬在东宫的后花园里，暗中追赠官爵，竖立墓碑。

对于太子的所作所为，李世民已经到了忍无可忍的地步。

这一点李承乾当然比谁都清楚。可他并不是想方设法挽回局面，而是连续几个月赌气不进宫朝见，甚至“命户奴数十百人专习伎乐，学胡人椎髻，翦彩为舞衣，寻橦跳剑，昼夜不绝”，因而“鼓角之声，日闻于外”。（《旧唐书·恒山王承乾传》）

这就叫破罐子破摔。

这就叫铁定了心，一条道走到黑！

李承乾认定称心事件是李泰告的密，对李泰痛恨到了极点，于是暗中组织了一个一百多人的刺杀团，头目有左卫副率封师进、刺客张师政、纥干承基三人，李承乾命令他们——随时找机会干掉李泰！

此刻的李承乾当然不会知道，这伙刺客最终不但没有干掉李泰，其中一个反而出卖了他。

贞观十七年（公元643年）暮春，太子李承乾和魏王李泰终于走到你死我活的边缘，大唐王朝的储君危机也达到了一个临界点，而唐太宗李世民更是面临着一场即位以来最严峻的政治考验。

这一切是如此似曾相识。

一个雄心勃勃意欲夺嫡继位的藩王。

一个岌岌可危只能拼死一搏的太子。

一个惴惴不安唯恐悲剧重演的皇帝。

大唐王朝的政治K线图走到了变幻莫测的拐点，谁也不知道历史将作出怎样的方向性选择。

李承乾决定拼了——

纵然拼他一个玉石俱焚、鱼死网破，他也在所不惜。

他知道，父皇李世民的废黜诏书随时会降临他头上，所以他只能孤注一掷、先发制人！

为了增强自己的实力，李承乾决定拉一个人入伙。

谁？

侯君集。

他会入伙吗？

会的。李承乾对此有十足的把握。因为在所有的开国元勋和朝廷重臣中，只有这个人对现状最为不满，也只有这个人对天子的怨恨最深。

李承乾相信，有了他的加盟，这场储位保卫战和皇位争夺战定然会多出三分胜算。

事不宜迟，李承乾随即通过侯君集的女婿贺兰楚石（时任东宫带刀侍卫），向侯君集发出了诚邀加盟的信息。

终于等到这一天了！

当贺兰楚石一脸神秘地告知来意时，侯君集的心里顿时滚过一阵莫名的兴奋和战栗。

憋屈了这么多年，自己终于可以扬眉吐气、玩一把大的了！

侯君集立刻前往东宫拜会太子。

李承乾直言不讳地对他说："看来我这个太子之位是朝不保夕了，先生何以教我？"

侯君集面无表情地从嘴里吐出了一个字——反。

李承乾故作惊悚：先生何出此言，这可是要灭族的啊！

侯君集忽然把一只手伸到太子面前，声若洪钟地说："微臣长着这只好手，就是要让殿下用的。"

李承乾大腿一拍："好！要的就是先生这句话！"

侯君集看着太子那张骄矜而浅薄的嘴脸，不禁在心里冷笑：也不撒泡尿照照自己，就你这熊样也想当皇帝？等老夫帮你夺取了皇位，回头再收拾你，让你瞧瞧什么叫做螳螂捕蝉，黄雀在后！

紧继侯君集之后，李承乾又以重金收买了负责大内宿卫的禁军将领李安俨，让他密切监视皇帝的一举一动，随时向东宫通报。

汉王李元昌也极力煽动太子谋反，不过他的目标跟侯君集大不一样。

侯君集瞄准的是天子之位，这位王爷相中的却是一个美人。

他对太子说："我最近看见皇上身边有位美女，琵琶弹得极好，等事成之后，希望殿下能把她赏给我。"

李承乾满口答应。

到时候整个天下都是咱们的了，更何况区区一个女人！

太子党紧锣密鼓地开始了行动，朝中的一些王公贵戚纷纷加入，其中就有驸马都尉杜荷（杜如晦之子，娶李世民的女儿城阳公主）、开化公赵节（其母是李世民的姐姐长广公主）等人。这帮人歃血为盟，发誓同生共死，计划发动政变，派兵攻入皇宫。杜荷对李承乾说："我最近仰观天象，发现有变化之兆，我们应该立即采取行动，殿下只要声称突发重病、生命垂危，皇上一定亲来探视，到时候计划必能成功。"

就在太子集团蠢蠢欲动之际，齐王李祐起兵造反的消息传到长安，李承乾冷笑着对纥干承基等人说："东宫的西墙，距大内不过二十步，我们要是想干大事，岂能轮到他一个小小的齐王！"

然而，李承乾万万没有料到，他的"大事"最终就是坏在这个齐王李祐的身上。

李承乾及其党羽还没来得及动手，一场灭顶之灾便已从天而降。

李泰的一步臭棋

李祐败亡后，朝廷按照连坐之法，穷究他在长安的余党，事情竟然牵连到了纥干承基，有关部门立刻将纥干承基逮捕，关进了大理狱，准备处以死罪。死到临头的纥干承基为了自保，不得不主动上告，把太子党的政变阴谋一股脑儿全给抖了出来。

齐王李祐刚刚伏诛，太子谋反案旋即爆发！

在如此接踵而来的重大打击面前，李世民顿时感到心如刀绞、五内俱焚。

贞观十七年（公元643年）四月，李世民召集了长孙无忌、房玄龄、萧瑀、李世勣等宰辅重臣以及大理寺、中书省、门下省的主要官员，对太子谋反案进行会审。

审理结果，此案证据确凿，李承乾反形已具，罪无可赦！

尽管这样的结果早在李世民的意料之中，可事到临头，李世民还是感到无比心痛和无奈。他神情黯然地问大臣们："该如何处置承乾？"

群臣面面相觑，没人敢发话。

太子谋反是帝国政治中最恶劣、最敏感的事件，这种事情谁敢替皇帝拿主意？

朝堂上一片沉默。

最后终于有一个小官站了出来，打破了这种难挨的沉默。

这个人叫来济，是隋朝名将来护儿的儿子，时任通事舍人。他对皇帝说："陛下不失为慈父，太子得尽天年，则善矣！"（《资治通鉴》卷一九七）他的意思很明白，就是希望保住李承乾一命。

这样的答案当然也是李世民想要的。

四月六日，李世民颁下诏书，废黜太子李承乾，将其贬为庶民，囚禁在右领军府。不久后将其流放黔州（治所在今四川彭水县）。李承乾在这边瘴之地度过了两年生不如死的岁月，于贞观十九年抑郁而终。

处置完李承乾，接下来就轮到他那帮党羽了。李安俨、杜荷、赵节等人全部被斩首，但是另外两个人，李世民却想对他们网开一面。

一个是汉王李元昌。李世民打算饶他不死，无奈群臣极力反对，李世民只好将李元昌赐死于家中。

另一个就是侯君集。刚刚逮捕侯君集时，李世民就对他说："朕不想看到你在公堂上遭刀笔吏的侮辱，所以亲自审问你。"但是不管李世民怎么审，侯君集就是拒不认罪。最后他的女婿贺兰楚石跳了出来，把老丈人与太子暗中勾结、策划政变的经过一五一十地揭发了，侯君集无话可说，只好低头认罪。

李世民念在侯君集跟随自己多年，而且是开国功臣，打算法外开恩，饶他一命。

然而，满朝文武却一致反对。李世民没办法，只好亲自到牢中去见了侯君集最后一面，说："与公长诀矣，而今而后，但见公遗像耳！"（《旧唐书·侯君集传》）言罢泣下沾襟。

押往刑场斩首的时候，面对鬼头刀，侯君集表现出了一个沙场老将惯有的镇定与从容。他面不改色地对监刑官说："我一误再误，终于沦落到今天这个地步！但是陛下尚为秦王时，我便已侍奉左右，此后又率部西征，攻灭了两个国家（吐谷浑和高昌），乞求陛下给我留下一个儿子，以继承侯家香火。"

侯君集被斩首后，李世民命人抄没了他的家产，但赦免了他的妻子和一个儿子，只将他们流放岭南。

太子终于出局了！

魏王李泰盯着那个空空荡荡的储君之位，嘴角掠过一抹深藏已久的微笑。

他相信，普天之下，没有第二个人比他更适合成为东宫的新主人。

随后的日子，他天天入宫侍奉父皇李世民，表现得比以往任何时候都更加孝顺和谦恭。

李泰的表现让李世民感到了莫大的安慰。

此时此刻，也唯有李泰可以抚慰这个天子兼父亲伤痕累累的心灵。

其实，无论从哪一方面来看，李世民一直都觉得这个儿子最像自己——他有志向、有韬略、有智慧、有才情，由这样一个儿子来继承帝业，应该是没有什么放心不下的。更何况，李泰是嫡次子，眼下承乾既然已经废了，由李泰来继任储君，就是理所当然、名正言顺的事情，相信那些一贯坚持嫡长制的朝臣们也没什么话可说了。

基于这样的考虑，李世民终于向李泰当面承诺：准备立他为太子。

与此同时，李世民也就此事对朝臣们进行了试探。但是大大出乎他意料的是，朝臣们在新储君的人选上再次产生了重大分歧。

大臣们分成了两派。中书侍郎岑文本、黄门侍郎刘洎等人力挺魏王李泰；而司徒长孙无忌、谏议大夫褚遂良等人却表示强烈反对，他们提出了另一个人选——晋王李治。

事情顿时陷入了僵局。

就在朝野上下的人们认定魏王李泰入主东宫已经是板上钉钉的事情之时，晋王李治就像一匹政治黑马蓦然闯进人们的视野中；就在魏王李泰自认为一只脚已经迈进东宫的时候，晋王李治就像一颗从天而降的拦路石横亘在他的面前。

看着这个嘴上还没有长毛却居然要和他角逐储君之位的九弟，李泰的目光中充满了怨恨、困惑和不安。

而面对这一两难局面，太宗李世民也陷入了前所未有的矛盾、苦恼和焦虑之中。

平心而论，李世民一直认为晋王李治是一个好儿子，可他从来没有想过要把他立为太子。

李治生于贞观二年（公元628年），是李世民的第九个儿子，在嫡出的三个儿子中排行老三，贞观十七年他才十六岁。这么一个年龄尚幼、不谙世事的小儿子，又怎么有资格成为大唐帝国的储君呢？

而且，李治不适合当太子除了年纪太小的原因外，还有一个更重要的因素是——他的性情过于柔弱。

从幼年起，李治就有“宽仁孝友”之名。小时候老师给他开讲《孝经》，李世民问他有何读后感，当时年仅六七岁的李治就摇头晃脑地说出了一番对忠孝的感悟：“夫孝，始于事亲，中于事君，终于立身。君子之事上，进思尽忠，退思补过，将顺其美，匡救其恶。”李世民大喜，说：“行此，足以事父兄、为臣子矣！”

李世民的这个评价固然是对李治的赞赏，可同时也恰好表明——他压根就没想到有朝一日李治会成为自己的政治接班人。

换言之，李治这辈子能够老老实实地侍奉父兄，当一个循规蹈矩的臣子，就是李世民对他的最高期待了。

贞观十年（公元636年），长孙皇后病逝，李治是三个嫡子中哭得最惨的，史称其“哀慕感动左右，太宗屡加慰抚，由是特深宠异”（《旧唐书·高宗本纪》）。

作为李世民和长孙皇后生的三个儿子中最小的一个，李世民对李治当然是非常宠爱的。然而，此“宠”非彼“宠”。李世民对李治的“深宠”充其量只是一个父亲对幼子的疼爱，而太子李承乾和魏王李泰从李世民那里获得的，却是一个皇帝对储君和后备储君的赏识、器重和期望。

前者关乎亲情，后者关乎政治。二者绝不可同日而语！

而今，要李世民放弃一贯钟爱的魏王李泰，改立性情柔弱的晋王李治，这个决心他如何能下？

李世民决定为李泰作最后的努力。

他找了一个机会，对那些反对魏王的大臣们说：“昨天青雀（李泰的小名）扑在我怀里说：‘臣直到今日才真正成为陛下的儿子，这是臣的再生之日啊！臣有一子，等到臣死的那天，一定为陛下把他杀了，将皇位传给晋王。’天下有哪一个人不爱惜自己的儿子啊，朕看他这种情形，实在是心生怜惜。”

李世民打了一张悲情牌。

他试图以此为魏王李泰争取一些同情分。

可是，这些拥护晋王的大臣根本不买他的账。

谏议大夫褚遂良毫不客气地说：“陛下言大失。愿审思，勿误也！安有陛下万岁后，魏王据天下，肯杀其爱子，传位晋王者乎？陛下日者既立承乾为太子，复宠魏王，礼秩过于承乾，以成今日之祸。前事不远，足以为鉴。陛下今立魏王，愿先措置晋王，始得安全耳。”（《资治通鉴》卷一九七）

褚遂良一针见血地点破了魏王李泰的虚伪和矫情。他提醒皇帝，不会有人在君临天下、手握大权之后主动杀掉自己的儿子，让位给弟弟。这种说法绝对违背人性常识，所以不可听信。其次，褚遂良又警告皇帝，一旦魏王当上天子，李承乾和李治恐怕都会被李泰斩草除根，皇帝你想立魏王，可你有没有考虑过会为此付出怎样的代价？

此外，褚遂良的“措置”一词还隐含了另外一层意思——假如非立魏王不可，那么为了晋王的安全考虑，就有必要事先废除晋王的爵位，将他贬为庶人，让他从此远离权力中心和政治漩涡，或许这样能够让魏王放他一马，最终保住晋王一命。可是，同样都是嫡子，皇帝你怎么能够为了册立那个野心勃勃的魏王，而贬黜这个年少无辜的晋王？

褚遂良的这番尖锐之词和言外之意一下子击中了李世民的要害。

李世民最担心的事情就是，同胞手足为了争夺皇权而骨肉相残；他最忌讳的事情就是，武德九年的那场悲剧在他眼皮底下重演。所以，当褚遂良的话音刚落，李世民的眼泪已经不可遏制地夺眶而出。

他不得不承认，褚遂良的担忧是有道理的，以李泰的性格和为人，他完全有可能在登基御极之后铲除所有政治上的异己，巩固已经到手的权力。

思虑及此，李世民的哀伤之泪顿时潸潸而下！

他无力地摆了摆手，哽咽着说："我不能……"

话还没有说完，李世民就忽然站起身来，迈着沉重的步履缓缓向内宫走去。

那一瞬间，皇帝仿佛一下子苍老了。

这是许多大臣的强烈直觉。

当天的朝会戛然而止。除了半截语焉不详的话和一个哀伤凄恻的背影，李世民没有给大臣们留下任何明确的指示。

大臣们百思不解——皇帝那半截话到底是什么意思呢？他说他不能，可到底不能什么？是不能因为册立魏王而废黜晋王，还是不能因为顾及晋王的安全而放弃魏王这个心目中的储君？

没有人知道。

这些日子，魏王李泰觉得自己活像一只热锅上的蚂蚁。

朝中，以长孙无忌为首的一帮元老极力撺掇皇帝改立晋王，而父皇在当面承诺立自己为太子后，却又优柔寡断、举棋不定，如此局面，怎能不令李泰心急如焚？

虽说心急吃不了热豆腐，可眼看已经煮熟的鸭子就要飞了，李泰又如何能够气定神闲、安之若素？！

急不可耐的李泰终于乱了方寸，走出了一步臭棋。

准确地说，他是忍不住对晋王李治说了一句威胁恐吓的话。

而恰恰就是这句话，促成李世民在左右为难的时候最终下定了决心——放弃魏王，改立晋王！

李泰对李治说的那句话是："你历来和元昌友善，如今元昌已被处死，你难道就不担心自己的脑袋？"

十六岁的李治当即吓得面无人色，此后天天哭丧着脸，惶惶不可终日。李世民大为奇怪，屡屡追问他原因，李治不得不坦白交代，把李泰的话原封不动地转述给皇帝听。

那一刻，李世民的心里忽然掠过一阵强烈的痉挛。

他痛苦地意识到——褚遂良的警告绝非危言耸听！这个李泰一旦登上大位，绝不会放过李治！

而差不多在此前后，李世民去看望了一趟废太子，言语之间不免又大加斥责。李承乾愤愤然地说："儿臣既为太子，还有何求？皆因李泰暗算，儿臣才不得不与朝臣谋求自安之术，没想到被野心家教唆，撺掇我犯上作乱。今天父皇要是立李泰为太子，就是跳进他的圈套了。"

李承乾此语虽有泄愤之嫌，但是却不无道理。它最起码揭露了一点——李泰确实一直都有夺嫡的野心。如果真的立他为太子，那就是对藩王夺嫡的纵容，也等于开启了祸乱之源。

单凭这一点，李世民就断然不能让李泰得逞。

没的选了。

看来大唐帝国的新任储君非李治莫属了。

一旦册立晋王李治，也就意味着必须把魏王李泰逐出权力中心，彻底终结他的政治前途。

只有这样才能确保李治的安全和政局的稳定。

掌心是肉，掌背也是肉。李世民感觉自己在下这个决心的时候，一颗心仿佛裂成了好几瓣，而且瓣瓣滴血。

君临天下十七年来，李世民还是第一次感觉到做一个皇帝是如此的艰难。

当年高祖李渊在储君问题上所经历的千般苦痛和万般无奈，而今李世民终于淋漓尽致、彻头彻尾地品尝了一遍。

随后的一次朝会上，当满朝文武散班之后，李世民唯独留下房玄龄、长孙无忌、褚遂良、李世勣四人，神情凄然地对他们说："我三子一弟，所为如是，我心诚无聊赖！"（《资治通鉴》卷一九七）话音刚落，李世民就一头扑倒在御榻上。长孙无忌等人慌忙上前搀扶。突然，李世民拔出佩刀，作势要刺向自己。褚遂良眼疾手快，一把夺下皇帝的佩刀，转身递给呆立在一旁的晋王李治。

长孙无忌还没等皇帝心情平复，就迫不及待地问他要立谁为太子。

李世民有气无力地说："我打算立晋王。"

长孙无忌马上抢着说："臣等恭奉圣诏，如有异议者，臣请皇上格杀勿论！"

李世民把脸转向李治，说："你舅舅已经许你为太子，还不赶快拜谢！"（《资治通鉴》卷一九七："汝舅许汝矣，宜拜谢。"）

一脸懵懂的李治赶紧向长孙无忌跪地叩首。

最后李世民又表示了另一层担忧。他说，不知道满朝文武对这个新任储君的人选有何看法。长孙无忌胸有成竹地说："晋王仁孝，天下久已归心。陛下不妨召见百官，征求众人意见，若有人反对，就是臣等辜负陛下，罪该万死！"

长孙无忌既然敢拍着胸脯打这种包票，李世民还有什么可说的？

大唐新太子的人选就此敲定。

李治成了皇位接班人

上面这一幕是贞观十七年这场易储风波中最耐人寻味的一组镜头。

首先，李世民第一句话中为什么会提到"三子一弟"？"三子"当然是指他的三个嫡子：李承乾、李泰、李治，而"一弟"是指李元昌。在这四个人中，李承乾和李元昌有谋反计划，李泰有夺嫡阴谋，他们的所作所为让李世民为之心痛，这很好理解，可李治是一个少有的"乖乖儿"，从头到尾什么坏事也没干，李世民为什么把他也数落在内了呢？

其次，李世民为什么会一反常态，做出令人匪夷所思的自杀举动？还有，最后表态的时候，李世民为什么会对李治说"汝舅许汝"，而不是说"我许汝"？作为一个以英明神武著称的有为帝王，李世民的言行为何变得如此反常而无奈？这其中除了亲情的困扰之外，是否还有别的因素在作祟，比如某种强大的政治因素？

最后，李泰和李治都是长孙无忌的亲外甥，可在这场储位之争中，长孙无忌为什么自始至终反对李泰而力挺李治？他如此偏袒李治，难道仅仅是因为李治仁厚，更适合当一个守成之君吗？除了这个冠冕堂皇的理由之外，长孙无忌是否还有别的更深层的动机？

只有深入解读上述问题，找出合理的答案，我们才能读懂李世民真实的内心，也才能读懂贞观后期的政治。

很显然，大唐帝国的储君桂冠最终之所以落在李治头上，关键就在于长孙无忌。

长孙无忌为什么不选择李泰？

原因很简单，李泰表现得太过强势了。

贞观十七年（公元643年），李泰已经二十四岁，是一个生活阅历和政治经验都已相对丰富的成年人，拥有自己的一套处世哲学和政治理念，所以他才会在所谓的礼制问题上屡屡向那些元勋老臣叫板，目的就是借此树立个人的政治威信。其次，他早已在朝中打造了一个不可小觑的势力集团，其中多有元勋子弟，如杜如晦之弟杜楚客、柴绍之子柴令武、房玄龄之子房遗爱等。可想而知，假如由李泰继承皇位，这帮少壮派就成了拥立新君的首功之臣，而像长孙无忌这样的前朝老臣到时候就只能乖乖地卷铺盖回家，所以长孙无忌必定要反对李泰。

而长孙无忌之所以坚决拥立李治，就在于李治年龄小，性格柔弱，易于掌控。熟悉中国历史的人都知道，当一个外戚极力拥护一个幼主继承皇位的时候，毋庸讳言，其原因就是这个外戚试图在日后掌握朝政大权。

长孙无忌拥立李治的深层动机正在于此！

在力挺李治的代表人物中，除了长孙无忌外还有一个就是褚遂良。

褚遂良是当年秦王府学士褚亮之子，属于贞观政坛的后起之秀，历任秘书郎、起居郎等职，时任谏议大夫。虽然他资历较浅、官阶不高，但却因忠直敢言而深受李世民的器重和赏识。魏徵去世后，褚遂良更是满朝文武中继其遗风、敢于犯颜直谏的第一人，所以到了贞观十七年，他实际上已经成为李世民最为信任的股肱重臣之一。对此，朝野上下的人们都看在眼里。他们心里都很清楚，此人的政治前程不可限量。

长孙无忌和褚遂良都是当面站出来力挺李治的。除了他们之外，在拥护李治的集团中，还有一个不显山、不露水的第三号人物，也在其中发挥了看似无形但却至关重要的作用。

这个人就是李世勣。

李世勣怎么会和晋王李治扯上关系呢？

说来话长。早在贞观七年，年仅六岁的李治就被授予并州大都督一职，这么小的毛孩子当然不可能实际到任，因此只能“遥领”。而负责代替李治行使职权的人就是李世勣。他当时的职务是并州大都督府长史。所以严格说来，李世勣算得上是晋王李治的“故吏”。他在并州取得的政绩，既是他自己的，也可以算是李治的，因而从一定程度上说，他们二者是一荣俱荣、一损俱损的关系。在这场储位之争中，李世勣毫无疑问是站在晋王这边的，所以他才会出现在这次内定储君的核心会议中。

众所周知，李世勣是初唐名将、开国功臣，他在并州任内治理边务十几年，曾被李世民盛赞为“国之长城”，所以贞观十五年便被调入朝中担任兵部尚书。到了贞观十七年，大唐的开国名将逐渐凋零——如李靖已七十多岁，早已致仕；尉迟敬德也于贞观十六年淡出现实政治；而侯君集又在此次储君危机中因谋反被诛……在此情况下，李世勣作为帝国屈指可数的军事栋梁，其政治地位自然非常人可比。

综上所述，李治背后的这三个帝国大佬可以称得上一个典型的“铁三角”——长孙无忌是元勋老臣的代表；褚遂良是政治新秀的代表；而李世勣则是军方人物的代表。面对如此强大的政治力量，李世民又岂能等闲视之！

相形之下，李泰背后的势力集团尽管不乏权门之后，可是在李世民眼中却毫无分量。

不但毫无分量，而且李世民对那些功臣子弟恰恰颇为反感。在他看来，这帮人基本上就是一些无德无才、只会吃父兄老本的纨绔子弟。当他得知房遗爱等功臣子弟大多卷入魏王李泰的夺嫡阴谋时，就曾当面警告房玄龄等人：“功臣子弟多无才行，借祖父资荫遂处大官，德义不修，奢纵是好！……朕发此言，欲公等戒勖子弟，使无愆过，即家国之庆也。”（《贞观政要》卷三）

李世民很清楚，假如李泰入继大统，这帮“德义不修”的功臣子弟必然会执掌朝政，到时候不但贞观一朝的政治成果不保，而且李唐社稷的安全与稳定也很可能受到危及。

因此，虽然李世民在感情上一直倾向于李泰，但是在理智上他却不得不最终选择李治。

换句话说，他是选择了李治背后的政治集团。

只有让这批元勋故旧辅佐新君、继续执掌朝政，贞观路线才会得到延续，而他为之奋斗一生的帝王功业才能得到有效的继承，并且发扬光大！

然而，与其说这是李世民主动选择的一种政治走向，还不如说这是他被迫接受的一种既成事实。

作为一个马上得天下的创业之君，谁没有几分乾纲独断的霸气呢？尤其在储君的问题上，任何一个雄才大略的皇帝在正常情况下都会按照自己的想法来办。可是贞观十七年，李世民却被迫陷入了一个他无法掌控的局面。也就是说，当时朝廷的政治已经发展到“文武之官，各有托附；亲戚之内，分为朋党”（《旧唐书·濮王泰传》）的地步，在这种令人不安的局面下，李世民几乎已经没有了主动选择的余地。

所以，我们完全可以想见——当他最终接受长孙无忌等人的意见、决定改立李治时，心里头肯定没有多少喜悦和成就感，有的恐怕只是“两害相权取其轻”的无奈和苦涩。

职是之故，李世民才会表现得那么一反常态，先是把无辜而懵懂的李治跟其他人一块数落了，继而又寻死觅活，最后又对李治说“汝舅许汝矣，宜拜谢”，把自己弄得像一个大权旁落、心有不甘的“苦主”。其实李世民的这些反常言行，一方面固然是内心种种痛苦情绪的流露和发泄，另一方面也是做给长孙无忌等人看的，目的是让他们充分意识到——他这个皇帝在这场易储风波中经受了多大的折磨、作出了多大的妥协、付出了多大的牺牲！从而提醒他们——必须在日后竭尽全力辅佐新太子，否则就是对他这个天子的辜负和亏欠。

换言之，他想让长孙无忌等人在夺得“定策之功”、获取巨大政治利益的同时，也背上一定程度的道义负担和良心债！就像他李世民为了帝国的政治稳定和长治久安，不得不顾全大局、牺牲个人的意志和感情一样。

敲定新太子的人选后，李世民立刻召集朝中所有六品以上官员，在太极殿举行了一次“民意测验”，让大臣们畅所欲言，提出他们认为合格的储君人选。

李世民对众人说：“承乾悖逆，泰亦凶险，皆不可立。朕欲选诸子为嗣，谁可者？卿辈明言之。”

这根本不是什么问题。

因为李世民的儿子虽多，可嫡子只有三个，既然“承乾悖逆”，而李泰又“凶险”，那答案不就不言自明了吗？除了晋王李治，还能有谁？

满朝文武都听懂了皇帝的意思，于是“众皆欢呼曰：‘晋王仁孝，当为嗣。’”（《资治通鉴》卷一九七）

就在满朝文武的欢呼声中，年仅十六岁的晋王李治终于“众望所归”地成了大唐帝国的新储君。

同一天，李世民传召魏王入宫。

李泰意识到此行凶多吉少，但是皇帝敕命又不可违抗，无奈之下，只好带着几百个随从骑兵来到永安门。守门官当即把他的随从全部拒之门外，只把魏王李泰单独带到肃章门。当天，李泰即遭软禁，暂时被扣押在北苑。

等待他的，将是与废太子李承乾如出一辙的命运。

贞观十七年四月七日，李世民亲临承天门，下诏册立晋王李治为皇太子，同时大赦天下。随后，李世民对宰执大臣们公开表态：“我若立泰，则是太子之位可经营而得。自今太子失道、藩王窥伺者，皆两弃之，传诸子孙，永为后法。且泰立，则承乾与治皆不全；治立，则承乾与泰皆无恙矣。”（《资治通鉴》卷一九七）

这是一个父亲为了避免骨肉相残，而不得不作出的一种选择。

这是一个皇帝为了顾全大局，而不得不对拥立李治的大臣们所作的一次重大妥协。

在这场波谲云诡的夺嫡之争中，李承乾的铤而走险和李泰的处心积虑最终都没有给他们带来好运，反而意外地促成了李治这匹政治黑马的最后胜出。

在这场险象环生的政治博弈中，李治的年轻、幼稚和仁厚，不但不是一种劣势，反而变成了一种得天独厚的优势。

这个结果真是大大出乎人们的意料！

正应了那句老话——鹬蚌相争，渔翁得利。

未来的唐高宗李治，就是历史老儿阴差阳错选中的这个渔翁。

李治继任储君的三天后，李世民在第一时间就给他安排了一个极为可观的辅臣团队。

这是一个超豪华的明星阵容——长孙无忌任太子太师，房玄龄任太子太傅，萧瑀任太子太保，李世勣任太子詹事；左卫大将军李大亮领右卫率，前太子詹事于志宁、中书侍郎马周为左庶子，吏部侍郎苏勖、中书舍人高季辅为右庶子，刑部侍郎张行成为少詹事，谏议大夫褚遂良为太子宾客。

一口气把这么多股肱重臣全部派到东宫当老师，足见李世民对李治的期望之高。同时，此举也等于是向天下人表明——经过这么多风波之后，皇帝最后敲定的这个储君就是铁板钉钉的未来天子，任何人也别想再打夺嫡的主意！

数日后，李世民颁下了一道贬黜魏王的诏书，字里行间交织着一个父亲的爱与痛以及一个帝王的无奈和义愤。

> 朕闻生育品物，莫大乎天地；爱敬罔极，莫重乎君亲。是故为臣贵于尽忠，亏之者有罚；为子在于行孝，违之者必诛。大则肆诸市朝，小则终贻黜辱……魏王泰，朕之爱子，实所钟心。幼而聪令，颇好文学，恩遇极于崇重，爵位逾于宠章。不思圣哲之诫，自构骄僭之咎；惑谗谀之言，信离间之说。以承乾虽居长嫡，久缠痾恙，潜有代宗之望，靡思孝义之则。承乾惧其凌夺，泰亦日增猜阻，争结朝士，竞引凶人。遂使文武之官，各有托附；亲戚之内，分为朋党。朕志存公道，义在无偏，彰厥巨衅，两从废黜。非惟作则四海，亦乃贻范百代！（《旧唐书·濮王泰传》）

在诏书的最后，李世民下令解除了李泰的雍州牧、相州都督、左武候大将军等一应职务，降爵为东莱郡王。原魏王府的官员，凡属李泰亲信者全部流放岭南；杜楚客论罪当死，但以其兄杜如晦之功而被赦免，废为庶人。

不久后，李世民又改封李泰为顺阳王，将其迁出长安，徙居均州的郧乡县（今湖北郧县）。名曰改封，实则与流放无异。

对于这个儿子，李世民一直深感痛惜。时隔数年后，当李世民看着李泰从均州给他上呈的表章时，怜惜和钟爱之情仍旧溢于言表。他对侍臣们说："泰文辞美丽，岂非才士！我中心念泰，卿等所知。但社稷

之计，断割恩宠，责其居外者，亦是两全也。”（《旧唐书·濮王泰传》）

贞观二十一年（公元647年），李泰被进封为濮王，政治待遇略有提升。高宗李治即位后，又特准李泰开府置官，并赏赐给他大量钱物。

可是，无论李世民和李治在事后如何刻意弥补，终究无法改变李泰在政治上蹉跌失意的事实。

对于一个把政治地位看得高于一切的人来说，政治生命的过早终结无异于提前宣告了他的死亡。

永徽三年（公元652年），郁郁不得志的李泰卒于郧乡，年仅三十三岁。

到死，他也没能回到魂牵梦萦的故乡长安。

第二章

李世民御驾亲征，讨平高丽

这真是一支可怕的军队！

隋唐之际，朝鲜半岛上共有三个国家：高丽、新罗、百济。

高丽为高句丽之简称，是中国古代东北少数民族扶余人于西汉末期建立的一个政权，其疆域东西跨度三千一百里，南北跨度两千里，大抵包括今辽宁东部、吉林南部和朝鲜半岛的北部与中部。

值得一提的是，古代高丽与后来的王氏高丽根本不是一回事，无论从历史渊源、疆域范围还是从民族构成来看，两者之间都毫无本质联系。古代高丽是中国古代东北少数民族建立的政权，其领土有三分之二在辽东，即今天中国的辽宁省东部，朝鲜半岛的地盘实为扩张所得。而王氏高丽则是在古代高丽灭亡二百多年后创立的王朝，其创立者王建也根本没有高句丽族的血统。王建在《十诫书》中自称："朕赖三韩山川阴佑，以成大业。"可见王建是三韩人，与古代的高丽人毫无关系。（所谓三韩人，是朝鲜半岛南部古代居民的总称，包括马韩、辰韩、弁韩三支；三韩人是后来朝鲜半岛居民的主要来源。）

然而可笑的是，现代韩国为了摆脱中华文化的影响，也为了掩盖其历史文化资源相对匮乏的事实，不惜歪曲并捏造历史，硬是把高句丽人认作自己的老祖宗，把古代高丽说成是韩国人在历史上建立的政权，甚至把中国东北说成是韩民族曾经活动过的历史舞台。

朝鲜半岛的另外两个国家——新罗和百济，分别位于半岛南部的东面和西面，国土面积比高丽小，实力稍弱。三个国家长期处于三足鼎立的状态，相互之间矛盾重重，经常爆发战争。

尽管它们自古以来同是中国的藩属国，自两汉以迄魏晋南北朝，一直都向中原王朝称臣纳贡、接受册封，可自从隋文帝时代起，高丽就开始屡屡挑战隋朝宗主国的地位，不但“驱逼靺鞨，固禁契丹”，出兵入寇辽西，而且南征新罗和百济，大有强力扩张之势。

蕞尔小国竟然也敢蔑视天朝权威，企图称霸一方？

这当然令人无法容忍！

于是隋朝便先后对高丽发动了四次规模浩大的远征。其中隋文帝曾发兵三十万讨伐，但却因瘟疫流行、粮草不继和自然灾害等原因被迫撤兵，结果未及与高丽交战便损失了十之八九的士兵。到了隋炀帝时代，好大喜功的杨广更是连续三次亲征高丽，仅第一次出动的军队就多达一百一十三万余人，后两次据称也都在百万人以上，然而结果却出乎所有人的意料——隋炀帝的三次远征全部铩羽而归！

最后一次尽管取得了表面上的胜利，可付出的代价却极为惨重。

而更让世人料想不到的是，三征高丽竟然成了隋帝国由盛而衰的致命拐点。短短几年后，一度繁荣强大的隋王朝就因国力耗尽、民变四起而轰然崩塌。

对于杨广来说，桀骜不驯的小国高丽就是他生命中的滑铁卢；而对于代隋而兴的唐王朝而言，该死的高丽照旧不让人省心。

武德年间，高丽与唐帝国之间有过一个短暂的蜜月期。双方曾经交换战俘，高丽还于武德七年（公元624年）遣使上表，奉唐正朔，在国内颁行唐朝历法。唐高祖李渊也分别对高丽、新罗和百济进行了册封。

然而好景不长，从武德末年开始，高丽便又故态复萌了。它不但频频阻挠新罗和百济从陆路对唐的朝贡，而且不时出兵侵扰新罗和百济。即位之初的唐太宗李世民不愿轻启战端，于是积极施展外交手段，遣使对三国进行调解。高丽表面上做出谢罪与和解的姿态，暗地里却一直秣马厉兵、积极备战，并于贞观五年（公元631年）在边境线上修筑了一条一千余里的长城，东北起于扶余城（今吉林四平市），西南直达渤海的入海口。

在贞观初期和中期，由于唐帝国对内实行休养生息的政策，对外积极经略漠北和西域，所以暂时无暇顾及辽东，但是李世民却一直密切关注着高丽的一举一动。他曾经对朝臣说：“高丽本是汉朝四郡之地，只是后来国家不武，以致沦为异域。倘若我们发精兵数万进攻辽东，高丽必以倾国之兵相救，到时候再派一支海军从东莱直趋平壤，海陆夹击，要攻取高丽并非难事。只是如今中原地区仍然凋敝，我不忍心发动战争，让百姓受苦。”

由此可见，一旦时机成熟，李世民必定要征服高丽，完成隋朝两代帝王未竟的事功！

贞观十六年（公元642年）十一月，机会终于出现了。

高丽国内爆发政变，其东部总督渊盖苏文杀了国王高建武，拥立高建武的侄子高藏继位，然后一手把持军政大权，成了高丽王国的实际统治者。

这个渊盖苏文是一个非同寻常的人物。

他不仅是个工于心计的权臣，而且还是个异常凶悍的武士。史书说他“状貌雄伟，意气豪逸，身佩五刀，左右莫敢仰视”（《资治通鉴》卷一九六）。

一个人居然随身佩带五把刀，实在是有够威猛。暂且不说他的功夫如何，光是这份气势就让人畏惧三分。

这位猛人平常还有个习惯，凡是他上下马的时候，左右的大臣和武将必须趴在地上当他的下马石。甭管你官阶多高，在渊大人面前你们通通是脚蹬和脚垫！

每逢出门的时候，渊大人就更是威风八面、派头十足。仪仗队的前导大老远就开始驱赶行人，如果是在大街上，路人还可以往两边躲，可要是碰上狭窄的山路，那行人就惨了，不管两边是悬崖峭壁还是万丈深渊，你都得闭着眼睛往下跳！

碰上这么一个猛人掌权，高丽的臣民们真是苦不堪言。

渊盖苏文的弑君篡权和擅作威福无疑给唐帝国出兵高丽提供了一个绝佳的借口。

但是，就在李世民刚刚把目光锁定在高丽时，国内的一连串政治危机就相继爆发了。李世民一下子陷入了焦头烂额的困境之中。直到贞观十七年夏末，当所有内部问题彻底解决后，李世民才重新想起了高丽。

他对长孙无忌说："如今渊盖苏文弑君篡权，令人难以容忍。以我们现在的军事力量，要击败他易如反掌，但是我不想劳民远征，所以考虑征调契丹和靺鞨的兵力进攻高丽，你认为如何？"

长孙无忌答道："渊盖苏文自知罪无可赦，一直担心我们讨伐，现在必然严加防备，陛下可暂且隐忍。只要渊盖苏文自以为安全，必定更加骄横凶暴，到时我们再出兵讨伐也为时不晚。"

李世民听从了他的意见，随即下诏，册封高藏为辽东郡王、高丽王，表示对新政权的认可，同时也是想借此麻痹渊盖苏文。

李世民和长孙无忌之所以不在此刻用兵，真正的原因其实有两个：一，储君危机刚刚平息，朝廷还需要一定的时间来稳定政局；二，唐朝刚刚对漠北的薛延陀悔婚，双边关系趋于紧张，所以必须作好与薛延陀开战的准备。在此情况下，高丽问题只能继续搁置，否则就有可能陷入内外交困和两线作战的不利局面。

然而，仅仅几个月后，朝鲜半岛上风云突变，迫使李世民再次把高丽问题提上了议事日程。

贞观十七年（公元643年）九月，新罗遣使向唐朝告急，说百济悍然出兵攻占了新罗的四十余座城池，并与高丽结盟，新罗危在旦夕，请求唐朝火速发兵救援。

李世民立刻派遣使者相里玄奖携带诏书前往高丽。他在诏书中对高丽发出了严厉警告："新罗是中国的藩国，一直朝贡不断，你们与百济应该马上收兵，如果再侵犯新罗，明年必将发兵攻打你们。"

贞观十八年（公元644年）正月，相里玄奖抵达高丽都城平壤，对渊盖苏文转达了唐太宗的旨意，并重申唐帝国对此事件的严正立场。

渊盖苏文冷冷地瞥了一眼唐朝使者，不以为然地说："当初隋朝进犯我国，新罗乘机在背后插了一刀，侵占我国五百里的土地，在没有夺回这些土地之前，战争恐怕不会结束。"

相里玄奖针锋相对地说："那都是陈年老账了，何苦锱铢必较？如果一定要计较，那辽东之地当年也是中国的郡县，如今中国尚且不计较，高丽又何必一定要追回旧地呢？"

然而，渊盖苏文一个字也听不进去，仍旧坚持强硬态度。

二月，相里玄奖黯然回国，唐朝的外交斡旋宣告失败。

李世民勃然大怒："渊盖苏文弑君篡权、逆天虐民，今又违我诏命、侵暴邻国，不可不讨伐！”

随后，太宗李世民作出了一个让满朝文武大为惊愕的决定——

他要御驾亲征，讨平高丽！

褚遂良第一个站出来劝谏，他说：“高丽罪大，诚当致讨，但命二三猛将率四五万众，仗陛下威名，取之易如反掌，实在没必要亲自出马。何况太子新立、年纪尚幼，天子更不宜御驾亲征。”

与此同时，群臣也纷纷劝谏。

但是，李世民决心已定，谁劝都没有用。

他即刻下令进行战争准备：一边命将作大匠阎立德在南方督造四百艘战船，用于装载军粮；一边又命营州（今辽宁朝阳市）都督张俭率本部兵马，征调契丹、靺鞨等部落兵力突入辽东，对高丽进行试探性进攻；同时又命太常卿韦挺等人负责将河北、河南诸州的粮草调往前线。

贞观十八年十一月，李世民任命张亮为平壤道行军大总管，率战船五百艘、海军四万三千人，从莱州（今山东莱州市）军港起航，横渡渤海直趋辽东半岛；任命李世勣为辽东道行军大总管，李道宗为副大总管，率领步兵、骑兵共计六万人，从陆路进击辽东。

李世民满怀必胜的信心，临行前专门下诏告谕天下，无比豪迈地宣告了唐帝国必将赢得这场战争的五大理由——以大击小；以顺讨逆；以治乘乱；以逸敌劳；以悦当怨！

他坚信，隋帝国倾尽国力、四度远征而未竟的事功必将在他的手中完成！（《资治通鉴》卷一九七：“上谓侍臣曰：‘辽东本中国之地，隋氏四出师而不能得；朕今东征，欲为中国报子弟之仇、高丽雪君父之耻耳！’”）

君临天下十八年来，这是李世民第一次穿上戎装，走向战场。

奔驰在壮阔而苍凉的冬日原野上，青年时代那一腔跃马横刀、叱咤疆场的豪情再度激荡在他的胸中。

此刻的唐太宗李世民跟当年的隋炀帝杨广一样，丝毫不把蕞尔小国高丽放在眼里。

这是与杨广如出一辙的自信。

没有人知道这份自信会换来怎样的结果。

贞观十九年（公元645年）春，李世民命房玄龄留守长安，命萧瑀留守洛阳，命太子李治监国，坐镇定州（今河北定州市），同时命高士廉、刘洎、马周等人驻定州辅佐太子。

安排好这一切后，李世民随即亲率六军北上，浩浩荡荡地开赴辽东战场。随行的大臣有长孙无忌、岑文本、杨师道等人。

三月，李世勣的前锋大军从边境重镇柳城（营州治所，今辽宁朝阳市）出击，拉开了辽东之战的序幕。

为了出其不意、攻其不备，李世勣采用了疑兵之计，派出部分兵力直趋辽河东岸的怀远镇（今辽宁辽中县），并且虚张声势，给高丽守军造成唐军主力要从这里突破的假象。就在高丽军队纷纷向此集结，在这一线严阵以待的时候，李世勣主力却悄悄掉头北上，于四月初突然从通定镇（今辽宁新民市东）渡过辽河，兵锋直指玄菟（今辽宁沈阳市）。

高丽的防御重点在正西，此刻唐军主力突然从正北方向杀出，真是大大出乎他们的意料。

高丽举国震骇，辽东境内的所有城池全部闭门自守。

四月十五日，李世勣与李道宗开始对盖牟城（今辽宁抚顺市）发起进攻，只用了十天时间就将其攻克，俘虏士兵两万余人，缴获粮食十余万石。

帝国远征军首战告捷！

盖牟城是高丽在辽东的军事重镇之一，此战的胜利令唐军士气空前高涨。

在南线，担任助攻任务的营州都督张俭也率领契丹、靺鞨等少数民族军队渡过辽河，攻击建安城（今辽宁盖州市），歼灭高丽军队数千人。

与此同时，张亮的舰队也已渡过渤海，在辽东半岛南端成功登陆。右骁卫将军程名振立刻率部进抵卑沙城（今辽宁大连市）。

卑沙城是一座易守难攻的坚固城堡，四面都是悬崖峭壁，唯有西门可以攀登。程名振仔细观察地形之后，决定利用夜色的掩护，从西门对卑沙城发起强攻。

是日深夜，唐军将领王大度率领敢死队从西门攀登。等到高丽守军觉察时，敢死队已经攀上了城门，双方随即展开短兵相接的肉搏。一番血战之后，王大度终于占领西门，程名振立刻率大军杀进城中，与高丽守军进行了激烈的巷战。至五月二日，唐军全部肃清了守城之敌，并俘虏八千余人。

第一阶段的战役，唐军连战连捷、势如破竹，而高丽在辽东的军事据点则接连失守。接下来，双方争夺的焦点就是辽东城（今辽宁辽阳市）。高丽军队在这里修筑了坚固的防御工事，并且屯驻了重兵。

就在程名振攻克卑沙城的当天，李世勣率部火速南下，将辽东城团团围困。

同日，李世民车驾抵达辽泽（今辽宁辽阳市西）。这是一片方圆两百余里的沼泽地，人马无法通行。李世民立刻命阎立德用干土铺出了一条道路，于是大军顺利通过，于五月三日推进到了辽河西岸。

唐军来势汹汹，大有一口吞掉辽东城的架势。

渊盖苏文不无惊恐地意识到，辽东城一旦失守，整个辽东的门户就彻底洞开了！

所以，他无论如何都要保住这座重镇。

五月八日，高丽一支四万人的步骑混合兵团越过鸭绿江，紧急驰援辽东城。唐军统帅部马上作出反应，命李道宗率领四千骑兵阻击这支高丽援军。

四千对四万，兵力对比如此悬殊，这仗该怎么打？

尽管唐军的战斗力是首屈一指的，可高丽人也不是软蛋，当年杨广的百万大军在辽东折戟沉沙就是明证。所以部将们纷纷向李道宗建议，应该采取守势，以深沟高垒来抵挡高丽援军，等皇帝大军一到，再与敌人决战。

李道宗瞪了他们一眼："我们是前锋，本来就是清道夫的角色，为皇上扫清障碍是我们的职责，怎么能当缩头乌龟，把敌人留给皇上？"

话音刚落，果毅都尉马文举就挺身而出，慨然道："不遇劲敌，何以显壮士！"

人家面面相觑，无话可说。李道宗随即率部出发。战斗打响后，马文举身先士卒，奋勇砍杀，所过之处，敌人纷纷仆倒。

有这样的勇士打头阵，总算稳住了唐军将士的军心。

但是，有勇士必定有懦夫。

此刻，李道宗手下一个叫张君乂的部将就是贪生怕死的懦夫。他从一开始就认定此战必败无疑，于是趁着混战之际，偷偷率部下脱离了战场。

唐军在人数上本来就居于劣势，张君乂这一跑，形势更加险恶。唐军逐渐不支，开始往后溃退。李道宗临危不惧，一边撤退一边重新集结溃散的士兵。稍后，李道宗登上一座山丘观察敌情，发现高丽军队虽然人数众多，但是阵形混乱，于是当机立断，亲自率领数十名精锐骑兵杀入敌阵，左冲右突，往来驰骋，暂时遏住了高丽军的攻势。

但是高丽军队仗着人多势众，很快又围了上来。

在这千钧一发的时刻，李世勣率领援军赶到，马上对敌人发起反攻。高丽军队抵挡不住，迅速溃败，被唐军斩杀一千余人，余众被迫后撤。

五月十日，李世民亲率六军渡过辽河，随后下令拆除河上的桥梁，以示破釜沉舟、背水一战的决心，此举大大坚定了将士们的战斗意志。

李世民大军于马首山（今辽宁辽阳市西）扎营。在听取了前方的战报后，李世民下令犒赏李道宗，并将果毅都尉马文举提拔为中郎将，同时将临阵脱逃的张君乂斩首示众。随后，李世民亲自带着数百名骑兵抵达辽东城下。

此刻围城战役正在激烈进行，士兵们正扛着一个个装满沙土的大麻袋在填充城墙四周的壕沟。李世民见状，立刻翻身下马，命士兵把袋子放到马背上，然后一手拉着缰绳，一手扶着麻袋，亲自把沙土运到了壕沟边。

皇帝居然亲自加入了填充壕沟的行列！这个令人难以置信又令人无比振奋的消息迅速在士兵中传播开来。

将士们无不受到极大的感动和鼓舞。一袋又一袋的沙土被迅速扔进了壕沟中。很快，辽东城下的一大段壕沟被填成了平地。李世勣立刻指挥军队，将抛石机、撞车等大型攻城器械运过壕沟，对辽东城发起了更为猛烈的进攻。

但是，高丽守军的英勇和顽强也大大出乎李世民的意料。

唐军昼夜不停地猛攻了十二天，将这座城池围得里三层外三层，箭矢巨石如雨而下，战鼓声、喊杀声惊天动地，可辽东城却依旧固若金汤。

在唐军的攻城武器中，大型抛石车是高丽人最害怕的东西。这种武器可以抛出重达三百斤的巨石，射程为一里。为了抵御抛石车，高丽守军在城墙上修筑了一排排战楼，而且还在城墙外缘建有塔楼，作为第一道防线。

李世勣发现分散的抛石车难以充分发挥威力，于是下令将所有的抛石车密集排列，然后在同一时间发射巨石。

这一招果然奏效。随着无数的巨石像雨点一样密密麻麻地从天而降，辽东城上的战楼被纷纷砸塌。李世勣抓住战机，迅速出动撞车，将城墙边缘的塔楼又一一撞倒，高丽守军只好退入城中，放弃了第一道防线。

为了加强攻城力量，李世民又亲率一万多名铁甲骑兵加入了攻城行列之中。

五月十七日，也就是唐军围攻辽东城的第十五天，老天爷终于站在了唐军这边。

这一天忽然刮起了猛烈的南风。李世民敏锐地抓住战机，派出敢死队登上冲竿（一种比较坚固的攻城梯）的顶端，纵火焚烧辽东城的西南城楼。在强风之下，火势迅速向城内蔓延。高丽守军大为惊恐，赶紧手忙脚乱地扑火，城中顿时乱成一团。

就在这一刻，李世民迅速下达了总攻的命令。唐军将士纷纷攀上云梯，冲上城墙。尽管高丽守军拼死抵抗，可还是挡不住唐军的强大攻势。

激战一天后，辽东城终于被唐军攻克。高丽守军一万多人战死，另有一万多名士兵和四万多平民被俘。李世民随即将辽东城置为辽州。

辽东城的陷落，对辽东境内其他高丽守军的士气绝对是一大打击！

五月二十八日，唐军稍事休整之后，又乘胜进攻辽东城东北面的白岩城（今辽宁灯塔市西）。白岩城守将孙代音自忖不是唐军的对手，便派人向唐太宗请降。然而，白岩城的大多数将领却坚决反对投降。面对众人的抵制，孙代音被迫改变了主意。当李世民率领唐军兵临城下、准备受降时，看到的却是严阵以待的高丽军队。

李世民大怒，立刻下了一道命令："攻下白岩城后，将城中男女以及所有财物全部赏赐给攻城将士。"

二十九日，右卫大将军阿史那思摩率先进攻白岩城，不料身中流矢。李世民闻讯，立刻到军营中看望，并且亲自为他吸吮淤血。

此举再度令将士们感动不已。

无论是运沙土还是吸淤血，作为一个九五之尊的皇帝，李世民这些表现确实深深赢得了所有将士的心。有人肯定会说这是在作秀，可是，能把秀作到这份儿上，不也足以体现出李世民的过人之处吗？

白岩城被围后，位于辽东腹地、鸭绿江以西的乌骨城（今辽宁凤城市）即刻派出一万余人北上支援白岩城。

李世勣随即命右骁卫将军契苾何力率八百名精锐骑兵进行阻击。

八百对一万多。

又是一场敌众我寡、凶多吉少的恶战！

尽管契苾何力骁勇无匹，尽管唐军将士个个都有以一当十之勇，可高丽军队也不是吃素的。就在此次增援白岩城的部队中，一个叫高突勃的高丽将领就同样勇猛。当契苾何力不顾一切冲进高丽军队的战阵中时，高突勃就挺枪拦住了他。双方拼杀许久，高突勃瞅准机会，狠狠一枪刺入了契苾何力的腰部。

契苾何力当即重重摔下马背。就在这生死关头，薛万备（薛万钧、薛万彻的弟弟）单枪匹马杀到高突勃面前，硬是在千军万马中救了契苾何力一命。

从来没有被人刺落马下的契苾何力顿时怒发冲冠。他仰面向天，发出一声令人震悚的长啸，然后用力撕下一角战袍，裹住鲜血直流的伤口，翻身上马再战。左右将士受其激励，无不奋勇厮杀，终于将高丽援军击溃。

最后，这支几百人的骑兵不仅把一万多人的高丽军队追出了数十里地，而且生擒了高突勃，一路还砍下了一千余颗首级。

直到暮色笼罩大地，这群杀红了眼的大唐勇士才心有不甘地勒住了缰绳。

如血的残阳下，一股冲天的斗志和怒火依然在他们的眼中灼烧。

这真是一支可怕的军队！

李世勣率领大军从白岩城的西南面连续三天发动猛烈攻击，李世民则坐镇西北亲自指挥。眼看唐军的攻势如此强大，而乌骨城来的援军又已被唐军击退，孙代音彻底丧失了抵抗的意志。

六月一日，孙代音再次密遣心腹，出城向唐太宗请降，并且表示了他的难处——部将们不肯投降。李世民命人拿出唐军旗帜，告诉密使：如果孙代音真心要投降，就把唐军的旗帜插在城头之上。

孙代音依计而行。城中守军一看，以为唐军已经攻上了城墙，顿时斗志全无，只好乖乖缴械投降。

就在李世民准备进城受降时，脸色阴沉的李世勣突然带着几十名官兵拦在了他的马前。

李世民一下就明白是怎么回事了。

当初孙代音反悔，李世民一气之下作出洗劫白岩城的承诺，可现在白岩城一旦投降，官兵们期望中的战利品便会全盘落空。所以，此刻李世勣是代表将士们讨赏来了。

换句话说，他们是来“胁迫”天子兑现承诺的。

果不其然，李世勣一开口就说：“皇上，将士们之所以冒着矢石、不顾生死地战斗，就是希望破城后分得自己的一份战利品；眼下城破在即，却要接受他们的投降，实在是让将士们为之心寒！”

阵前讨赏这种事情，说大不大，说小也不小，万一处理不当，就有可能激发兵变。

不过这种事情对李世民来讲只能算是小菜一碟。

李世勣话音刚落，李世民立刻翻身下马，首先向将士们表示道歉，然后说：“将军所言甚是！然而，纵兵杀人，掠虏人家妻儿，朕实在于心不忍。请你们放心，凡是将军麾下的有功之人，朕一定用府库中的钱物来赏赐，以此向将军赎回这座城。”

天子都把话说到这份儿上了，李世勣等人当然就无话可说了。

唐军受降后，白岩城的一万多居民都得到了妥善安置，李世民甚至下令对八十岁以上的老人赏赐布帛。而对于其他各城派驻白岩城协防的高丽士兵，李世民则发给他们干粮，要去要留，任他们自便。

随后，李世民将白岩城置为岩州，任命孙代音为岩州刺史。

六月三日，李世民又将最早攻下的盖牟城置为盖州。

早在唐军攻破盖牟城之前，渊盖苏文曾经从加尸城（今朝鲜平壤西南）派出一支七百人的特遣兵团进驻该城。城破之时，这些人都愿意加入唐军，为唐帝国效力。可是李世民却没有同意，他说：“你们的家都在加尸，如果为我而战，渊盖苏文肯定会杀死你们的家人。得一人之力而灭一家，我不忍心这么做。”随即发给路费和干粮，将他们全部放归。

从这些战后处理来看，李世民不愧是一代明君。

因为上述表现确实充满了人道主义色彩。

当然了，这些做法也可以说是出于一种政治宣传的需要，比如——彰显大唐军队王者之师的风范，以吊民伐罪的姿态收揽人心，从而瓦解其他城市高丽军民的抵抗斗志，等等。然而，无论李世民的动机中掺杂了多少政治意图，只要这些做法能够避免生灵涂炭，能够在最大程度上挽救无辜平民的生命，那么不管到什么时候，这些行为都值得我们敬佩和感动。

不过，尽管李世民放过了绝大多数平民和战俘，但是有一个人他却不想放过。

这个人就是高突勃。

李世民把高突勃五花大绑地送到契苾何力面前，要让他亲手结果高突勃，以报那一枪之仇。不料契苾何力却对李世民说："他为了自己的主公，在战场上冒着刀枪箭矢与臣搏杀，虽然刺伤了臣，但却是忠勇之士。臣与他本来就素不相识，更谈不上什么怨仇，只不过各为其主罢了，请皇上赦免他吧。"

契苾何力可以称得上一个真正的英雄。因为他身上不仅有一种舍生忘死的勇猛，更有一种超越常人的宽宏气度和磊落胸襟。

这就叫大将风度，也叫做武士精神！

只有具备这种风度和精神的人，才配得上英雄两个字。

在李世民的亲自指挥下，大唐远征军以所向披靡之势横扫辽东。

唐军铁骑纵横驰骋在白山黑水之间。

坚实而广袤的辽东大地发出了阵阵战栗。

踌躇满志的李世民将目光转向辽东的最后一座军事重镇——安市城（今辽宁海城市）。只要拿下它，大唐远征军就可扫平辽东半岛，继而跨过鸭绿江，一举夺取平壤！

在李世民看来，这场战争已经赢了大半。

征服高丽只是时间问题了。

驻跸山大捷

贞观十九年（公元645年）六月中旬，李世民率领远征军迅速南下，于六月二十日包围了安市城。

在辽东境内的所有高丽据点中，这座安市城的情况最为特殊。

严格来讲，它现在处于半独立状态。

当初，渊盖苏文发动政变、大权独揽后，高丽各地方的守将和城主都慑于他的淫威，不得不向他屈服，唯独安市城主拒不承认渊盖苏文的新政权。渊盖苏文勃然大怒，数度发兵攻打。由于安市城城防坚固，加上安市城主英勇善战、指挥有方，所以屡屡将政府军击退。渊盖苏文没辙，最后只好放弃，任凭安市城变成一个没有归属的独立王国。

但是此时此刻，渊盖苏文却不能再对安市城置之不理了。

因为辽东的其他重镇均已陷落，只剩下这座安市城可以阻遏唐军的兵锋。虽说它的南部还有建安、后黄、银城、乌骨等城池，可这些地方的防御都相当薄弱，根本经不起唐军一击。安市一旦失陷，唐军就可以轻而易举地跨过鸭绿江，直捣平壤。

所以，渊盖苏文决定不惜一切代价保住安市城——保住这辽东的最后一道屏障！

就在唐军进围安市城的次日，渊盖苏文就命令北部总督高延寿、高惠真，统领高丽、靺鞨兵共计十五万人，大举救援安市城。

十五万人是什么概念？是倾国之师，是高丽王国目前可以动用的所有机动兵力和后备部队！

毫无疑问，唐帝国的远征军与倾国而来的高丽军队必将在安市城展开一场大决战。

安市城的存亡将对这场战争产生决定性的影响。

李世民很清楚——安市城是一颗硬钉子，要拔下它并不容易。

所以一开始，李世民曾打算绕过安市城，先把南部的建安城打下来。可李世勣却不同意皇帝的战略，他的理由是：建安在南，安市在北，唐军的补给中转站在辽东城，如果绕过安市进攻建安，那么后方的运输线很容易被安市守军切断；反之，如果先攻下安市城，则建安城唾手可得。

李世民尊重李世勣的意见，遂决意攻打安市城。

当高延寿的救援大军火速向安市城推进的时候，李世民对当前的形势作出了三种判断。

他说："现在高延寿有三种战略选择：第一，率领大军前进，与安市城的守军互为掎角，占据险要地形，派出靺鞨骑兵抄掠我们的牛马，一旦我们进攻受挫，要撤退又受阻于沼泽，就会陷入困境，这是上策；第二，救出安市城的军民，然后撤退，这是中策；第三，自不量力，与我们在战场上一决胜负，这是下策。诸位等着瞧，高延寿必出下策，要生擒他易如反掌。"

与此同时，高丽军中的一个谋士也正在向高延寿献策："李世民对内扫除群雄，对外制伏戎狄，是一个雄才大略的皇帝，如今倾国而来，我们不是他的对手。而今之计，只有坚壁清野，避其锋芒，作好打持久战的准备，然后派出奇兵切断唐军的补给线，一旦唐军的粮食告罄，求战不得，欲归无路，我军便可大获全胜。"

很显然，这个谋士的策略正是李世民所说的上策。

可惜的是，刚愎自用的高延寿根本听不进去。他断然拒绝了谋士的建议，毅然挥师西进，决意与李世民一决雌雄。

一切都被李世民掐准了，而高延寿的败局也就此注定。

高丽援军马不停蹄地向安市城奔来。

当他们距离安市城四十里地的时候，李世民担心他们不敢前进，于是命左卫大将军阿史那社尔率一千名突厥骑兵作为诱饵，去诱使高丽军队继续深入。

阿史那社尔与高丽军刚一交锋，就佯装败北。高丽士兵大喜，互相喊着说："唐军太容易对付了！"于是争先恐后地追击，直抵安市城南八里，然后紧靠山麓扎营列阵。

李世民笑了。

高延寿果然有勇无谋。

他随即带着长孙无忌等人和数百名骑兵登高远望，观察敌情，只见高丽军队旌旗飘飘，阵营绵延达四十里。同时，李世民又仔细观察了高丽军营附近的山川地形，寻找适合伏击和冲锋的地点。

一番侦察之后，李世民心里已经有了八成的胜算。

就在这时候，江夏王李道宗向李世民提出了一个直捣腹心的战略。他说："高丽以倾国之兵来战，都城平壤的防御必然薄弱，臣请率精兵五千，直捣腹心，拔其根本！只要攻下平壤，高丽的数十万众便可不战而降。"

这是一个出奇制胜的战略。

假如李世民采用了这个战略，那么这场高丽战争的结局很可能就会全然不同。可令人困惑的是，李世民听完后却一句话也没有说。

没有说话并不代表默许，而是表示拒绝。

李世民为什么会拒绝李道宗的提议呢？

唯一的解释只能是——他太自信了。眼下他已经成竹在胸，完全有把握一举吃掉高延寿的这支援军。而安市守军一旦没有了外援，就算他们想负隅顽抗，其下场也必定和辽东城一样！

这很可能就是李世民当时的想法。

李世民用沉默拒绝了李道宗之后，随即遣使给高延寿送了个口信，说："渊盖苏文强臣弑主，所以我前来问罪，至于交战，本来就不是我的意愿。我大军深入你们国境，粮食供应不上，所以先夺你们几座城池，等你们政府恢复藩臣的礼节，自然会将城池交还给你们。"

很显然，这是李世民有意释放的烟雾弹。他知道高延寿有勇无谋，所以吃定他了。

高延寿果然中计，随后便放松了警惕，军营的防备也异常松懈。

而李世民则连夜召开了军事会议，抓住战机进行决战部署。他命李世勣率领步骑混成部队一万五千人，抢占西面的山头；又命长孙无忌率精锐部队一万一千人，从山北狭谷秘密行军，迂回到高丽大军的后方；而他本人则亲率四千人坐镇北山，将总指挥部设置于此，从这里俯瞰整个战场，以战鼓、号角及各种旗帜作为指挥作战的信号。

这场歼灭战能否取得成功，关键就在于长孙无忌这支奇兵能否顺利迂回到敌军后方，扰乱其军心，并且切断其后路。

李世民在北山的制高点上，迫切等待着长孙无忌发出的信号。

六月二十二日清晨，李世勣率部悄悄占领了西岭。当薄雾逐渐散去，高丽军队才赫然发现唐军早已在他们身边摆出了一个攻击阵形。

高延寿大惊失色，立即下令军队准备作战。

可一切都已经来不及了。

此刻，长孙无忌的奇兵已经穿过狭谷，进入了预定战场，并且掀起漫天尘埃，向指挥部发出了信号。

李世民一见，即刻命鼓手和旗手发出进攻的指令。

刹那间，唐军各部以排山倒海之势从各个方向对高丽军营同时发起了攻击。高延寿根本弄不清唐军到底有多少兵力，更不知道唐军的作战意图。他试图分兵抵御，可是军营长达四十里，战前又毫无准备，所以他根本来不及对十五万士兵发出不同的作战指令。

在这一刻，高延寿生平第一次发现——原来带着十几万人打仗是一件如此痛苦的事情！

唐军各部就像几把尖刀从各个方向猛然插入高丽军营。高延寿的部下们得不到主帅的指令，只能硬着头皮各自为战。

十五万人顷刻间变成了十五万只无头苍蝇。

就在此时，原本晴朗的天空忽然雷鸣电闪、风雨大作，使得这个数十万兵马奔腾厮杀的战场变得更加惨烈、诡异而壮观。

李世民在北山上俯瞰着这一幕，心头不禁掠过一阵阵难以名状的悸动。

忽然间，在千军万马中，有一袭鲜艳的白袍赫然映入了他的眼帘。

那是一个年轻的战士。所有人都身披铠甲，只有他是一袭白袍。

只见他手持长戟，腰挂箭袋，在战场上纵横驰骋，左冲右突，如入无人之境。

李世民大为惊异，连忙问左右此人是谁。

可是，没有一个人认识这个白袍勇士。

此时战场上的形势已经逐渐明朗，高丽军队全线崩溃，在战场上扔下了两万多具尸体。高延寿、高惠真带着残部仓皇逃进了山区。

此战唐军完胜。

战斗结束后，李世民第一时间就命人把白袍勇士带到了他的面前。

这个人，就是享誉后世的大唐传奇名将薛仁贵。

然而此时，他还只是一个刚入伍不久的普通一兵，这是他第一次走上战场大显身手。

薛仁贵自恃骁勇，为了创建奇功，故意不穿铠甲而披白袍，希望以此引起高级将领们的注意。可他绝对没有想到，第一个注意到他的人，居然就是大唐皇帝李世民！

李世民略为询问他的身世之后，对他大为赞赏，随即赐给他两匹战马、四十匹绢，并擢升他为游击将军。

高丽战争结束后，李世民在撤军途中曾经颇为感慨地对薛仁贵说："朕诸将皆老，思得新进骁勇者将之，无如卿者；朕不喜得辽东，喜得卿也！"（《资治通鉴》卷一九八）

薛仁贵就这么一战成名，从此走上一代名将的辉煌征程。

经此一役，高丽的十五万大军被杀两万多人，余众作鸟兽散，只剩下不足四万人跟着高延寿逃进了深山，依险固守。长孙无忌按照原定计划，毁坏了后方河流的所有桥梁，彻底切断了高延寿的退路。

随后，李世民命令各军守住各个山口，把这支残敌团团围困。

高延寿已成瓮中之鳖。

六月二十四日，高丽军队残存的军粮告罄。高延寿、高惠真意识到大势已去，只好带着余众三万六千八百人向唐军投降。

高延寿、高惠真被押到了唐军大营，从辕门开始屈膝跪行，一直来到唐军的受降台前，听候唐朝皇帝发落。李世民一身戎装、威风凛凛地坐在高台上，冷笑着说："你们这些东夷少年，在海边跳梁还行，要想打硬仗一决胜负，恐怕还不是我老人家的对手。怎么样，从今往后，还敢与天子交战吗？"

高延寿等一干降将全都匍匐在地，浑身战栗，一声也不敢吭。

都已经是人家砧板上的肉了，还有什么好说的？

这一战，可以说是李世民东征以来取得的最大一次胜利。唐军不但将这支十五万人的大军一举击溃，而且缴获了战马五万匹、牛五万头、铁甲一万件以及大量其他武器。

对于三万多名战俘的处理，李世民采取了三种不同的办法。

首先是三千五百名各级军官，李世民分别授予他们官职，然后悉数遣回中国，随宜任用；其次是三万多名高丽士兵，李世民二话不说，全部将他们放归平壤。

在古代战争中，如此慷慨地纵俘还是比较少见的。李世民之所以这么做，是因为对于深入辽东腹地的唐军来说，此时最缺的不是兵力，而是粮食和补给。眼下这三万多人就是三万多张吃饭的嘴，李世民断然不能留下他们。此外，出于政治考虑和人道主义立场，李世民也不想杀降，所以只有放归一途。

高丽降卒们顿时感激涕零，欢呼之声响彻数十里地。

最后是三千三百名靺鞨士兵。

对于他们，李世民的命令只有两个字——坑杀。

在辽东战争初期，靺鞨人本来是站在唐朝一边、老实听从天可汗调遣的，可后来不知为何受了渊盖苏文的蛊惑，居然反戈一击，与唐朝为敌。对于这种背信弃义、不知好歹的蛮夷，李世民当然不会饶恕。

那一天，三千三百名靺鞨士兵被毫不留情地全部坑杀。李世民希望以此警示其他戎狄——这就是背叛天可汗的下场！

取得这场近乎决定性的胜利后，李世民的自信和豪迈之情溢于言表。

他把自己御帐所在的这座山命名为驻跸山，同时还派快马向留驻定州的太子报捷，并且给高士廉等人写了一封信，在信中喜不自胜地说："朕为将如此，何如？"

这句话很大程度上是说给那些反对天子亲征的大臣们听的，翻译成大白话就是——我老人家打仗还是这么牛，大伙都瞧见了没？

是啊，李世民是有理由感到自豪。把高丽倾国来战的十几万人一下就给灭了，诚可谓老当益壮，雄风不减当年！

李世民的高度自信为他换来了一场又一场的胜利，而这些胜利又助长了他的高度自信。

这真的是与当年的隋炀帝杨广如出一辙的自信！

可是李世民万万没有想到，他很快就将在这座安市城遭遇与杨广如出一辙的命运。

只有真正的英雄，才懂得欣赏自己的对手

高延寿全军覆没，令高丽举国震惊。

位于安市城后方的后黄城、银城等地（均在今辽宁岫岩县北）的高丽军民有如惊弓之鸟，纷纷弃城而逃，一口气跑过了鸭绿江。

安市后方的方圆几百里顿时荒无人烟。安市彻底成了一座孤城。

然而，就是这座几乎是指日可下的孤城，却成了李世民军事生涯中的滑铁卢。

安市城的防御超乎寻常地坚固，而安市军民的抵抗也出人意料地顽强。

唐军围攻了一个多月，安市城依旧岿然不动。

每当李世民的御驾经过安市城下的时候，城上守军就擂鼓喊叫，肆意取笑大唐天子，气焰极为嚣张。

看着皇帝一阵青一阵白的脸色，李世勣愤然提议——“克城之日，男子皆坑之！”（《资治通鉴》卷一九八）

这个可怕的消息很快传遍了安市城。城中军民越发同仇敌忾、全民皆兵，人人抱定与城池共存亡的决心，对唐军的抵抗也更加顽强。

战事陷入了胶着状态，一转眼时节已近深秋。

辽东早寒，如果再这么拖下去，等到草木干枯、河水结冰的时候，唐军的后勤补给势必更加困难，到时候大量的士兵和战马很可能不是战死在沙场上，而是冻死在雪地里！

怎么办？

关键时刻，高丽降将高延寿、高惠真站出来献计了。他们向李世民提议：“如今，安市人全民皆兵、人自为战，此城绝对不易攻拔。在下率高丽十余万众，却望风披靡，一朝崩溃，国人皆为之丧胆。而今之计，不如绕过安市，直取乌骨城。乌骨城主年已老迈，大军定可朝至夕克，进军途中的其他小城也会望风而逃，只要收取这些城池里的粮食辎重，大军的供给就不会匮乏，而后乘胜前进，平壤指日可下！”

这个计划得到了绝大多数将领的支持。他们说：“我军在南部还有张亮的四万海军，可命他即刻向乌骨城进军，与主力会师，攻占乌骨城，然后渡过鸭绿江，定可直取平壤。”

如果说此前李道宗的绕道建议根本不能让李世民动心的话，那么此刻李世民的想法就不得不发生转变了。其一，这么多人支持这个计划，说明它的可行性很高；其二，李世民亲眼目睹了安市军民的顽强斗志，这在相当程度上削弱了他的自信心。

所以，李世民略为沉吟后，很快同意了绕道计划。

可就在这个时候，长孙无忌发言了。

他说：“天子亲征，跟诸位将军不同，不能抱着侥幸之心去冒险。

如今安市、建安的守军还有十余万众，如果绕过它们攻打乌骨，万一两城军队倾巢而出，袭击我们的后背怎么办？所以，臣以为应该先破安市后取建安，然后长驱而进，这才是万全之策。”

在此，是否要绕道已经成为整个高丽战争中决定性的一步棋。

如果不采用绕道计划，一意要拔下安市城这颗硬钉子，就得面临辽东早寒的威胁。假如进入冬天还拿不下安市城，那么李世民就只能选择撤兵，此次远征就会功亏一篑。

而如果绕过安市直取平壤，看上去是一个出奇制胜的妙招，但是唐军的运输补给线势必更加漫长。万一平壤不像人们想象的那样防御薄弱，而是跟安市城一样又臭又硬，那么到时候的情况就会更加险恶——不但天气严寒、缺乏给养，而且会腹背受敌，后果将不堪设想。当年杨广第一次亲征不就是因为绕道深入、粮草不继而遭遇惨败的吗？

所以，无论哪一种战略都是有利有弊的，绝没有所谓的万全之策。

到底该怎么办？

这是一个艰难的抉择。

最后，李世民内心的天平倾向了长孙无忌。

他决定放弃绕道计划，在冬季来临之前拿下安市——不克安市，誓不罢休！

天子既然下定了决心，将士们当然只能豁出命来打了。

在随后的日子里，唐军对安市城展开了空前猛烈的进攻。士兵们每天都发起六七轮冲锋，各种攻城武器也都拉上去了，无奈安市城城高墙厚，抛石机抛出的巨石只能砸塌城墙上的雉堞（古代在城墙上面修筑矮而短的墙，守城的人可借以掩护自己），根本轰不倒城墙。就连被砸塌的雉堞，安市守军也能马上在缺口处修筑木栅，令唐军无机可乘。

眼看天气一天比一天寒冷，胜利的希望也越来越渺茫。李道宗情急之下想出了一个办法——筑一座土山。

筑一座比安市城墙还高的土山，然后居高临下发动攻击！

随后，唐军花了整整六十天的时间，动用了五十万人次的劳力，终于筑起了一座比安市城墙还高出数丈的土山。

安市城彻底暴露在唐军的眼皮底下。

最重要的是：安市城的楼房街道彻底暴露在了抛石机的射程之内！

可想而知，如果不出现什么意外的话，安市城必定会像当年西域的高昌城一样，被唐军的重型抛石机彻底砸烂，而安市军民无论怎么顽强，最后也肯定要乖乖地开门投降。

可是，这个世界总是充满了意外，而历史也总是充满了偶然。

就在这个大型工程即将竣工的那一天，安市城外突然发出惊天动地的一声巨响——土山崩了。

唐军将士彻底傻眼。

同一刻，安市军民也差一点哭出声来。

因为安市城的一段城墙竟然被土山压塌了！

这场僵持了三个月的围城战役顿时出现了万分惊险而又极具戏剧性的一幕。

此时只要唐军抓住战机，从倒塌的城墙处杀进去，安市城基本上就是唐军的囊中之物了。

可我们说过，历史充满了偶然。

就在这千钧一发的时刻，负责守卫土山的唐军将领傅伏爱却不知上哪溜达去了，根本不在军营，只剩下一群士兵面对这突如其来的情况手足无措。许久才有人反应过来，赶紧撒丫子跑去大本营报告情况。

趁着唐军愣神的间隙，高丽军队迅速作出了反应。守城将领马上组织了一支数百人的敢死队，从倒塌的缺口处冲出来，向守卫土山的唐军发起了攻击。唐军的这支守卫部队本来人数就不多，加上将领又开了小差，部队无人指挥，顿时乱成一团。于是被杀的被杀，逃跑的逃跑，只不过片刻工夫，就把这座耗费了两个月时间修筑的土山拱手让给了高丽人。

高丽军队占领土山后，立刻挖掘战壕，修筑防御工事，并派出重兵把守。

等到唐军最高统帅部得到消息，土山早已变成了高丽人手中的一座坚固堡垒。

李世民的肺都快气炸了，马上把玩忽职守的将领傅伏爱拖出去砍了脑袋，然后对所有将领下了死命令——不惜一切代价夺回土山！

接下来的三个昼夜里，一波接一波的唐军士兵对这块弹丸之地发起了不间断的攻击，而高丽军队也进行了最顽强的抵抗。

谁都知道这座土山的重要性。唐军只要将其夺回，安市城立马玩完；而高丽人只要拼死守住，安市城就能高枕无忧。

所以，双方都倾尽全力、志在必得！

这三个昼夜简直成了一场噩梦。双方在小小的土山上扔下了无数具尸体，鲜血染红了这里的每一寸土地。然而，整整三天过去了，土山依然牢牢控制在高丽人的手中。

此时已经接近九月下旬，从唐军围攻安市城以来，时间已经过去了三个月。漫山遍野的草木都已枯黄，刺骨的北风在耳旁呼啸，而唐军将士们仍然穿着单薄的夏装，粮草也已逐渐告罄。

看来，这场战是无论如何也打不下去了。

除了这些因素以外，漠北的局势也在此时骤然紧张起来。薛延陀的真珠可汗已于九月初七病殁，他儿子自立为多弥可汗后，开始蠢蠢欲动，不断派出小股部队骚扰河套地区。

所有情况都表明：唐帝国与薛延陀之间的全面战争已经无法避免。

所以，无论从哪一方面来看，李世民都只能立刻从高丽撤兵，别无选择！

贞观十九年九月十八日，李世民神色黯然地下达了班师的命令。

整个撤军行动是有条不紊的。李世民先是下令将辽州、盖州、岩州的所有居民迁往国内，然后在安市城下摆出了一个盛大的军容，让各军结成整齐雄壮的方阵缓缓而退。

要来，唐军就来得雄赳赳、气昂昂。

要走，唐军也要走得从从容容，体体面面！

安市城主站在千疮百孔的城墙上，望着唐军渐行渐远的旌旗和队伍，用一种肃然起敬的心情遥拜送别。

而李世民对安市城主坚毅不拔、顽强不屈的精神也极为嘉许，在临走前特意赐给了他一百匹绸缎，勉励他这种忠君卫国的行为。

这是令人感动的一幕。

在战场上，他们是你死我亡的对手；可一旦战争结束，他们却都能够以一种罕见的真诚，向对方表达出一种发自内心的崇高敬意。这无疑是难能可贵的。

在西方，这或许就叫骑士风度。而在东方，这就叫英雄惜英雄！

只有真正的英雄，才懂得欣赏自己的对手。

李世民绝对不会料到，此次亲征高丽，竟然会以势如破竹的胜利开场，而以万般无奈的撤兵告终。

在这片辽东的土地上，此刻的李世民与三十三年前的杨广一样，播下的是信心和希望的种子，收获的却是沮丧和失败的果实。

两代帝王踌躇满志地亲征高丽，却遭遇了如出一辙的历史命运。

李世民顿有一世英名毁于一旦之感。就在班师途中，他忍不住仰天长叹："魏徵若在，不使我有是行也！"（《资治通鉴》卷一九八）

虽然此次亲征，李世民和杨广一样，未能达到讨平高丽的战略目的，但是从战争的结果来看，李世民与杨广的所得所失却大不相同，甚至可以说有着天壤之别。

首先，二者付出的代价不同。

杨广第一次亲征高丽就出动了一百多万大军，耗费了无数人力、物力，几乎一下子就拖垮了国家财政。而且，隋军在交战中也付出了大量的伤亡和损失，前面的多次战斗暂且不论，仅宇文述最后一次长途奔袭率领的三十万五千人，在撤至萨水时一次就损失了三十万两千三百人，几近全军覆没，同时丧失的武器、装备、辎重更是数以亿计。

回头来看李世民的亲征，唐军出动的总兵力不过十几万人，仅是隋军的十分之一，而且据《资治通鉴》记载，唐军在这场战争中的阵亡人数总共才区区两千人。虽然这个数字非常值得怀疑，可即便给它后面加上一个零，算它两万人，跟隋军比起来也不过是九牛一毛。

其次，二者取得的战果不同。

杨广一征高丽时，仅在辽东城下就被拖了整整三个月，始终不能前进半步。后来虽说宇文述绕过辽东直趋平壤，却是中了高丽人的诱敌深入之计，最后全军覆没，根本不足为训；此外，来护儿的水军虽也曾一度攻入平壤，但结果也是损兵折将、一无所获。

相反，唐军在这场战争中却几乎横扫了整个辽东地区，先后攻克玄菟、横山、盖牟、磨米、辽东、白岩、卑沙、麦谷、银山、后黄等十座城池，后来虽因撤军而放弃，但却将辽州、盖州、岩州的七万居民迁入中国，使得高丽在辽东经营已久的几大军事重镇一朝空虚，变成了荒城和死城。此外，唐军前后共斩获四万余颗首级，仅驻跸山一战就将高延寿的十五万大军彻底击溃，极大地歼灭了高丽军队的有生力量；后来虽然释放了大量战俘，但却将其中训练有素的三千五百名军官悉数遣回中国任职，获得了一笔无形的军事财富。

最后，也是最重要的，李世民和杨广从失败中汲取的经验教训截然不同。

虽然二者从高丽撤军后，沮丧的心情是一样的，二征高丽的决心也是一样的，但是杨广却并未从失败中获得什么有价值的经验教训。第二次东征时，他照例拉出了一百万人的大军，也照例命宇文述绕过辽东奔袭平壤，自己又照例在辽东城下埋头攻打了两个月，一副头脑简单、四肢发达的模样。后来虽说想出了一招堆筑“布袋大道”的主意（与唐军“修筑土山”可谓异曲同工），可毕竟只是小小的战术改变，对于整场战争起不了决定性的作用，所以杨玄感叛乱一爆发，杨广就不得不匆匆撤军，使得二征高丽无果而终，属于典型的在一颗石头上绊倒两次的搞笑之举。

反观李世民，亲征高丽的失败对他产生了极大的触动，也让他终于找出了失败的症结，那就是——忽视了海军在运输补给和迂回机动方面应该发挥的巨大作用。

此次东征，李世民虽然也派出了一支由张亮率领的四万人的海军，其在海陆总兵力中的比例并不算低，但是综观这支海军在整场战争中的表现，实在有点不尽如人意。除了在前期攻下一座卑沙城，在后期与陆军遥相呼应、协攻安市南部的建安城之外，唯一让人感到眼前一亮的军事行动就是——海军曾派出一支偏师，由丘孝忠率领直接开到了鸭绿江口。可他们到底去干什么史书却语焉不详，据说只是去“耀兵”了一下，所以我们只能把它理解为去执行了一次侦察任务，刺探高丽军队在鸭绿江至平壤一线的布防情况。

由上可知，张亮的这支海军在此次东征中实在没发挥什么重要作用。这其中除了张亮本人的能力确实有限之外，最重要的原因，其实是李世民的战略思想有问题——

他压根就没想让海军担任什么重要任务，顶多就是让他们在辽东半岛给陆军敲敲边鼓、唱唱配角而已！

虽然李世民在战前也曾派人将河南诸州的粮草运往莱州军港，也让海军承担了一部分运输任务，但是在数量上远远不够，仍然只是陆地运输线的补充而已，大部分的粮食补给还是由河北诸州运到辽东边境的怀远镇。

在这里，李世民犯了一个和杨广一模一样的错误——过于倚重陆上的运输线！

所以，当战争中好几次出现是否绕道的争议时，李世民最大的顾虑就是陆地补给线被后方的高丽军队切断，就像当年的宇文述绕道奔袭之所以失败，是因为后方粮草供应不上一样！

从这个意义上说，高丽战争的成败与否，关键并不在于是否要绕过辽东。

对于这次东征高丽，后世论者大多认为如果采用李道宗等人的建议，跨过鸭绿江直取平壤，唐军就有可能出奇制胜。

然而，这实在是忘记历史教训的迂阔之谈。当年的杨广不就派大军绕过去了吗？可结果还不是全军覆没？

所以，现在的李世民之所以失败，其原因也根本不是没有采用绕道计划。

假如李世民真的绕过去了，说不定结局会更惨，或许连保存有生力量、体体面面地退兵都不可能。

无论是当年杨广的三征三败，还是如今李世民的功亏一篑，其共同的原因只有一个——忽视海军！

正是因为深刻认识到了这一点，所以从高丽班师后，李世民的目光就锁定了海军。

他决定建设一支当时世界上最强大的海军力量！

贞观二十一年（公元647年）九月，李世民下诏，命“宋州刺史王波利等，发江南十二州工人造大船数百艘，欲以征高丽”（《资治通鉴》卷一九八）。

贞观二十二年（公元648年）六月，“上（李世民）以高丽困弊，议以明年发三十万众，一举灭之。或以为大军东征，须备经岁之粮，非畜乘所能载，宜具舟舰为水运……七月，于剑南道伐木造舟舰，大者或长百尺，其广半之。别遣使行水道，自巫峡抵江、扬，趣莱州。”（《资治通鉴》卷一九九）

大军东征，后方必须储备一年以上的粮草。而这么大的运输量很难由陆路的“畜乘”单独承担，所以，应该开辟一条海上运输线，以“舟舰”来承担主要的后勤补给工作。

这就是李世民东征高丽失败后取得的最主要的经验教训。

对于杨广来说，失败只会让他疯狂，让他加速走向灭亡；而对于李世民来说，失败却拓宽了他的视野，丰富了他的战争经验，提升了他的军事智慧。

虽然天不假年，上苍没有给李世民更多的时间去亲手征服高丽，但是在第一次东征失败后，我们可以明显看到，无论是李世民晚年对高丽发动的一系列骚扰战，还是在后来唐高宗征服朝鲜半岛的一系列战争中，由李世民晚年所建立的强大海军，在运输补给、迂回机动、与陆军协同作战等方面，都发挥了单兵种作战无法比拟的巨大作用。

正是李世民深刻汲取了高丽战争失败的经验教训，才使得唐帝国能够在高宗之世平定高丽和百济，并进而控制整个朝鲜半岛的局势。

从这个意义上说，高丽最终虽亡于高宗之世，可又何尝不是亡于太宗之手呢？

贞观的黄昏

唐太宗李世民君临天下二十三年，以其雄才大略缔造了中国历史上屈指可数的黄金时代——贞观之治。在他的统治下，大唐帝国的形势蒸蒸日上，成为当时世界上最强大的国家。无论是文治还是武功，李世民所缔造的历史功绩都足以彪炳千秋、震烁古今！

然而，贞观之治并不是一块无瑕的白璧。

在这二十三年里，前期的李世民励精图治、虚怀纳谏，其政风刚健质朴、高效清明，但是到了中后期，随着天下大治的实现和帝王功业的鼎盛，李世民身上的人性弱点终于不可避免地暴露出来——大约从贞观十年起，贞观政治就已出现“渐不克终”的景象。

贞观十年（公元636年），针对太宗李世民身上渐露端倪的拒谏和骄逸之风，魏徵上疏：

> 自王道休明，十有余载，威加海外，万国来庭，仓廪日积，土地日广，然而道德未益厚，仁义未益博者，何哉？由乎待下之情未尽于诚信，虽有善始之勤，未睹克终之美故也。昔贞观之始，乃闻善惊叹，暨八九年间，犹悦以从谏。自兹厥后，渐恶直言，虽或勉强有所容，非复曩时之豁如。（《贞观政要》卷五）

贞观十一年（公元637年），针对李世民营缮宫室的劳民之举，马周上疏：

> 今之户口不及隋之什一，而给役者兄去弟还，道路相继。陛下虽加恩诏，使之裁损，然营缮不休，民安得息？……贞观之初，天下饥歉，斗米直匹绢，而百姓不怨者，知陛下忧念不忘故也。今比年丰穰，匹绢得粟十余斛，而百姓怨咨者，知陛下不复念之，多营不急之务故也。（《资治通鉴》卷一九五）

贞观十三年（公元639年），由于太宗李世民"崇饰宫宇、游赏池台"，百姓的劳役日渐沉重，有一些朝臣进行了劝谏，李世民居然回答说："百姓无事则骄逸，劳役则易使。"魏徵闻言，大为不安，随即呈上了一道著名的《十渐疏》。他说："陛下志业，比贞观之初，渐不克终者凡十条。"然后在奏疏中依次列举了太宗在十个方面日渐暴露出来的缺点，其中最重要的一点就是针对李世民上面那句"谬论"而发的。他说："顷年以来，轻用民力。乃云：'百姓无事则骄逸，劳役则易使。'自古未有因百姓逸而败、劳而安者也，此恐非兴邦之至言。"（《资治通鉴》卷一九五）

贞观十五年（公元641年），李世民奢纵和拒谏的习气越发严重。有一次，时任左右仆射的房玄龄和高士廉，在路上遇到专门负责宫室营造的少府少监窦德素，就随口问了一句："北门（玄武门）近来在营造什么？"李世民听说后，竟然暴跳如雷，立刻命人把房玄龄和高士廉叫来训话，怒气冲冲地说："你们只要管好你们南衙（唐朝中央政府机构所在地）的事情就够了，北门一点小工程，关你们什么事？"

房玄龄和高士廉当即吓得面无人色，不住地叩头谢罪。魏徵在旁边一看，忍不住发话了："臣不知陛下为何责备房玄龄他们，也不知道房玄龄等人何以谢罪。臣只知道，房玄龄他们是陛下的股肱耳目，于朝野上下的事情岂有不应该知道的？如果北门的工程应该兴建，他们当辅佐陛下完成；如果不应该建，就请陛下马上停工。他们向主管部门询问，理所当然，不知陛下何罪而责，更不知他们何罪而谢！"

面对魏徵的铁齿铜牙，李世民顿时没了脾气，只好面露愧色，一言不发。

从这件小事情，就足以见出贞观后期的李世民实在是大不如前，而贞观的政风也已是今非昔比了。

到了东征高丽之后的贞观二十二年，由于“军旅亟动，宫室互兴，百姓颇有劳弊”，嫔妃徐惠也忍不住上疏规谏：

> 窃见顷年以来，力役兼总，东有辽海之军，西有昆丘之役，士马疲于甲胄，舟车倦于转输。且召募役戍，去留怀死生之痛，因风阻浪，人米有漂溺之危。一夫力耕，年无数十之获；一船致损，则倾覆数百之粮。是犹运有尽之农功，填无穷之巨浪；图未获之他众，丧已成之我军。虽除凶伐暴，有国常规，然黩武玩兵，先哲所戒……是知地广非常安之术，人劳乃易乱之源。
>
> 妾又闻为政之本，贵在无为。窃见土木之功，不可遂兼。北阙初建，南营翠微（宫殿名，位于终南山）；曾未逾时，玉华（宫殿名，位于宜君县）创制。非惟构架之劳，颇有功力之费……故有道之君，以逸逸人；无道之君，以乐乐身。愿陛下使之以时，则力不竭矣；用而息之，则心斯悦矣。（《贞观政要》卷九）

徐惠是李世民晚年最喜爱的嫔妃，从小聪颖好学，遍涉经史，素有“贤妃”之称，亦大有长孙皇后当年的风范。她的这道奏疏不但文辞优美，而且切中时弊。李世民看过后“甚善其言”，并且“优赐甚厚”。

也是在同一年，李世民似乎预感到了自己时日无多，于是“披镜前踪，博览史籍，聚其要言，以为近诫”，专门写作了一篇《帝范》，总结了前人的政治智慧和自己一生的执政经验，郑重其事地把它交给了大唐王朝的政治接班人——皇太子李治。

这是一篇名垂千古的政治遗嘱，也是一册享誉后世的政治教科书。

李世民在文章的最后，语重心长地说了一段话。这段话既可以视为他对太子李治的谆谆教诲，也可以视为李世民对自己二十三年帝王生涯所作的一次自我批评和自我总结：

汝当更求古之哲王以为师，如吾，不足法也。夫取法于上，仅得其中；取法于中，不免为下。吾居位已来，不善多矣，锦绣珠玉不绝于前，宫室台榭屡有兴作，犬马鹰隼，无远不致，行游四方，供顿烦劳。此皆吾之深过，勿以为是而法之。顾我弘济苍生，其益多；肇造区夏，其功大。益多损少，故人不怨；功大过微，故业不堕。然比之尽美尽善，固多愧矣！汝无我之功勤，而承我之富贵，竭力为善，则国家仅安；骄惰奢纵，则一身不保。且成迟败速者，国也；失易得难者，位也。可不惜哉！可不惜哉！”（《资治通鉴》卷一九八）

“益多损少，故人不怨；功大过微，故业不堕”！

诚哉斯言！

这句话，完全可以作为李世民一生的盖棺论定之语。

金无足赤，人无完人。李世民在晚年能够如此清醒地看待自己的一生，并且如此真诚地剖析一生的功过，既不刻意隐恶，也不过分溢美，实属难能可贵。

在贞观的早晨，李世民的青年时代曾经有过一种丽日喷薄的激昂之美。

在贞观的正午，李世民的壮年时代也曾经有过一种如日中天的壮阔之美。

而当贞观时代的黄昏来临，当一个伟人与自己生命中的夕阳迎面相遇，有谁能说，在一切绚烂终归于平淡的这一刻，西天的那抹斜阳没有一种凄艳而无言的静美呢？

李世民的健康状况是从贞观十九年冬天开始恶化的。

从辽东班师的途中，李世民就患上了痈病[①]。直到次年三月回到长安后，病情才略有好转，但始终未能痊愈。“上疾未全平，欲专保养”，因而下诏，将“军国机务并委皇太子处决”。太子李治在“听政于东宫”的间隙，随时“入侍药膳，不离左右”。

① 皮肤病的一种，皮脂腺化脓性感染。

同年十月，李世民从灵州回来，又患了重感冒，身心疲累，只好静心调养，于十一月又把一般政务交给了太子李治。

贞观二十一年（公元647年）二月，也就是在李世民宣布二征高丽的同时，他再次患上风疾[1]，直到十一月才基本病愈，但却只能“三日一视朝”（《资治通鉴》卷一九八）。可见当时李世民的健康已是每况愈下，体质已经非常虚弱了。

从东征高丽回来后的这几年中，李世民就这样被接二连三的疾病所困扰。积极的药物治疗始终未能有效改善他的身体状况，在此情况下，李世民终于把目光转向了某种超自然的力量。

他开始服食丹药。

他开始服食江湖方士为他炼制的所谓“长生丹药”。

曾几何时，唐太宗李世民对诸如此类的迷信是最为嗤之以鼻的。比如贞观二年，李世民就曾经在一次谈话中，对秦皇汉武迷信神仙之术发出了耻笑。他说：“神仙事本是虚妄，空有其名。秦始皇非分爱好，为方士所诈，乃遣童男童女数千人，随其入海求神仙……汉武帝为求神仙，乃将女嫁道术之人，事既无验，便行诛戮。据此二事，神仙不烦妄求也。”（《贞观政要》卷六）

贞观十一年二月，李世民又曾经在一道号召“俭葬”的诏书中，提出了自己随顺自然的生死观。他说：“夫生者天地之大德，寿者脩短之常数。生有七尺之形，寿以百龄为限。含灵禀气，莫不同焉，皆得之于自然，不可以分外企也。虽复回天转日之力，尽妙穷神之智，生必有终，皆不能免。”（《唐大诏令集》卷七十六）

这番话说得何等透彻，这样的生死观又是何等超然和洒脱！

可令人遗憾的是，当死亡的阴影真的降临他头上的时候，李世民却彻底放弃了他早年的生死观，无可挽回地走上一条与古代帝王一样的迷信方术、希求长生的老路。

可是，长生丹药非但没有给他带来长生，反而使他的身体状况进一步恶化。

李世民以为是国内的方士水平不够，又在大臣的引荐之下，于贞观二十二年（公元648年）把一个印度的婆罗门僧召进了太极宫。此人“自言寿二百岁，云有长生之术”。

---

① 指中风，李唐家族遗传病。

如果在早年，光凭这句话，李世民肯定一下子就能断定——这家伙是个标准的大忽悠。

可现在不一样了。越是能忽悠的家伙，李世民就越是会以礼相待，把他奉为上宾。

这个胡僧来到长安后，李世民便对其“深加礼敬”，把他安置在金飚门内的一处高级宾馆，让他专门“造延年之药”。此外又“令兵部尚书崔敦礼监主之，发使天下，采诸奇药异石，不可称数”（《旧唐书·天竺传》）。

很显然，此刻的太宗李世民已经和历史上所有老来昏聩的帝王没啥两样了。

尽管严格说来，此时的李世民并不算老——他这一年虚岁才五十，刚刚是知天命之年。

但是，当婆罗门僧花一年时间把“长生不老药”炼成后，刚过知天命之年的李世民就迎来了自己的末日。

贞观二十三年（公元649年）春天，李世民在服用了几次胡僧献上的丹药后，病情就突然加剧了。那些名满天下的御医们急得满头大汗，可是人人都对天子的病情束手无策。

这哪是什么长生不老药啊，这简直就是催命夺魂丹！

印度来的大忽悠果然比中国方士的水平高。中国方士们折腾了好几年，也只是把皇帝的龙体折腾坏而已；没想到印度大忽悠只来了一年时间，才用了几颗丹药就把一代英主李世民直接送上了西天。

最后的时刻终于到来。

贞观二十三年五月，在翠微宫避暑的太宗李世民痢疾转剧，十分痛苦。太子李治昼夜不离左右，一连数日茶饭不进，愁得头发都白了。李世民看着这个从小柔顺仁孝的儿子，泪水夺眶而出，说：“汝能孝爱如此，吾死何恨！”

五月二十四日，李世民陷入了弥留状态，紧急召见长孙无忌入含风殿。长孙无忌跪在皇帝的病榻前，悲不自胜，涕泪横流。气若游丝的李世民伸出一只手抚着他的脖颈，许久，竟然一句话也说不出来。最后李世民只好挥挥手让他退了出去。

五月二十六日，李世民的精神略为好转。趁着这回光返照的片刻，李世民再次把长孙无忌和褚遂良召进寝殿，正式交代政治遗嘱。

李世民用尽最后的力气说："朕今悉以后事付公辈。太子仁孝，公辈所知，善辅导之！"然后又对太子李治说："无忌、遂良在，汝勿忧天下！"最后把脸转向褚遂良，说："无忌尽忠于我，我有天下，多其力也。我死，勿令谗人间之。"（《资治通鉴》卷一九九）随即命褚遂良草拟遗诏。

遗诏拟就，李世民轻轻闭上了眼睛。翠微宫外，有风在终南山的山谷间穿梭呜咽。满山葳蕤葱茏的草木在劲风中簌簌颤抖，宛若十万个绿衣人在同一时刻无声地啜泣。

贞观二十三年（公元649年）五月二十六日，唐太宗李世民与世长辞，终年五十一岁。

贞观之治就此落下帷幕。

这一天，太子李治一直抱着长孙无忌的脖子恸哭哀号，几度险些昏迷。等太子哭得差不多了，长孙无忌板着脸说了一句："殿下现在肩负着皇上托付的宗庙社稷，干吗像个匹夫一样哭个不停？"李治这才止住了哭泣。

长孙无忌秘不发丧，于二十七日命精锐禁军护送太子返回长安。

二十八日，太子进入京师。皇帝的灵柩放在御辇内，所有的侍卫和仪仗一如往常。

二十九日，以长孙无忌为首的大臣们在太极殿正式发丧，同时宣读遗诏：一，命太子即位；二，军国大事不可停顿，所有中央政府机构照常运作；三，诸王在各地担任都督、刺史者可全部回京奔丧，唯独濮王李泰不在此列；四，取消东征高丽的军事计划；五，在建的所有土木工程一律停工。

随后的几天里，周边少数民族在唐朝担任公职的人员以及正巧抵达长安朝贡的各国使节，听到天可汗驾崩的消息后，无不失声痛哭。前后有数百人依照各自的民族风俗，或剪去头发，或用刀划脸，或割下耳朵，以表对天可汗的沉痛悼念之情。

贞观二十三年六月初一，太子李治在太极殿即位，是为唐高宗。

这一年，李治二十二岁。

无论人们对于唐太宗李世民的英年早逝如何悲痛和惋惜，也无论人们对于美好的贞观时代如何眷念和不舍，总之从这一天开始，大唐帝国的历史就揭开了全新的一页。

年轻的天子李治站在太极殿上，目光清澈透明，却又略显稚嫩和柔弱；顾命大臣长孙无忌站在他身后，脸上则写满了前所未有的自信、坚毅与从容。

没有人知道，在这一老一少的两张面孔背后，帝国的未来将会是一副什么模样。

一个女人会篡夺李唐天下？

在李世民生命的最后几年中，曾经有一则政治预言困扰了他很久。预言是这么说的——“唐三世之后，女主武王代有天下！”（《资治通鉴》卷一九九）

起初李世民并不在意，因为他不相信一个女人会篡夺李唐天下。

然而，接下来发生的事情却让李世民感到了恐惧。因为天上出现了“太白昼见”的天象，就跟武德九年六月的那幕一模一样。当年的太史令傅奕得出的结论是——太白见秦分，秦王当有天下。而现在的太史令李淳风告诉李世民的则是——太白昼见，女主昌。

很显然，这是天意！

流言与天意居然如此高度吻合，李世民又岂能不感到恐惧?!

从此，这个“女主武王代有天下”的预言就像一个黑色的梦魇一样久久缠绕在李世民的心中。

那么，这个即将窃取李唐天下的“女主武王”究竟是谁？李世民焦灼的目光开始在满朝文武中来回逡巡，最后终于锁定了一个嫌疑人。

这个人叫李君羡。

李君羡虽然不姓武，但他的官职是左武卫将军。同时，他的爵位又是武连县公。此外，他又是河北武安人。不仅如此，作为禁军将领，李君羡驻守的地方恰恰又是——玄武门。

四个武字，李君羡身上居然有四个武字！

天底下还能找出第二个这样的人吗？

说起李世民发现李君羡的过程，实际上也是出于偶然。那是一次宫廷宴会，李世民宴请了在京的一些武官。席间大家用酒令助兴，约定输的人都要报上自己的乳名。轮到李君羡时，行酒令输了，就老实交代他的乳名——五娘。

一个人高马大、胡子拉碴的大男人居然叫五娘？在场众人顿时爆出哄堂大笑，至少有一半的人把口中的酒全都喷了出来。

可李世民并不觉得搞笑，而是感到万分惊愕。就在电光石火的一瞬间，李世民的脑中飞快闪过李君羡的官职名、爵位名、出生地和驻守地。

李世民仿佛忽然间明白了——原来这个“女主武王”并不是女人，而是一个有着女人乳名的男人、一个手握重兵并且驻扎在玄武门的武将！

玄武门是什么地方？是帝国的宫禁重地，是当年自己发动政变夺取政权的地方！

这一刻，李世民的心中翻江倒海。但他却笑容可掬地用一种打趣的口吻说：“哪里来的‘女子’，竟如此骁勇健壮！”

李君羡闻言呵呵地笑了。

在场的武将们也都笑了。

没有人知道，那一刻李世民的心中满是杀机。

几天后李君羡就遭到了贬黜，外放为华州（今陕西华县）刺史。又过了没多久，朝中御史突然发出弹劾，指控李君羡“与妖人交通，谋不轨”（《资治通鉴》卷一九九）。所谓妖人，只不过是华州的一个老百姓，只因通晓佛法，自称能入定不食，李君羡对他颇为仰慕，所以二人结成好友，过从甚密。仅仅因为这些，李君羡就被栽了一个莫须有的谋反罪名。

数日后，李君羡被斩首，家产充公，家人籍没为奴。

尽管一举除掉了李君羡，可李世民心头的梦魇却并未就此消失。

一种莫名的恐惧还是缠绕着他。

终于有一天，李世民摒退左右，只留下太史令李淳风，神色凝重地问：“民间的那些传言，会不会应验？”

李淳风回答：“臣仰观天象，俯察历数，此人已在陛下宫中，而且是陛下的亲近眷属。从现在起，不出三十年，此人必定据有天下，并会将李唐子孙屠戮殆尽，这样的征兆已经形成了！”

听着李淳风用一种近乎冷酷的语调描述着这个恐怖的未来，李世民不禁倒抽了一口冷气：“把可疑的人全部杀掉，将会如何？”

李淳风看见天子说这句话的时候，额头上青筋暴起，目光像刀子一样尖锐而森冷。

“天意如此，人力不可违抗。”李淳风说，“正所谓王者不死，如果把可疑的人全部杀掉，只不过多杀掉一些无辜的生命而已。再者，从今往后三十年，这个人年岁已老，或许还能有几分慈心，制造的灾难也许会小一点。假如现在把此人杀了，上天也许会再遣一个，到时候正当壮年，一旦施展毒手，恐怕陛下的子孙一个也剩不下了！”

李世民沉默了。

既然如此，那就随它去吧。李世民最后无奈地想，也许儿孙自有儿孙福，到时候自然会有人来收拾这个可怕的“女主武王”；也许纯粹是李淳风危言耸听，李唐的未来绝不会像他形容的那么恐怖。

李世民被这则恐怖的政治预言深深困扰的那一年，是贞观二十二年（公元648年）。

此时此刻，在李世民后宫的三千佳丽之中，有一个方额广颐的美貌女子，正用一种抑郁而迷惘的目光仰望着掖庭宫上那一方青灰色的天空。

在她的印象中，这片天空好像永远是青灰色的。

十年了，已经整整十年了！

从贞观十二年（公元638年）入宫到现在，生命中最美丽的十年时光已经从她的指缝、眉间、两鬓、发梢悄悄溜走，而她只能永远盯着掖庭宫的天空发呆。

这个女子在后宫的品秩是才人，位列嫔妃群的第五品。

从十四岁入宫的那一年起，她就已经是才人了。可时至今日，她依旧是一个不上不下、不咸不淡的才人！

就在入宫第二年的某个夜晚，一个满庭弥漫着栀子花香的夏日夜晚，大唐天子临幸了她。

无论年华如何老去，她永远记得那一夜皇帝在她耳旁留下粗重的喘息声。然而一切都发生得如此猝不及防，以至于年轻的武才人根本来不及感受和体验这突如其来的幸福。

也许她的内心刚刚泛起一阵幸福的涟漪，太宗皇帝的大手就熟练而潦草地划过她的肌肤，然后用一种简单的，甚至是略显粗暴的方式，把她从一个女孩变成了一个女人。

对了，皇帝临走时还托着她的下颌端详了许久，最后赐给了她一个名字——媚娘。

是的，她就是武媚娘。

至今，武媚娘犹然记得十年前的那个早晨，那个彻底改变她命运的早晨。

公元638年，唐贞观十二年。

冬日。长安。

一个大雪初霁的早晨，天色晦冥。宽阔的朱雀大街上行人稀少，偶尔有一两只落单的白头翁从空中低低掠过，扔下几声孤独而凄婉的鸣叫，随即扑扇着翅膀朝终南山方向飞去。一驾来自皇宫的豪华车辇轧着厚厚的积雪在坊间辘辘而行，最后缓缓停在已故荆州都督、应国公武士彟的宅邸前。

来自宫中的使者径直走进应国府，高声宣读了皇帝的诏书。武士彟的遗孀、应国夫人杨氏带着家人跪地接旨。当她从使者手中接过诏书的那一瞬间，两行清泪不由自主地夺眶而出。

这一刻终于还是来了。

尽管数日前已经接到宫中告谕，说天子要把她十四岁的次女召进宫中纳为才人，尽管杨氏一再告诉自己，这是皇帝对武氏一门的恩宠，也是女儿命中注定的福分，可是事到临头，一种深切的感伤和不舍还是强烈地撕扯着她的心扉。

宫门一入深似海。女儿一旦踏上这驾皇家车辇，今生便极有可能不复相见。纵然凡尘俗世与帝王宫阙仅仅隔着一道红墙，但这道薄薄的红墙却形同天堑，足以令她们母女骨肉分离、咫尺天涯。杨氏一想到女儿这一去无异于永诀，便禁不住心如刀绞、泪如雨下。

然而，天子的诏命是不可违抗的。

无论女儿这一去是福是祸，杨氏都只能在内心一遍又一遍地祷告上苍，千万不要让女儿遭遇无数白头宫女那样的命运——一生得不到天子宠幸，只能在千芳竞妍的掖庭永巷中独自枯萎，在无人注目的深宫一隅中默默老去。

杨氏并不敢奢望女儿能够集三千宠爱于一身，更不敢奢望她有朝一日能够母仪天下，她只是祈求上天能让女儿一生平安，让她获得一个女人应有的幸福。

仅此而已。

可即便只是这点念想，杨氏依然担心它是一种无法实现的奢望。

空中不知何时又飘起了大雪，天色越发晦暗。

在使者的一再催促下，杨氏终于还是让她的女儿——那个方额广颐、蛾眉凤目的女孩——走出了她厮守十四年的闺房，走出了应国府的九曲回廊和深深庭院，走出她成人之前的最后一寸光阴，来到这驾镶玉鎏金的皇家车辇旁，来到这驾承载着未知命运的马车旁。

虽说早已看惯了后宫的三千佳丽，可当几个使者第一眼看到这个女孩时，心里还是不约而同地掠过了一阵惊艳之感。

让他们感到惊艳的不仅仅是女孩的容貌，还有她那与众不同的气质和神情。

那是一半妩媚映衬着一半孤傲，还有一半矜持遮掩着一半忧伤。

杨氏和一干女眷站在府门前的台阶上，目送着女儿步下台阶。杨氏依然泪流不止，左右女眷不住地低声劝慰，但显然阻止不了她的感伤和悲泣。即将迈上车辇的一瞬间，女孩忽然转过身来，向母亲深深施了一礼，说："见天子庸知非福，何儿女悲乎？"（《新唐书·则天武皇后传》）

见天子何尝不是一种福分，何必像小儿女一样悲泣?

直到很多年以后，来自宫中的使者依然清晰记得这个与众不同的女孩说过的这句出人意表的话。在许多私下的场合，他们始终声称——早在迎她入宫的那一天，他们就已看出这个女孩绝非凡人，日后必有一番惊天动地的造化!

女儿说这句话时带着一脸从容自若的神情，杨氏怔怔地看着自己的女儿，蓦然止住了哭泣。

那一刻，她的目光中满是错愕。

因为女儿让她感到了一种陌生。

这驾皇家马车很快就走远了，在白茫茫的天地之间缩成了一个缓缓蠕动的小黑点。

当沉重的宫门从身后砰然关上，马车内的女孩知道，自己的生命已经被截成两段，一半扔进了帝王之家，一半抛出了宫墙之外。

雪一直下，自苍旻深处不停落下，层层叠叠地覆盖在应国府到太极宫的这条路上。

这一场仿佛永远也下不完的雪，多年后依旧在女皇武曌[①]苍老的记忆中久久弥漫。

① 曌（zhào），是武则天为自己发明的字，意为日月当空。

第三章
武氏初次入宫

一个木材商人的华丽转身

若干年后，当李唐帝国的天空忽然升起武周王朝的日月，当几千年来一贯由男人统治的江山忽然被胭脂红粉所主宰，女皇武曌的家世出身自然成了大周臣民街谈巷议的热门话题。很多人都知道，女皇武曌是并州文水人，其父武士彟是唐朝的开国功臣，官至工部尚书、荆州都督，封应国公，可谓官尊爵显、位高权重，然而似乎很少有人提及——女皇之父武士彟早年其实是一个地位卑下的木材商人。

在中国古代，社会地位的排序历来是：士、农、工、商。商人就是四等公民、社会末流。即便你腰缠万贯、富甲一方，可在当权者面前你什么都不是，甚至连农民兄弟的腰杆都可能挺得比你直。因为他们身后有一条永远开放的上升之阶。所谓“朝为田舍郎、暮登天子堂”，就是说农民出身的人只要肯付出努力寒窗苦读，就有可能一朝翻身光宗耀祖，可这样的机会商人却没有，因为科举考场的大门永远都向“铜臭满身”的工商从业者关闭。所以说，在这样一个歧视商业的官本位社会中，财大者未必就能气粗。

青年时代的武士彟就感觉自己的气一点都粗不起来。虽说趁着隋炀帝大兴土木、营建东京之机发了一笔横财，腰包里沉甸甸的，但是在那些手握大权、颐指气使的官老爷面前，来自并州的木材商人武士彟也只有低声下气、点头哈腰的分。

这个心结也许就是武士彟后来弃商从政的诱因之一。

做生意的人都善于交结应酬，这一点武士彟自然不会例外。他之所以能快速致富，原因就是攀上了当时朝廷的“四贵”之一——观王杨雄，而杨雄的弟弟就是主管东京营建工程的副使——纳言（宰相）杨达。（这个杨达就是后来女皇武曌的外公。当然，那时候的武士彟还不知道十几年后自己会娶杨达的女儿为继室。）

武士彟虽然通过杨氏兄弟的关系在洛阳营建工程中大发其财，但是有一个重要人物他却没有及时巴结（也可能是手段不够硬，没巴结上），这个人就是东京营建工程的主使——尚书令（第一宰相）杨素。武士彟得罪杨素的具体原因史书无载，但是有一点可以肯定，杨素对这个姓武的木材贩子非常不爽。所以，当武士彟忘情地奔走于并州林场与东京官场之间，其财富也随着拔地而起的洛阳宫阙而节节看涨之时，杨素就已经在暗中给武士彟罗织了一些罪名，一意要置他于死地。

危急时刻，武士彟此前打造的权力保护伞发挥了关键作用，当朝权贵杨雄等人积极出面营护，总算帮他躲过了这场杀身之祸。

许多年后，一贯快意恩仇的女皇武曌替自己的父亲出了这口恶气。她颁下一道敕书，下令杨素一族的子孙世世代代不能担任京官。表面理由是说什么杨素为臣不忠、对隋朝之亡负有重大责任云云，可明眼人都看得出来，女皇这么做分明就是有冤申冤、有仇报仇。

在权势面前一败涂地的武士彟一口气逃回了并州老家。惊魂甫定之余，武士彟不禁对未来感到一片茫然——自己的命虽然是保住了，但是经营多年的生财之道也彻底断了——往后的路该怎么走？

武士彟知道自己必须进行职业转型，可他却不知道该往哪里转。

隋大业八年（公元612年），群雄蜂起，天下大乱，蛰居家乡的武士彟猛然意识到这是一个重新洗牌的机会，也是自己脱胎换骨的绝佳时机。他略为思考之后，随即作出了人生中最重大的一次抉择——弃商从戎。

他希望在乱世中建立军功、扬名立万，最后跻身政界，彻底摆脱地位卑下的商人角色！

武士彟花钱买了一个“鹰扬府队正”的低级军职，从此走上了仕宦之途。

后来发生的事情人们都耳熟能详——武士彟搭上了太原留守李渊这条乘风破浪的大船，从此咸鱼翻身，不但摇身一变成了太原首义元勋和李唐开国功臣，而且在武德一朝官运亨通、青云直上，最终跻身大唐帝国的权力高层，非常成功地完成了他人生中最重要的一次华丽转身。

可是，武士彟出道的时候只不过是个小小的“队正”，手下就管着区区五十号人，而太原留守李渊则是坐镇一方的封疆大吏，并且是隋炀帝杨广的表兄，双方的身份地位如此悬殊，武士彟又是如何攀上这根高枝的呢?

从某种意义上说，武士彟的发迹史比之八百多年前的邯郸巨富吕不韦以及一千多年后的红顶商人胡雪岩，多少有些异曲同工之妙。

他们身上具有这样一些共同点——商业上的成功不仅让他们积累了巨大财富，而且培养了他们长袖善舞的处世能力和精明务实的经营才能。此外，尤为重要的一点是，在商业领域中取得的经验给了他们一双洞察世事的慧眼，也给了他们一种高度前瞻的风险投资意识，从而使他们能够在千千万万人中一眼就锁定那个可以给他们带来无穷回报的“奇货”，并且促使他们毫不犹豫地出手、不惜代价地投资!

对于吕不韦而言，秦国公子嬴异人就是难值难遇的奇货；而对于武士彟来讲，太原留守李渊同样是不可多得的奇货。

早在大业十二年（公元616年），李渊出任太原道安抚大使，奉命征讨当地变民，就曾在行军途中路过武士彟的家，受到了这个低级军官的热情款待。当时武士彟一见到李渊，就认定他“雄杰简易，聪明神武，此可从事矣”（《全唐书》卷二四九《攀龙台碑》），当即决定把筹码押在李渊身上，以期在日后获取巨大的政治回报。而当时的李渊早已有了起兵举义的打算，一直在暗中积蓄势力、结纳四方豪杰，当然也乐意结交像武士彟这种精明强干而且家底殷实的人物。

初次见面，双方对彼此的第一印象都很好，可以说是一拍即合、相见恨晚。所以到了第二年李渊正式坐镇太原后，他就立即把富有经营才干的武士彟提拔为行军司铠，亦即主管后勤装备的军械部长，也算是知人善任，用其所长。武士彟意识到自己终于找到了一棵足以庇荫的大树，于是更加不遗余力地逢迎攀附。李渊也很给面子，时常光临武宅做客，与武士彟“乐饮经宿，恩情逾重”。

大业十三年（公元617年），隋朝天下分崩离析，人人都知道——改朝换代的日子已经不远了。当时，武士彟的几个兄长一致看好瓦岗寨的义军领袖李密，认为只有他才是四方群雄中最有实力问鼎天下的人，于是纷纷劝说武士彟投奔李密。可武士彟却冷冷一笑，说："李密虽有才气，未能经远，欲图功业，终恐无成。"（《全唐书》卷二四九《攀龙台碑》）

在他的心目中，普天之下，唯有雄才大略却又引而不发的太原留守、唐国公李渊才是未来的真命天子！

可问题在于，四方的逐鹿群雄已经风风火火地干了好几年了，隋朝的大蛋糕眼看就要被他们蚕食殆尽、瓜分一空，可这个已过知天命之年的唐国公李渊却还在默默蛰伏，他究竟在等什么呢？

武士彟坐不住了。

他决定采取行动，在背后推唐公一把。

他先是试探性地送给李渊几本兵书，可李渊却装聋作哑，不为所动。武士彟又换了个法子，一连数日绘声绘色地向李渊描述自己的奇异梦境，说某一夜，梦见空中传来一个神秘而威严的声音在说："唐公当为天子！"又某一夜，梦见唐公骑着马走在前面，自己跟在后面，忽然看见唐公"噌"的一下飞到天上去了，而且还伸出两只手，一手擎起了太阳，一手揽住了月亮……（《攀龙台碑》："从高祖乘马登天，俱以手扪日月。"）

这显然是一个正宗的天子架势！

如果说武士彟此前送兵书时李渊还在装傻充愣的话，那么当武士彟告诉他这些意味深长的"梦境"时，李渊就不能不表态了。他随即推心置腹地告诉武士彟，自己"深识雅意"，只是兹事体大，请武士彟"幸勿多言"，如果将来大事成功，定当"同富贵耳"（《旧唐书·武士彟传》）！

听到李渊的许诺时，武士彟禁不住一阵狂喜。

那一刻他仿佛已经看到了自己的未来——一个扬眉吐气、光宗耀祖的未来。

事后来看，武士彟应该算是最早劝李渊起兵的人之一。单就这一点而言，武士彟就无愧于"太原元从"的称号。当然，要从一个首谋举义的幕僚变成一个王朝的开国功臣，绝不仅仅是做几个怪诞的梦、拍几个肉麻的马屁就可以办到的，你还必须脚踏实地地干几件正经事。

当时的太原有两个副留守：王威和高君雅，他们是隋炀帝杨广安插在李渊身边的两颗钉子。有他们在，举义之事就不可能一帆风顺。当王威和高君雅察觉李渊有所异动之后，就准备拿李渊的亲信刘弘基和长孙顺德开刀，理由是这两个人逃避兵役，应该逮捕问罪。王、高二人这么做，目的就是要敲打和警告李渊，同时削弱他的力量。关键时刻，武士彟站出来了，他说，这两人都是唐公的亲信，如果逮捕他们，唐公很可能会翻脸，万一引发内讧，对大家都没有好处。王、高二人想想也有道理，只好作罢。

稍后，李渊以防备刘武周和突厥人为由，开始大举募兵，随时准备起事。王威手下的一个将领田德平对此深感怀疑，就想建议王威暗中调查李渊募兵的真实意图。武士彟又当即出面阻止，他说："兵权在唐公手上，王、高二人只是挂名而已，即使他们真的查出什么，又能拿唐公怎么样？"田德平闻言，也只好打消调查李渊的念头。

这两件事都发生在太原起兵前夕。当时的形势可谓错综复杂、千钧一发，武士彟能够及时将问题摆平，从客观上保证募兵举义之事的顺利进行，贡献自然不能算小。

李渊正式起兵后，武士彟被任命为铠曹参军，随军西进关中，其间因功被封为寿阳县开国公，赐食邑一千户。唐军攻取长安后，武士彟又以"从平京城功，拜光禄大夫，封太原郡公"（《旧唐书·武士彟传》），再增食邑一千户，并赐宅一所。

大业十四年（公元618年）五月，李渊废掉隋恭帝，建元武德，开创唐朝。武士彟被任命为库部郎，并赐以"太原元谋勋效功臣"之衔。武德三年（公元620年），武士彟升任工部尚书，一举进入大唐帝国的权力高层。

至此，武士彟的风险投资终于获得了丰厚的回报。

当年那个地位卑下、从权力的魔掌中死里逃生的木材商人，如今终于咸鱼翻身、否极泰来，成为新王朝为数不多的勋贵之一！

那一刻，武士彟内心的满足和喜悦肯定是无以言表的。

很多年后，女皇武曌也许完全能够体会父亲当年成功实现华丽转身时的心境和感受。

因为从某种意义上说，她和父亲有着极为相似的人生经历和生命体验——无论是落寞困顿中那种刻骨铭心的惶惑与焦灼，还是位卑人轻时对于权力和地位的无限向往与极度渴望，都曾经如出一辙地植根于父女二人的灵魂深处。

与此同时，女皇身上的许多特质无疑也是她父亲的遗传。比如自信、坚忍、心机、谋略，比如精明的洞察力和果断的执行力，还有认准目标一往无前的决心，超越常人的勇气和冒险精神等等，皆是拜她父亲所赐。

当然，在女皇武曌人格成长的道路上，还有一个人的影响同样是巨大而深远的。

那就是她的母亲杨氏。

将来必为天下之主！

武士彟的原配相里氏是胡人后代，门第寒微，先后为武士彟生了四个儿子。武德三年以后，武士彟功成名就、官尊爵显，按说一家人可以好好享受荣华富贵了，怎奈世事无常、人命危脆，两个儿子在数月间相继病死，一年后相里氏又一病而亡。

武士彟当时除了工部尚书之职外，还一度兼领关中十二军之一的井钺军，由于公务繁忙，一直无暇照料家人，甚至连妻儿病重时都从未请假回家照看。而一妻二子竟然就在这短短的时间内相继亡故，这对武士彟实在是一个沉重的打击，可他仍然恪尽职守，从未对外声张。在随后的日子里，武士彟独自带着余下的两个儿子元庆、元爽，默默过上了鳏居生活。

由于武士彟是朝廷高官，有关部门依例将其妻病故的消息上奏皇帝。高祖李渊听说后，大为感动，立即下敕褒扬："此人忠节有余，去年儿夭，今日妇亡，相去非遥，未尝言及，遗身殉国，举无以比！"（《册府元龟·环卫部·忠节》）

武德七年（公元624年），武士彟参与修订了唐朝的第一部法典——《武德律令》，随后因功晋爵为从一品的应国公。大约就在此时，皇帝李渊亲自当了一回月老，为他物色了一个女子作为继室。

这个女子就是后来女皇武曌的母亲——关中六大郡姓之一、弘农杨氏之女。

弘农杨氏从汉朝起就是关陇的高门世族，历代显赫，至隋唐时期更是人才辈出，其中最杰出的人物当属隋朝的开国之君——隋文帝杨坚。武曌的母亲杨氏与杨坚出自同宗，杨氏的伯父杨雄与父亲杨达皆贵为隋朝宰相；及至唐朝，杨雄之子杨恭仁又是武德一朝的宰相，另一子杨师道后来也成了贞观一朝的宰相。

出身于这样的名门望族，杨氏自然从小就接受了非常好的教育，史称她通文史、工诗书、善属文，同时又具有非常虔诚的佛教信仰，曾被杨达誉为“隆家之女”（《全唐书》卷二三九《望凤台碑》）。

杨氏身上的这些优点，或者说特点，无疑都被后来的女皇武曌一一继承。许多年后人们将会发现，无论是修养、才情、学识、宗教信仰，还是健康的体质、充沛的精力，乃至得享天年的长寿基因（杨氏享年九十二岁，武曌享年八十一岁），女皇都与她母亲杨氏如出一辙。

也许是因为杨氏的条件太过优越，难以找到门当户对的如意郎君，所以她的终身大事反而一再蹉跎。在其父杨达生前，杨氏始终没有出嫁。到了大业八年（公元612年），杨达死于东征高丽的途中，此时的杨氏已经是三十四岁的老姑娘了。她干脆宣布“永奉严亲，长栖雅志”（《望凤台碑》），决定栖心佛教，终身不嫁。

如果不是后来皇帝李渊亲自撮合她和武士彟的这桩婚事，杨氏也许真的会在木鱼钟磬、青灯黄卷的陪伴下优游卒岁、了此一生了。

嫁给武士彟的这一年，杨氏已经四十六岁。在唐朝，女子结婚的年龄通常都在十三到十八岁之间，而此时的杨氏完全可以算是奶奶级的人物了。假如不是当朝天子亲自点名主婚，超大龄女杨氏恐怕不一定会答应这门亲事。

不管杨氏是在怎样的心境中嫁给了武士彟，反正过门之后，夫妻生活倒也算和谐美满。杨氏不愧系出名门，其教养和学识都非寻常妇人可比，自从她取代相里氏成为从一品的应国夫人之后，很快就成了武士彟的贤内助。此后的几年间，杨氏为武士彟生了三个女儿，大女儿就是后来的韩国夫人，二女儿就是后来的女皇武曌，三女儿出嫁不久就亡故了。

武曌生于武德八年（公元625年）底（关于她的生年，各种史书记载不一，本书依据雷家骥先生在《武则天传》中的相关考证，确定为武德八年）。她出生的第二年，震惊天下的玄武门事变爆发，秦王李世民成功夺嫡，进而逼迫高祖退位，登基为帝，大唐的历史从此掀开新的一页。

在如此巨大的政治变动中，武士彟的仕途命运当然也会受到重大影响。

正所谓一朝天子一朝臣，李世民夺嫡继位之后，虽然极力与各派势力达成政治和解，没有对异己力量进行迫害或清洗，可毋庸置疑的是——他肯定要将朝政大权从武德旧臣手里转移到自己的嫡系和亲信手中。在此情况下，作为太原元从和深受高祖重用的武德高官——武士彟当然没有理由继续留在帝国的权力中枢。因此，贞观一朝，武士彟先后被外放为豫州、利州、荆州都督，终其一生再也没回到京师任职。

从贞观元年（公元627年）起，童年武曌就跟着父母和家人离开长安，开始辗转各地。在利州（治所在今四川广元市）、荆州（治所在今湖北江陵县）等地，至今仍有一些以“则天”“天后”命名的地名、古迹和传说。在这些充满了玄幻色彩的民间传说中，女皇武曌无一例外地变成了拥有超自然力量的神祇，为千百年来的当地民众所津津乐道和顶礼膜拜。

与色彩斑斓的传说相反，关于女皇的童年时代，正史基本上没有什么记载。唯一值得一提的，也许就是那个著名相士袁天罡所作的那个神秘预言。

据说当时女皇武曌尚在襁褓，名闻天下的相士袁天罡有一次路过利州，做客武宅。在看过女主人杨氏的面相后，袁天罡赞叹道：“看夫人的骨法，必生贵子。”杨氏随即把孩子们都叫了出来，让袁天罡看相。看到元庆、元爽时，袁天罡说：“这两个男孩是保家之主，将来可官至三品。”看过杨氏的大女儿后，他说：“此女也是大贵之命，但是对她将来的夫君不利。”（韩国夫人日后果然早寡）最后，当袁天罡看到被乳母抱在怀中、身着男装的武曌时，眼中忽然闪过一道光芒。

他目不转睛地盯着这个小孩，脸色骤变。武士彟夫妇下意识地对视一眼，赶紧追问缘故。袁天罡摇着头说：“此子不易断言，请让他下地走几步看看。”乳母依言把孩子放了下来，牵着她的手，让她搭着床沿走了几步。武曌一边走一边笑呵呵地仰起头来，扑闪着一双清澈的大眼睛看着袁天罡。袁天罡忍不住惊叹一声：“此子龙睛凤颈，乃大贵之相啊！”然后又绕着孩子左看右看，连连惊叹：“可惜是郎君，若为女子，前程实在不可限量，将来必为天下之主！”（《旧唐书·袁天罡传》：“更转侧视之，又惊曰：‘必若是女，实不可窥测，后当为天下之主矣！’”）

在这个故事里，袁天罡语出惊人、言之凿凿，其预言也被后来的历史所证实。然而，熟悉中国历史的人都知道，历朝的开国皇帝多有与此大同小异的神秘预言。远的暂且不提，就说唐朝的开创者李渊父子，就曾当仁不让地拥有过类似预言。年轻时的李渊从“善相之人”史世良那里得到的预言是——“公骨法非常，必为人主”（《旧唐书·高祖本纪》），而李世民更是早在四岁的时候就被一个来去无踪的白衣相士如此评价——“龙凤之姿，天日之表！年将二十，必能济世安民矣！”（《旧唐书·太宗本纪》）

这些预言的真实性到底如何，今天的我们已经无从得知。但是有一点我们大致可以推断——一则预言的应验程度越高，它纯属事后编造的可能性就越大。

换言之，当你发现历史上某一则预言的应验程度几乎是百分之百时，你就该知道它与谎言和神话的距离近似于零。尤其当这个预言与政治密切相关时，更应该作如是观。

此外，还有一点我们也可以肯定，无论这个预言故事是真是假，武士彠夫妇恐怕都不会把这个女儿真的当成一个未来的女皇来养。而且就算预言为真，武士彠夫妇也不会感到高兴，只会感到恐惧。

因为在当时那种社会，自己的孩子被预言为“天下之主”绝不是一件好玩的事情，万一风声传开了，被朝廷或皇帝知悉，那就是大逆不道之罪，不但武士彠要丢乌纱、掉脑袋，全家人恐怕也要跟着遭殃！更何况，袁天罡预言的“天下之主”居然是一个女孩，这就更让人匪夷所思了。在古代中国那种男尊女卑的社会条件下，一个被纲常礼教牢牢捆绑的女子，怎么可能逾越男权至上的藩篱，成为统驭万民、富有四海的天子呢？

这绝对是不可能的！

所以我们完全可以想见，当武士彠夫妇听到这个耸人听闻的预言时，他们除了目瞪口呆和心惊肉跳之外，心里头恐怕只有一个想法——袁天罡疯了。

这个名闻天下，据说是十言九中的算命大师，这回八成是疯了！

当然，打小就美丽聪慧的武曌就算不被父母当成未来的女皇来养，被视为掌上明珠是毫无疑问的。尤其是从母亲杨氏那里，武曌得到了极为良好的教育。短短数年后，武曌就出落成一个才貌双全、远近闻名的大家闺秀了。史称她“素多智计，兼涉文史”，所以后来太宗皇帝才会“闻其美容止，召入宫，立为才人”（《旧唐书·则天本纪》）所谓“美容止”，就是指她容貌美丽举止优雅。

时光荏苒，转眼就到了贞观九年（公元635年）。这一年五月，太上皇李渊驾崩。噩耗传至荆州，武士彟由于悲伤过度，竟然口吐鲜血，一病而亡，终年五十九岁。

年仅十一岁的武曌就这样失去了父亲。

贞观九年的秋天，满身缟素的武曌与母亲、姐妹和两个同父异母的兄长，一起扶着父亲的棺木回并州老家归葬。装载着楠木棺椁的马车走在前面，武曌和家人们坐在后面的马车上。扶棺返乡的车队一路向北辘辘而行，沿途的景致苍凉而凄惶。武曌偷偷掀开一角车帘，看见瘦瘦高高的丧幡一直在萧瑟的秋风中簌簌颤抖，漫天飘飞的纸钱宛如一群折断了翅膀的白色精灵，在空中徒劳地挣扎盘旋，然后无奈地一一坠落。

那一刻，武曌的生命第一次感到了疼痛。

年少的武曌知道，随着父亲的溘然长逝，自己无忧无虑的幸福生活也就结束了。

武则天说：我不当白头宫女

武士彟之死无疑是女皇武曌生命中的一大转折点。

就跟每一个失去男主人的大家庭一样，武士彟前妻留下的两个业已成年的儿子，势必要与后母杨氏争夺这个大家庭的主导权，所以武士彟一死，杨氏母女就不可避免地陷入了一场旷日持久的家族纷争之中。（《新唐书彟武士彟传》：“士彟卒后，诸子事杨不尽礼，衔之。”）

武氏两兄弟的背后，站着那些老于世故的叔伯和堂兄弟；而杨氏的背后，却只有三个年幼而不谙世事的女儿。因而这场家族纷争的结局也就不难预料——面对武氏兄弟及其族人的侮辱、欺凌和排挤，杨氏母女无力抗争，只能默默忍受。

而对于年少的武曌来讲，这更是一段不堪回首的悲情往事。

命运的巨大落差，让她仿佛在一夜之间就从天真无邪的少女变成了忍辱负重的成人。

她终于懂得什么叫做人情冷暖、世态炎凉，也终于学会了隐忍，学会了不动声色地仇恨，学会了在无人注目的角落里一个人舔自己的伤口，然后把一切都记在心里，等到未来的某个时刻，让那些伤害过她的人加倍偿还。即便这些人是和她有着相同血缘的亲人，她也绝不手软。

《新唐书·则天武皇后传》称："始，兄子（武士彟的二哥武士让之子）惟良、怀运与元庆等遇杨（杨氏）及后（武曌）礼薄，后衔不置。"所谓"后衔不置"，是说武曌当年对惟良、元庆等人怀恨在心，却由于年龄太小、力量不足，所以隐忍不发。史书中这言简意赅的四个字，足以让我们窥见女皇武曌生命初期人格蜕变的某种痕迹，也足以让我们找到惟良、元庆等人后来同遭厄运的根本原因。

若干年后，武曌如愿以偿地当上了皇后，变成了帝国最有权势的女人，而她那两个同父异母的兄长和几个堂兄，也都凭借外戚身份获得了升迁——武元庆以右卫郎将升任宗正少卿，武元爽以安州户曹升任少府少监，武惟良以始州长史升任司卫少卿，武怀运以瀛洲长史升任淄州刺史。

武氏兄弟荣升之后的某一天，杨老夫人以庆贺为由宴请了他们。酒过三巡，杨氏盯着这几个容光焕发、眉飞色舞的武氏兄弟，忽然讪讪地说："不知你们可否记得往昔之事？也不知你们想过没有，今日的荣华富贵是从哪里来的？"

武氏兄弟顿时面面相觑。

可他们只愣了一会儿，很快就恢复了镇定。他们迎着杨老夫人的目光，神色自若地说："我等位列功臣子弟，早登宦籍，自忖才干有限，不敢奢求富贵腾达，不料却因皇后之故，获享非分之恩，我等夙夜忧惧，并不敢以此为荣。"

杨氏万万没有料到，这几个姓武的小子居然会如此大言不惭、不识抬举！明明沾了女儿的光，却丝毫不领情，还振振有词地说什么"功臣子弟""早登宦籍"，"夙夜忧惧""并不敢不以为荣"，这不是不知好歹吗？这不是得了便宜还卖乖吗？

武氏兄弟没有想到，他们这几句看似聪明实则愚蠢透顶的话，终将给他们召来杀身之祸。

杨氏怒不可遏地向女儿转述了这番话，皇后听完后冷冷一笑，什么也没说。

随后她就给皇帝李治上了一道奏疏，建议将武氏兄弟外放为远地刺史，以此表明本朝并不偏袒外戚，从而示天下以无私。

武氏兄弟头上的那几顶新乌纱还没戴热，就一起被扫地出门，贬出了朝廷。名义上说是外放，实则与流放无异。武元庆刚刚到任便抑郁而死，武元爽后来被随便栽了一个罪名，流放振州，不久也死在贬所。武惟良和武怀运虽然比他们多活了几年，可下场却比他们难看得多——武后设计诬陷他们毒杀了魏国夫人（武后的姐姐韩国夫人之女），随即将他们斩首，并把他们的姓改为蝮。

蝮是一种灰褐色的长有毒牙的蛇。当武后想象惟良、怀运两兄弟从此就像两条肮脏丑陋的毒蛇，只能在暗无天日的墓穴中卑贱地爬行时，嘴角就会泛起一抹笑容。

那是一抹快意恩仇的笑容。

为父亲守孝三年之后，亦即贞观十二年（公元638年），一驾来自皇宫的马车接走了十四岁的武曌，从而彻底改变了她的命运。可是没有人知道，就在这个大雪飞扬的冬日早晨，当那扇沉重的宫门在这个姓武的女孩身后砰然关上时，大唐帝国今后数十年的命运就在冥冥之中被彻底改写了。（关于武曌的入宫时间，多数人按照《资治通鉴》的记载，认为是贞观十一年，本书依据雷家骥先生的相关考证，确定为贞观十二年。）

太宗皇帝的后宫是一座姹紫嫣红、争奇斗妍的大花园，尽管太宗即位之初曾先后释放了几千名宫女，可这座园子丝毫也不显得冷清。除了千百个普通宫女之外，皇帝还拥有四妃（一品）、九嫔（二品）、九婕妤（三品）、九美人（四品）、九才人（五品）、二十七宝林（六品）、二十七御女（七品）和二十七采女（八品）。这八级一百二十一人共同组成了皇帝的妃嫔群，制度上的名称叫内官。她们都有各自不同的分工和职能，比如五品才人的职责就是“掌叙宴寝，理丝枲，以献岁功”（《旧唐书·职官志》），亦即安排宫廷宴乐、伺候天子起居宴寝、管理宫女的蚕丝纺织等等。

在这座美女如云、脂粉飘香的大花园里，年轻的武曌就像一株含苞待放的青涩花蕊，被随意栽植在掖庭宫的某个角落寂寞地成长。她知道，过去的一切已经像蝉蜕一样从她身上彻底剥落了。从今往后，她除了日复一日地打理那些单调而琐碎的宫廷事务之外，生命中剩下的唯一一件事，就是在一个又一个辗转难眠的夜晚，期待或幻想着某一个重要时刻的来临。

那就是天子临幸的那一刻。

然而，这一刻是可遇而不可求的。十四岁的武才人知道，自己在容貌、才学、修养、智商等诸方面都拥有和别人一较短长的竞争力，可她并不知道自己有没有那份可遇而不可求的好运气。

事后来看，武曌担任的这个“掌叙宴寝”的职务多少还是有点近水楼台先得月的优势，因为她毕竟经常有伺候天子沐浴更衣、休息晏寝的机会。虽然史书没有明确记载武曌是否得到过太宗皇帝的临幸，但是从她的工作性质来看，至少在概率上，武曌曾经为太宗侍寝的可能性应该是很大的。此外，史书明载太宗皇帝曾给她赐名“武媚”，这起码也算是一个旁证，足以表明太宗李世民曾对武曌有过关注和兴趣。

虽然史料付诸阙如，无法让我们去记述女皇生命中那个至关重要的时刻，可我们不妨借助合理的想象来填补这一空白。

我们不妨想象，那是一个满庭飘荡着栀子花香的溽热夏夜，当年轻的武才人一边帮天子宽衣解带，一边猜想着今夜会是哪个女子得享这份荣宠时，天子忽然伸出粗壮有力的大手，一把就将她拽上了龙床。一切都发生得如此猝不及防，以至于年轻的武才人根本来不及感受和体验这突如其来的幸福。

在太宗皇帝的一生中，这肯定只是极为普通的一夜。他不过是在属于他的大花园里，随手摘下一朵看上去还算可人的花，漫不经心地嗅了一嗅，一时兴起给她取了个名字，仅此而已！

也许第二天醒来，他就把这一切彻底遗忘了。

对于年轻的武才人来讲，无论事先对于这个夜晚曾经有过多少缠绵悱恻、美丽动人的想象，可仓促发生的一切还是与她的想象大相径庭。许多年后，在阅尽沧桑的女皇武曌心中，关于这个夜晚的记忆肯定是破碎凌乱而又残缺不全的。或者说，这个初夜充其量不过是一场来去匆匆、事过无痕的春梦。

梦境过后还能剩下什么呢？

除了从女孩变成女人，除了从此拥有一个新的名字之外，还能剩下什么呢？

没有了。

什么也不会剩下。

一切好像没有发生过一样。自从那个夜晚之后，太宗皇帝似乎再也没有对才人武媚产生过一丝一毫的兴趣。尽管她依旧有机会伺候天子沐浴更衣、休息晏寝，可她在天子面前仿佛变成了一个陌生人，或者是透明人。

那些年龄比她稍大一点的嫔妃和宫女们见到才人武媚，脸上总是荡漾着一副幸灾乐祸的笑容。这个被天子一夕临幸旋即彻底忘却的武才人，就这样成了让人讥嘲的对象。宫中的女人们大多不愿放过诸如此类的机会，因为从这样的嘲笑中，她们可以获得某种短暂的平衡和虚幻的慰藉。

人就是这么奇怪的动物。相同的境遇有时候会让人同病相怜，让人互相依偎着取暖；可有时候也会让人彼此撕咬，彼此用别人的不幸来纾缓自己的痛苦，用别人的悲惨来映衬自己的幸福。

单调刻板的宫廷生活依然在千篇一律地延续着，每一个日子都像是从一个模子里倒出来的。在一些天色灰蒙的晨昏，才人武媚长久地枯坐在铜镜前，仿佛可以看见青春韶华恍如沙漏一样从自己的脸上流失，无可挽回地流失。她觉得自己就像是漂流在时光之河上的一枚花瓣，只能被命运的浊浪裹挟着，身不由己地涌向茫然不可预知的远方。

那些日子里，武媚的内心充满了前所未有的忧伤和迷惘。

见天子庸知非福？

如果时光可以倒流，让武媚重回那个大雪弥漫的冬日早晨，她不知道自己还有没有勇气说出这句话。

在万籁俱寂的子夜，才人武媚总是会从一些离奇而可怕的噩梦中惊醒。梦中的武媚一直在不停地奔跑，她身后是一片白骨枕藉的乱葬岗，从那些阴森可怖的墓穴中爬出了千万根长长的白发，它们迅速绞在一起，不断地膨胀和生长，然后从各个方向飞快地追逐着武媚，有时候缠上了她的裙裾，有时候抓住了她的衣袂，有时候则径直套上了她的脖颈，让她几近窒息。

这样的午夜惊梦总是把武媚吓得气喘吁吁、大汗淋漓。她醒来之后就再也无法睡去，只好怔怔地看蜡烛滴泪、听更漏声残，黯然神伤地等待着又一个百无聊赖的天明。

千百年来，无数个有关白头宫女的悲情故事，似乎都拥有这样一个似曾相识的开端。如今的武才人总是在恍惚中闻见一股陈腐霉烂的气息，它缠绕在自己的衣袂裙裾上，缠绕在自己的两鬓和耳旁。武媚猜想，这种令人恐惧和厌恶的气息也许就来自梦中的白发，来自阴森墓穴中的那些千年白发。

终于有一天，才人武媚默默凝视着铜镜中的自己，忽然一把抓起铜镜，把它狠狠掷在了地上。

铜镜砰然落地的同时，武媚听见心里有一个声音在说——我不当白头宫女。

武媚说她宁死也不当白头宫女。

一条铁鞭，一只铁锤，一把匕首

在那段抑郁而落寞的深宫岁月里，武媚也曾经不止一次地想起自己的父亲。

关于亡父的记忆其实是遥远而模糊的。父亲生前武媚尚且年幼，当然不可能从庶务繁忙的父亲那里得到什么具体的教诲。很多父亲的早年经历几乎都是母亲告诉她的。通过母亲的转述，年少的武媚了解了父亲那充满传奇色彩的过去，知道了父亲是怎样从一个身份卑微的木材商人变成了大唐帝国的开国功臣。从父亲惊险而曲折的人生经历中，年少的武媚未必能解读出太多深邃的内涵，但她却能从中隐隐感悟到某种令人悸动和振奋的东西。

如今，身处寂寞深宫中的才人武媚已经知道——那是一种能量。

那是一种不甘被命运摆布的桀骜不驯的生命能量。

此刻，武媚分明感觉这种能量就像一头躁动不安的幼兽一样，深深蛰伏在自己的体内。

她知道，早在自己来到人间的那一刻，这种神秘的能量就已经从父亲的血管直接流进了她的血脉之中。而现在，这股深藏不露的能量正在强烈地驱使她去做一些事情——一些突破现状、改变命运的事情。

才人武媚决定寻找一切机会重新唤起太宗皇帝对她的关注。作为武士彟的女儿，她相信自己天生就是与众不同的。她现在决定勇敢地把这份与众不同表现出来。

于是就有了历史上著名的狮子骢事件。

这个故事源于女皇晚年的回忆。她说一生爱马如命的太宗皇帝曾经得到一匹西域进贡的名贵宝马，名叫狮子骢。这匹宝马世所罕见，但是也桀骜难驯，连骑术高超、一生驯马无数的太宗皇帝也对它无可奈何。

那天太宗皇帝兴之所致，带着一群嫔妃和宫女来到驯马场上，才人武媚也在其中。太宗指着那匹狮子骢，兴味盎然地说："你们之中，谁有办法驯服朕的狮子骢？"

女皇武曌清晰地记得，就在那一刻，在她心中蛰伏多年的那头小兽忽然之间就苏醒了。

人们看见才人武媚往前迈出一大步，朗声回答了天子之问。

她说："臣妾有办法驯服它，但是需要三样东西。"

那天的太宗皇帝显然心情不错。他微笑地看着武媚，似乎表现出了浓厚的兴趣："哦？你需要哪三样东西？"

"一条铁鞭，一只铁锤，一把匕首。"

太宗皇帝怔住了。

所有在场的人也都怔住了。

就在众人深感讶异之际，才人武媚紧接着说："臣妾先用铁鞭抽它的背，倘若不服，就用铁锤击它的头，要是还不服，臣妾就用匕首割断它的喉咙！"

时隔多年，当女皇武曌坐在大周王朝的金銮殿上讲述这个故事时，脸上依然流淌着一种自豪和喜悦之光。她最后不无得意地对群臣说，对于她所表现出来的这种超乎寻常的胆识和魄力，太宗皇帝给予了高度赞赏——"太宗壮朕之志！"（《资治通鉴》卷二〇六）

事实上，女皇所说的这个故事结尾是颇为可疑的。她是否真的得到太宗皇帝的赞赏我们不得而知，但是有一点可以肯定——在狮子骢事件之后，才人武媚不但没能重新唤起天子对她的关注和兴趣，而且遭到了比以前更为彻底的冷落和遗忘，并且这一忘就是整整十年！

如果真如女皇所说，狮子骢事件令她博得了太宗皇帝的赏识，那么很难想象她会在此后的十年里始终默默无闻、终太宗之世都未获宠幸。由此可见，女皇多年之后对这个故事的追忆恐怕多少有些失真，尤其是那个结尾，不免有矜夸之嫌。这样的事后夸耀颇为类似某个黑道上的大哥，在血拼多年终于坐上老大的交椅后，总会有意无意地向人展示身上的刀疤，或者喜欢跟人说，兄弟我当年坐牢的时候如何如何。

人就是这样子，一旦咸鱼翻身、否极泰来，曾经鲜血淋漓的伤口就会变成值得炫耀的资本，而过去的惨痛遭遇也会变成无比光荣的回忆。

其实人的记忆都是有选择性的，甚至还会具有某种不自觉的虚构能力。人们总是会选择，或者创造出一些东西来把它记住，所以过去的苦难越是深重，时过境迁后就越有可能被镀上一层圣洁的光环。英明神武如女皇武曌，在这一点上恐怕也未能免俗。只因为她终于熬过来了，并且熬出头了，所以她就有权选择自己的记忆，也有权给自己曾经的苦难镀上一层圣洁的光环。

因此，关于狮子骢事件的结尾，我们更情愿认为：在才人武媚说出那番惊世骇俗的话后，在场众人肯定都是一副目瞪口呆的表情，而太宗皇帝的脸色恐怕也好看不到哪里去。我们可以想见，武才人的驯马手段肯定会让太宗感到震惊和错愕，他断然没有想到这个看上去温婉可人、举止优雅的才人武媚竟然会如此地残忍无情。

最毒莫过妇人心！

那一刻，太宗的心里很可能只有这样的念头。我们甚至可以想象，太宗皇帝很可能只是用一种似笑非笑的神情，长久地注视着故作镇定的才人武媚，直到她内心的忐忑不安彻底暴露在脸上，太宗才淡淡地说了一句——武才人真了不起。

假如太宗真是这么说的，后来的女皇武曌也大可以把它理解为赏识和赞扬，可我们似乎更有理由把它理解成讥刺和嘲讽。因为在阅尽沧桑的太宗眼里，武才人这么做实在是有点矫揉造作、哗众取宠之嫌。换言之，企图用这种极端和另类的方式博得天子青睐，只能是武媚的自作聪明和一厢情愿。这场弄巧成拙的表演除了招致太宗反感并且徒然授人以笑柄之外，不可能给武媚带来任何好处。

狮子骢事件之后，才人武媚进入了一生中最漫长的一段黑暗时光。她生命中最美丽的花样年华就这样在星移斗转、浮云变幻的十年中逐渐消逝。她心中躁动不安的那头小兽早已在黯淡无光的深宫岁月中死去，而袁天罡多年前的那个神秘预言，似乎也变成了一则令人心酸的笑话。

贞观十九年（公元645年）冬天，太宗皇帝亲征高丽失败而归，宫廷内外的人们明显感觉出了皇帝的疲惫和苍老。这个天纵神武、曾经无往不胜的一代英主，在辽东战场上遭遇了他一生中最惨重的一次失败。这一前所未有的失败给他的内心造成了难以治愈的创伤，与此同时，他的身体也开始被各种各样的病魔所缠绕。

才人武媚依旧在从事着伺候天子起居的工作。她为太宗更衣的时候，发现神圣的天子之躯已经出现了某些未老先衰的征兆。太宗原本如鹰隼一样锐利清澈的目光如今已然变得浑浊而迟钝，而他身上原本结实有力的肌肉也已经变得松弛和臃肿。一切似乎都在表明——曾经光芒万丈的贞观皇帝李世民已然是英雄迟暮了。

那时候，太子承乾和魏王李泰的夺嫡之争已经以两败俱伤的结果黯然收场，而从不为人瞩目的晋王李治，则像一匹政坛黑马忽然间脱颖而出，出人意料地成了新的大唐太子。贞观末年的这场政治风波时隔多年后依旧让人记忆犹新。细心的人们不难发现，太宗皇帝一度被这场巨大的政治变故搞得心力交瘁，正是这一重大的精神打击，连同两年后东征高丽的失败，一起把太宗皇帝李世民迅速推向了死亡的深渊。

在李治还是晋王的时候，才人武媚曾经在几次宫廷宴会上见过他，不过这个文质彬彬、性情柔弱的晋王从未给武媚留下什么深刻的印象。甚至是在太子册封的大典上，这个已然成为帝国储君的九皇子依然是一副怯生生的模样。

起码在才人武媚的眼中就是如此。

看着这个被命运女神的诡谲之手一把推到历史前台的渔翁，武媚心里总有一种想笑的感觉。

她发现这个新太子看上去一点都不像太子，而且还透着一股傻气。

不过让武媚略感意外的是，这个傻傻的大男孩李治非但不让她觉得讨厌，反而还因为一种特有的稚气和腼腆而显得有些可爱。

在册封大典过后的宴会上，才人武媚一边操持着手头的事务，一边总是情不自禁地向太子李治投去关注的一瞥。

武媚不知道自己为什么要一直看他——看这个比自己小了整整三岁的大男孩。为此她给自己找了许多理由，比如李治因不胜酒力而逐渐泛红的脸颊，比如他被人敬酒时依旧腼腆的表情举止等等。

后来武媚又找了一个她认为最重要的理由。

那就是太子李治的眼神。

那是在这座偌大的太极宫里难得一见的眼神，它干净、质朴、纤尘不染，就像一泓清可见底的泉水。

多年以后的女皇武曌相信，也许就是从那个时候起，自己对这个大男孩李治就已经生出一种从未有过的情愫了。

不过，对这份情感的认知毕竟只是女皇时过境迁之后的一种沧桑追忆，当初的才人武媚是不可能清晰地意识到这一切的，她更不可能对这份隐隐约约的情愫抱有任何不切实际的幻想。因此，对未来深感无望的才人武媚自然也不会料到，就是这股若有若无、暧昧不明的情愫，最终居然将她的一生与李治的一生紧紧捆绑，同时也将她的个人命运与整个帝国的政治命运紧紧捆绑。

不伦之恋

在贞观时代的最后几年中，太宗皇帝的健康状况日趋恶化，痈病、风疾、痢疾等各种疾病交替困扰着他，使他原本旺盛的精力急剧退化。贞观二十年（公元646年）春天，太宗为了专门调养病体，不得不下决心从繁杂的政务中抽身而出，为此他颁布了一道诏书，宣布“军国机务并委皇太子处决”，把军政大权一并交给了太子李治。一向仁孝的李治对太宗的病情满腹牵挂，他每隔一天在东宫听政，其余时间则始终待在太宗居住的承庆殿，“入侍药膳，不离左右”（《资治通鉴》卷一九八）。

对于太子李治表现出的孝顺之情，太宗深受感动。他犹然记得东征高丽归来的途中，他的背部生出了几个又红又肿的毒疮，坐卧不宁，疼痛难耐，太子李治看见他的痛苦之状，不顾一切地用嘴去吸吮，硬是把疮中的脓血吸了出来，使他的痈病在回到长安之后便得以痊愈，当时随行的文武百官都对太子的大孝之举赞叹有加。

而今太子在听政之余，又夜以继日地守护在自己的病榻之侧，亲自侍奉汤药膳食，太宗真是既感动又欣慰。他一再劝太子不要太担心他的病情，应该抽空到宫外去踏青游玩，可这样的建议却总是遭到太子的婉拒。太宗不忍心看到太子总是奔波于东宫和承庆殿之间，最后只好命人在寝殿之侧安置了一座别院，专门供太子休息居住。

自此，太子李治除了每十天回东宫一趟之外，大多数时间都与病中的父皇朝夕相伴。

没有人会想到，太宗皇帝的这个安排无意中竟然开启了一扇幽玄之门。

在这扇门后，一桩似乎是命中注定的宫闱情缘正在等待着年轻的李治。

更没有人会想到，这桩情缘不仅从此改变了李治的人生，也最终改变了帝国的命运和历史的走向。

才人武媚曾经有好几年很少看见太子李治，就算偶尔遇到，那也是远远地惊鸿一瞥。武媚顶多能望见李治乘坐的太子车辇在仪仗队的簇拥下匆匆而过，可她根本看不见端坐在厚重车帘后的那个人。

太宗皇帝患病的这几年，负责天子起居晏寝的才人武媚明显感觉自己的工作内容日渐乏味。她每天的大部分时间都必须待在天子的病榻旁，满足这个至高无上的病人所有必要和没必要的需求。承庆殿里终日飘荡的浓烈煎药气味让她感到无比压抑，而一种永无出头之日的沮丧之感更是弥漫她的全身。

是太子李治的到来及时挽救了濒临绝望的才人武媚。

就在这一年春天，太子李治开始频繁出入太宗的寝殿，而且很快就住进了大殿之侧的别院。太子的到来顿时让武媚惊喜不已。几年前就已在她心中潜滋暗长可后来却无果而终的那段暧昧情愫忽然间就苏醒了，像一只蓦然惊醒的小鹿一样在她的心头奔突乱窜。那一刻武媚的世界观禁不住开始动摇——原来太阳底下还是有新鲜事的，比如这个仿佛永远可望而不可及的太子李治，居然可以如此近距离地出现在她面前！

武媚看见李治的脸上早已脱去了晋王时代的稚气和傻气，几年来的政治历练让这个原本质朴而柔弱的大男孩理所当然地多出了几分成熟和稳重。

那是一个男人应有的成熟和稳重。

而让武媚颇感意外同时也颇为庆幸的是，尽管岁月已经在李治的脸上刻出了一些男人的线条和棱角，可却丝毫未曾改变他的眼神。

李治的那双眸子一如既往地荡漾着那种干净而澄澈的光芒。

贞观二十年春天，才人武媚与太子李治就这样邂逅于太宗皇帝的病榻前。

对李治而言，这当然只是人生中的初见。

可在武媚看来，这却是上天刻意安排的再度相遇。

那些日子，武媚看见自己黯淡的人生蓦然出现了一道弥足珍贵的亮光。

她朦朦胧胧地预感到——循着这道亮光，她一定能够找到生命的出口。

厮守在天子病榻旁的时光是无聊而琐碎的，李治纵然是一个十二分标准的孝子，日子一久也难免生出烦闷和厌倦之感。但他不敢接受父皇让他出宫游玩的建议，因为那会有损于他的仁孝之名，也有悖于他从圣贤书中学到的纲常礼教。尽管在表面上李治一直强打着精神，对病中的父皇体贴入微、关怀备至，但是太极宫外明媚的春光还是时时撩拨着他的心扉，让他多少有些神思恍惚、魂不守舍。

才人武媚就是在这时候出现的。

这个命中注定要与他相伴一世、纠缠一生的女人，就在这时候悄然进入了他的视线。

千百年来，有关唐高宗李治与女皇武曌的故事许多人都耳熟能详，可太子李治与才人武媚最初的那一段宫闱情缘却一直湮灭在时光深处，让人无从追寻、无从窥探。人们只知道作为太子的李治与作为庶母的武媚确实在太宗的病榻旁发生过一段不伦之恋，但是这段恋情具体是如何发生的以及发展到怎样的程度，后世的人们却众说纷纭、莫衷一是。

他们究竟是“发乎情，止乎礼”，仅限于眉目传情、秋波暗送，携手在爱河边走了一遭，却连裙裾和裤脚都没有沾湿？还是无视纲常礼教的束缚，不顾一切地让情欲的洪水冲破人伦的堤坝，任自己的灵魂和肉体一同淹没在汹涌的欲望之浪中？

没有人知道。

人们只能猜测。带着好奇心，或带着窥视欲；带着纯情目光，或带着香艳视角；带着鄙夷和不屑，或带着同情和赞赏；带着历史学家特有的严谨和责任感，或带着八点档电视连续剧特有的煽情力和恶俗想象——一起去猜测。

尽管没有任何证据表明武媚和李治曾经肉体出轨，但显然也没有任何理由要求这两个你情我愿的成年人只能在一起玩一场柏拉图式的精神恋爱。在诸多有关唐朝的史书中，对于这段令人羞于启齿的暧昧恋情，无论人们如何煞费苦心、刨根究底，最终也只能找到这样一句语焉不详、讳莫如深的话："上（李治）之为太子也，入侍太宗，见才人武氏而悦之。"（《资治通鉴》卷一九九，其他史料的记载与之大同小异。）

一个"悦"字，隐藏着这段不伦之恋的全部信息。

一个"悦"字，亦足以包容无数后人的无数想象。

虽然这桩神秘莫测的宫闱情缘无从让人一睹庐山真面，但这并不妨碍我们经由另一条路径去探寻。也就是说，如果我们尝试着进入李治和武媚的人格世界和心灵深处，或许更易于品读出这段恋情的个中三昧。

一提起唐高宗李治，人们的眼前似乎马上就会浮现出一张苍白羸弱、畏葸无能的脸。无论是在传统史家的笔下，还是在普通百姓的眼中，不幸的李治似乎始终戴着这样一张令人无奈的脸谱。

这也难怪。因为他的父亲是雄才大略的千古一帝李世民，他的妻子又是空前绝后的旷世女皇武则天，可怜的李治被夹在这两个光芒万丈的伟人中间，不但不配发出自己的光亮，甚至都不配拥有自己的色彩和个性。

可是，这并不是历史的真相。

作为大唐王朝历史上承前启后的一代帝王，高宗李治并不是这样一个没有血肉、缺乏个性的扁平人，也不是一个没有能力、毫无主见的弱智儿。

在此，我们暂且不论李治日后如何摆平他的舅父——帝国元老兼顾命大臣长孙无忌，也暂且不论在他治下的大唐帝国究竟取得了怎样的文治武功，单纯就贞观末期的青年李治而言，似乎也远不是一块一览无余的透明水晶，更不是太宗膝下柔弱温顺、永远长不大的小白兔乖乖。换言之，李治的仁弱和孝顺固然是有目共睹的事实，但是他的人格世界绝不会只有这简单的一面。

从某种意义上说，人的心理结构和性格特征大体是遵循一种代偿性原则的。当人在正式场合越是表现出一种恒定的人格特征，他的潜意识中就越有可能产生一种“反向的冲动”。

在这种压抑之下，代偿性原则会发挥它的无形威力，让人自觉或不自觉地将他受到抑制的那部分心理、意识、情感或者欲望，通过另外一些较为隐蔽的方式和渠道释放出来，这就是我们通常所说的情绪发泄或者逆反心理，严重的就称为心理变态或者反社会人格。

严格来讲，这个世界上的每一个人或多或少都是受到这种代偿性原则支配的。

我们同样可以在李治的内心世界发现这种反向的冲动。也即是说，越是在公开场合被人普遍视为宽仁孝友的乖乖儿，李治潜意识中的逆反心理就可能越发强烈。这样的反向能量在内心世界日积月累，一旦达到临界点，再加上外在因素的刺激和诱发，就必然会通过某种隐蔽的方式和渠道爆发出来。

从贞观十九年东征高丽归来后，太宗皇帝就患病不断，其间太子李治对他的照料可谓不遗余力（比如“吮痈”之举，便非常人所能为）。可是，久病床前无孝子，李治再孝顺，时间一长也难免生出疲倦和厌烦，因此太宗才会主动劝他出宫散心。但是，李治早已习惯在世人面前扮演孝子的角色，假如真的在父皇患病期间溜出去玩，他担心满朝文武会在背后戳他的脊梁骨，使他享誉多年的仁孝之名毁于一旦，所以他宁可更深地压抑自己，也不敢接受父皇的建议。

搬到承庆殿的别院之后，李治的压抑之感有增无减。于是，郁积在他内心的各种反向能量就像是一堆越积越高的干柴，一旦碰到一丝火星，必定会燃起一场熊熊大火。

要命的是，此刻蓦然出现在他眼前的才人武媚又绝不止是一丝小火星，而且是一团无比炽热的火焰！

干柴遇烈火，地球人都知道会是一种什么结果。

有人认为，在李治的逆反心理中，最主要的一点就是对父权的反抗——一种复杂的对父亲既尊崇又反叛的态度。这种心态在他当太子时或许表现得还比较隐蔽，但是到他即位后就逐渐暴露出来了。李治登基之后，曾经在长达三十年的时间里，罢演歌颂太宗功业的《秦王破阵乐》。此举从正常的角度来看，颇为令人费解，可要是从反抗父权、力图走出父亲阴影这个角度来说，就显得顺理成章了。

此外，早在晋王时代，太宗就为李治主婚，纳山东望族、著名五大姓之一——太原王氏之女为妃（即后来的王皇后）。王氏既然是太宗亲自看中的儿媳，而且出身又是如此高贵，其才貌定属上乘，因此太宗才会称赞李治和王氏是一对“佳儿佳妇”。可就是这样一个由父皇亲自选定的“佳妇”，却长期得不到李治的宠幸，以至终生没有为李治生儿育女，这似乎也可以从一个侧面表明，李治在潜意识中对父亲的意志确实具有某种反抗和背离的倾向。

鉴于上述的反父情结，加之李治在幼年时期经历过非常深刻的丧母之痛，而且李治的性情确实也偏于柔弱，所以有人据此认为，李治身上很可能存在一种“反父恋母”的俄狄浦斯情结，很可能终其一生都在寻找一位母亲式的恋人和情侣。

因此，当带有上述复杂性格和暧昧情结的李治遇见武媚时，足以让他突破禁忌、激情燃烧的理由就显得非常充分了。武媚年轻、貌美、有修养、有才学、善解人意、别具风情，而且比他年长，名义上又是他的“庶母”，因此，李治从武媚身上所获得的，就不仅是一种男女之情的愉悦，甚至也不仅是一种偷情的刺激，还是一种兼具母爱般的温暖和乱伦的诱惑以及暗中对父权进行挑战的那种隐秘而淋漓的快感。

如此种种，让李治如何抵挡?

如此种种，又让李治如何做到“发乎情，止乎礼”，只保证精神出轨，不允许肉体出轨呢?

从武媚这方面来看，她似乎也不会允许自己跟太子李治的恋情仅止于眉目传情、秋波暗送的阶段。

因为，她等待这一刻已经等得太久了。

见天子庸知非福?!

武媚早年这句不识人间愁滋味的话，如今早已变成了对她自己的一个绝妙讽刺，然而她始终不相信自己的一生会彻底埋葬在这寂寥深宫之中。无数个孤枕寒衾的夜晚，当如水的月光透过窗棂静静洒在她的身上，武媚看见自己的肌肤依然如同凝脂一样散发着美丽而迷人的光芒。

她相信这样的光芒不会永远沉睡在黑夜里，她相信这样的光芒总有一天会刺破命运的厚茧，在没有人可以意料的某个时刻无比璀璨地绽放。

是的，武媚有理由如此相信。

因为她是武士彟的女儿。

因为她的灵魂里流淌着父亲传承给她的一种信念，那就是——永远不要放弃希望。

武媚曾经不止一次地想起，许多年前，当自己的父亲遭遇权势人物的暗算和追杀，并且像一条狗一样被人从洛阳撵回并州的时候，心里肯定也一度充满了沮丧和绝望。可是残酷的命运非但没有把父亲打垮，反而激起了他改变命运的决心和勇气。几年后机会来临，父亲义无反顾地押上了他的全部财产和身家性命，与诡谲无情的命运进行了一场孤注一掷的豪赌，最终，他成功了。

父亲的故事告诉武媚——人可以失去一切，但唯独不能失去希望。

只要你心存希望，就有可能赢回失去的一切，甚至赢得更多！

所以，当太子李治蓦然出现在她眼前的时候，武媚就知道，属于自己的机会来了。

她意识到——这很可能是自己黯淡无光的掖庭生涯中唯一的，也是最后的一根救命稻草。所以她无论如何都要把太子李治紧紧抓住，无论如何都要俘获这个男人的心！

而要俘获一个男人的心，你当然没有理由吝啬自己的肉体。

不厚道地说，无论武媚长得如何天生丽质、楚楚动人，她也不过是一张过期的旧船票。所以，当李治这艘豪华客轮（而且很可能是最后一班了）从她身边驶过时，武媚既没有理由把这张旧船票当个宝贝似的藏着掖着，更没有理由像一个不解风情的少女那样羞羞答答地拒绝登船。

我们可以想象，服侍病中天子的工作原本是枯燥而琐碎的，可当李治和武媚就像两块磁石一样相互吸引到一起，厮守在太宗病榻前的时光就变得美妙而短暂了。

就跟世界上所有的爱情故事一样，李治和武媚这场风花雪月的事，起初肯定也是从目光的纠缠和挑逗开始的。然后通过端药送水的机会，他们之间肯定也会有意无意地发生一些肌肤的摩擦和碰触。接下来，或许是在某个四下无人的午后，或者是在某个万籁俱寂的子夜，当承庆殿里的宦官和宫女们纷纷打起了盹，而病榻上的太宗也已发出均匀的鼾声，李治和武媚的手一定会不约而同地朝对方伸过去，一点一点地伸过去，然后紧紧绞在了一起。到最后，情欲的洪水肯定也会顺其自然地越过道德的藩篱和人伦的堤坝，把他们的灵魂和肉体一同淹没……

然而，无论武媚和李治如何在太宗的病榻之侧激情燃烧，这一场风花雪月的事都只能像一束美丽而短暂的烟花一样稍纵即逝。

因为太宗皇帝不久之后就驾崩了。

随着太宗的离世，武媚的命运再次发生重大转折。

她从一个掖庭宫的才人，变成了感业寺的一个尼姑。

直到许多年以后，女皇武曌依然认为，感业寺的尼姑生涯是她一生中最不堪回首的一段岁月。

第四章
感业寺的涅槃

我是一只不死鸟

贞观二十三年（公元649年）五月，在终南山的翠微宫里，太宗的病情日渐沉重，御医们束手无策。才人武媚看见死神已经向这个雄才大略的一代英主伸出了冰冷的白爪，而太子李治依然日夜守候在病入膏肓的父皇身边。武媚看见他一连数日茶饭不思、滴水未进，两鬓甚至生出了几缕白发。（《资治通鉴》卷一九九：“太子昼夜不离侧，或累日不食，发有变白者。”）

那些日子，太子李治神色憔悴，目光呆滞，对行走在他身边的才人武媚视若无睹。武媚感觉自己的心隐隐有些疼痛，可她毫无办法。她既不知道如何安慰太子，也不知道如何安慰自己。在翠微宫的含风殿里，环绕在太宗病榻旁的所有嫔妾和宫女们早已惶惶不可终日，她们一想到自己恍若飘蓬的未来命运，就止不住黯然神伤，相对而泣。

武媚当然也意识到了自己的处境。她知道太宗一旦驾崩，自己的明天就会变成一只渺然无依的断线风筝。可她仍然心存一丝侥幸，因为她与太子有过一段无人知晓的炽热恋情。她暗中祈祷她与太子的这个情分能够帮助她摆脱弃履般的命运。

然而接下来的事实证明，这只是才人武媚一个不切实际的幻想。

这一年五月二十六日，唐太宗李世民在终南山的翠微宫里溘然长逝。当含风殿里传出天子驾崩的消息时，武媚听见翠微宫的每个角落都不约而同地响起了裂帛般的哭泣。天子一死就意味着厄运的降临，武媚知道没有几个人是因为太宗的离去而伤心落泪的，她们其实都是为自己而哭——为自己仍然活着却又不知该如何活下去而同声一哭！

那一天太子李治也一直抱着长孙无忌的脖颈恸哭不已，他的哭声听上去撕心裂肺、悲痛欲绝。事实上过度的悲伤也确实令太子好几次险些昏死过去。听着太子那令人肝肠寸断的哭泣，武媚也忍不住潸然泪下。凭着一个女人的直觉，她知道她和太子的这段恋情已经随着太宗的亡故而悄然死去。因为太宗之死恍如泰山之崩，足以让任何动人心魄的爱情故事都变得黯然失色，也足以把无名无分的才人武媚从太子不堪重负的内心世界中驱逐出去。

太宗崩逝的第三天，太子李治就在长孙无忌的安排下，扶着父皇的灵柩动身返回长安。武媚偷偷站在翠微宫的宫楼上，看见太子车辇在一大队禁军骑兵的簇拥下渐行渐远，最后从她的视线中彻底消失。

武媚不知道，太子李治会不会就这样从她的生命中消失。她只知道那一天骄阳似火，整座翠微宫都热气蒸腾，可她却像掉进了隆冬腊月的冰窟之中，感觉从头到脚都弥漫着一种刺骨的寒冷。

同样作为已故太宗皇帝的未亡人，太极宫中的女人们却有着各自不同的归宿。一部分生有子嗣的妃嫔可以出宫去投靠自己的儿女；另外的极少数人则以一种勇敢而贞洁的姿态选择了变相的殉葬，比如太宗晚年甚为宠幸的嫔妃徐惠，便因哀伤成疾并拒绝医治而于次年病逝，年仅二十四岁，死后陪葬昭陵；至于像才人武媚这种没有子嗣，同时又不愿殉情的嫔妃宫女，则必须循例出家，到寺院或者道观中了却残生。

才人武媚被分配的命运是削发为尼，她的归宿是位于长安皇城内的感业寺。

虽然感业寺与太极宫近在咫尺，可武媚却感觉自己到了另外一个世界。进入感业寺的时候，武媚和一大群宫女刚刚走到弥勒殿前就不约而同地止步了。她们带着同一种迷惘和惶然的表情转过身去，看见身后那道威严肃穆的山门已经訇然关上。这一门之隔，从此隔断了她们回望红尘的目光，也隔断了她们或喜或悲、或浓或淡的所有旧梦前缘。

举行剃度仪式的那一天，当缕缕青丝恍若柳叶在她们眼前簌簌飘落，武媚听见有人发出了歇斯底里的哭喊和哀号。人们看见一个近乎疯狂的昔日宫女突然挣脱剃度老尼的手，冲到紧闭的殿门前拼命地捶打和摇撼，被剃了一半的黑发犹如杂草一般披散在她苍白的脸上，让她看上去形同鬼魅。

后来这个绝望发狂的女子被几个老尼七手八脚地拖了出去，可那令人不寒而栗的哭号却在空旷的大雄宝殿上久久回荡。

据说宫女们剃度的这一天也是新天子举行登基大典的时间。

在庄严的大典钟声敲响的那一刻，武媚已然是一副青丝落尽、素面朝天的僧尼之相。她站在大殿前的台阶上，看见六月的太阳正高悬中天，向人间喷射着万道金光。武媚想象李治那张清癯白皙的脸庞，此刻一定被镀上了一层至尊无上的金黄，而大唐的万千臣民正匍匐在地上山呼万岁，向这位年轻的天子表达他们由衷的拥戴之情。

此刻的皇帝李治还会记得承庆殿里的那个才人武媚吗？

此刻的皇帝李治还会关心感业寺里的这个小小女尼吗？

不可能了。

当然不可能了！

因为一切已经恍如隔世。

因为，他和她正被命运之手推向截然相反的两极——一个理所当然地登上权力的巅峰，一个被逼无奈地遁入寂灭的空门；一个为万众拥戴、为兆民景仰，一个被上天抛弃、被尘世遗忘；一个将在六宫粉黛和三千佳丽的簇拥和环绕中尽享人间声色，一个只能在钟磬梵唱和青灯古佛的陪伴下独自咀嚼爱断情伤。

那一天，女尼武媚孑然一人站在感业寺的最高处，眺望喧嚣依旧的凡尘俗世，眺望咫尺天涯的太极宫阙，眺望永远回不去的青春时光，眺望那场惊心动魄却又稍纵即逝的爱情，汹涌的泪水就这样顺着她洗尽铅华的脸庞潸潸而下。

削发为尼的这一年，武媚二十五岁。

这原本是一个女人生命力最旺盛的年龄，然而一袭冷酷的缁衣却把她饱满欲滴的生命彻底囚禁了，令她在清规戒律的樊笼中无可逃脱地干瘪和枯萎。

感业寺里几乎找不到一面照人的铜镜，因为再没有人需要挽髻、描眉和梳妆。武媚看见和她同时剃度的昔日宫女们总是会借故在水井边徘徊，她知道她们是在对着水中的容颜顾影自怜。武媚觉得她们的行为既可怜又可笑，所以她始终不愿在水井旁多待一刻。直到有一次，武媚终于忍不住临水而照，这一照让她无比惊讶，因为她看到水面上漂浮的那张脸异常憔悴，而且写满了哀怨和忧伤，看上去和所有顾影自怜的女尼们一模一样。

秋去冬来，感业寺的暮鼓晨钟日复一日地敲打着女尼们日渐麻木的耳膜和心灵，武媚知道很多人已经学会了接受命运的安排。她发现，曾经的愤懑和不甘已经从她们的身上消失，取而代之的是一种行尸走肉般的绝望和麻木。当然，女尼们也在绝望中发明了许多苦中作乐的把戏，这些深夜庵房里的私密游戏甚至让许多人的脸上泛起了一丝久违的红晕。

可所有这一切都让武媚觉得可悲而荒唐。

武媚在后来的日子里急剧消瘦，她的脸色看上去苍白如纸，女尼们普遍认为这是她离群索居、自命清高的结果。每当武媚从感业寺凄冷空旷的庭院中走过，冬天的大风就会吹起她身上那袭宽大的缁衣，让她看上去就像一只无比孤单的飞鸟。

许多女尼暗地里都说，这个总是满脸冰霜的武媚也许就快死了，她最后的下场就是变成一个无人理睬的孤魂野鬼。

对于女尼们背后的嘲讽和诅咒，武媚听到后只是冷然一笑。

我不会变成孤魂野鬼，武媚说，我会变成一只鸟，一只不死鸟，永远在自己的天空里飞翔。

冬天里暮色四合的时候，感业寺的其他女尼总会成双结对地躲进庵房，早早就吹熄了灯火，只有武媚的庵房里一灯如豆，固执而凄清地燃到天明。没有人看见武媚总在夜阑人静的时候铺开一纸素笺，用笔墨一遍遍倾诉着自己的爱断情伤。其中一首名叫《如意娘》的乐府，后来被收录在了《全唐诗》中。

看朱成碧思纷纷，憔悴支离为忆君。
不信比来长下泪，开箱验取石榴裙。

没有人知道女尼姑武媚长夜无眠的相思对象就是至尊无上的当朝天子。

没有人知道女尼姑武媚是在用自己的方式追寻那片曾经翱翔过的天空。

无论感业寺的生涯如何漆黑和艰难，武媚始终没有感到绝望。

因为她坚信，自己是一只鸟。

一只不死鸟。

谁也别想再让我离开

永徽元年（公元650年），当女尼武媚依旧在感业寺里“看朱成碧”“憔悴支离”的时候，年轻的天子李治正在以一种意气风发的姿态指点着大唐江山。

太宗皇帝给他留下的这个繁荣而庞大的盛世帝国，既给了他强大的动力，也给了他巨大的压力，所以李治丝毫不敢懈怠。刚一即位，他就带着年轻人特有的朝气和热情一头扑在了天子的工作岗位上。每天上朝，他总是既严肃又诚恳地对文武百官说：“朕初即位，事有不便于百姓者悉宜陈，不尽者更封奏。”并且散朝之后，李治总是孜孜不倦地加班加点，“日引刺史十人入阁，问以百姓疾苦，及其政治”。

新天子饱满的工作热情和勤政爱民的作风很快博得了朝野上下的交口赞誉，百姓们更是极力称颂，说永徽之政“有贞观之遗风”（《资治通鉴》卷一九九）。

年轻的高宗李治就这样忘情地投入一个新皇帝的职业生涯中，巨大的新鲜感和责任感暂时冲淡了他对男女之情的需求和想念，先前那场昙花一现的暧昧恋情似乎也已经从他的记忆中淡出。如果不是在太宗周年忌日的时候，高宗李治必须循例前往感业寺行香，如果诡谲的命运没有再度安排他和她邂逅，那么日理万机的年轻天子也许会把那个风情万种的才人武媚彻底遗忘，而中国历史或许也就不会出现那个空前绝后的女皇武曌。

永徽元年五月二十六日是一个阳光明媚的日子，新君李治在文武百官的陪同下来到感业寺行香。寺内尼众经过多日精心筹备，举行了一个隆重的仪式迎接圣驾。当天子仪仗进入山门的时候，寺内钟鼓齐鸣，所有束手站立在甬道两侧的人们一齐跪了下来，口中山呼万岁。

坐在銮驾内的天子李治当然没有听到，在这雷鸣般的恭迎圣驾的呼声中，夹杂着一个女尼剧烈颤抖的声音。

那是武媚的声音。

当时的武媚全身都在发出一种幸福和激动的颤抖。

跪在武媚身边的人甚至听见她的喉咙里发出了一丝奇怪的哽咽。

是的，自从听说天子要来感业寺行香的那一刻起，武媚就无法抑制这种哽咽了。

一年了，整整三百六十五个日夜，武媚无时无刻不在向上苍祈求，祈求她与天子别后重逢的这一天。一年来女尼武媚为伊消得人憔悴，一年来女尼武媚相思成灰、望穿秋水，终于感召上苍垂悯，让天子重新来到了她的身边，又怎能让她不发出激动的哽咽，又怎能让她不喜极而泣呢？

在整个行香仪式进行的过程中，武媚的目光始终没有从天子的身上离开，她害怕自己一转睛、一眨眼，李治就会再度从她的生命中消失，就像一年前那个炎热而又冰冷的夏日，太子李治在终南山的山道上渐行渐远，头也不回地从她的视线中消失一样。

行香礼毕的时候，李治出于某种礼节上的需要，亲自走到因太宗亡故而循例出家的这群女尼身边，亲切地表达了他的关怀和慰问之情。有好几个女尼为此感动得眼眶都红了，李治象征性地安抚几句之后，正准备转身离去，而那个令人出乎意料的尴尬场面，就在这时候出现了。

人群后的一个女尼忽然用力拨开挡在她前面的几个人，径直走到了天子面前。

四目相对的这一刻，天子李治就像被雷电击中一样，张大了眼睛，木立当场。

当时在场的人也全都怔住了，她们不无惊愕地发现，把天子牢牢钉在当场的那道闪电分明来自女尼武媚的眼中。而且她们还看见，那一刻的女尼武媚仿佛变了一个人——随着胸膛的剧烈起伏，她原本消瘦而苍白的脸庞忽然绽放出一种朝霞般绚丽的光芒。

许多年以后，感业寺的一些老尼依然清晰地记得，那天的女尼武媚确实表现出了异乎寻常的妩媚，所有人都看见她的脸上闪动着一种流光溢彩的惊艳之美。

那种美实在是稀有罕见、摄人心魄。她们说。

无怪乎天子李治会深陷其中，终其一生无法自拔。她们说。

行香那天的意外重逢令天子李治猝不及防，人们看见天子忽然有些手足无措，脸上的表情也极为怪异。但他很快就意识到了自己的失态，马上转过头去，匆匆离开了现场。片刻之后，人们看见寺中的住持老尼一脸严肃地把女尼武媚带走了。女尼们不约而同地发出了冷笑，她们认为这个自视清高的武媚这回肯定是要遭殃了。

可是没有人知道，住持老尼把武媚匆匆领到了感业寺的客堂，然后就转身离开了。当然更没人知道，就在这座清幽僻静的客堂中，有一个人正在等待着武媚。

他就是天子李治。

当时天子已经摒退左右，正独自一人站在堂中，用一种焦急的目光朝门口张望。

武媚走进客堂的时候，一眼就看见了天子脸上复杂的表情。

那上面写满了激动和惊喜，同时也有一丝隐隐的尴尬和歉意。而最让武媚感到欣慰的是，李治的眼神依然清澈，而且分明荡漾着一种缠绵悱恻的回忆之光。

武媚庆幸自己终于唤醒了李治对于那场爱情的回忆，她也庆幸自己身上的美丽光芒没有在感业寺的枯寂时光中消磨殆尽。

一年来，天子李治就是她生命中唯一不灭的信仰。

她全部的孤独和全部的坚持，终于在这一刻得到了应有的报偿。

这样的时刻，有太多的言语需要表达，有太多的衷肠需要倾诉，但是武媚却让它们全都化成了幸福而感伤的泪水，任它们在自己的脸上肆无忌惮地奔涌和流淌。

此情此景，天子李治再也无法抑制胸中沸腾的情感。

他哭了。

两行清泪顺着他的脸颊潸然而下。

那一瞬间，李治和武媚执手相看泪眼，竟无语凝噎。（《唐会要·皇后》：“上因忌日行香，武氏泣，上亦潸然。”）

尽管已经有意识地压低了声音，可他们的啜泣声还是不可避免地传出了屋外，隐约落进一些侍从的耳中。听着天子李治和女尼武媚纠缠在一起的哭声，这些随行的宦官和宫女止不住浮想联翩。他们暗暗惊讶于行香之日发生的这一切，也暗暗猜测着这个女尼与当今天子非同寻常的关系。而理所当然的是，就在天子一行起驾回宫之后，某个宦官或宫女便及时地把这份惊愕和猜疑传达给了王皇后。

作为天子李治的第一夫人，同时也作为一个长期得不到丈夫宠爱的女人，王皇后蓦然听到这个令人匪夷所思的消息时，心里泛起的第一个念头就是强烈的愤怒和嫉妒。可在一阵酸劲过后，王皇后的嘴角旋即掠过一抹得意的微笑。

她不无惊喜地发现——在她即将与萧淑妃展开的后宫之战中，感业寺的这个女尼出现得正是时候！

她决定立即采取行动，把女尼武媚暗中控制起来，命她偷偷蓄发，然后寻找一个适当的时机把她弄进宫来，让她去夺取天子的宠爱，把原本占尽天子之宠的萧淑妃彻底整垮！（《新唐书·则天武皇后传》："王皇后久无子，萧淑妃方幸，后阴不悦。他日，帝过佛庐，才人见且泣，帝感动。后廉知状，引内后宫，以挠妃宠。"）

"帝过佛庐，才人见且泣"这一幕无疑是女皇武曌一生中最重要的一个转折点。

然而，历史的吊诡之处就在于——如果没有王皇后借刀杀人的阴谋，武媚的命运绝对不可能改变。恰恰是王皇后企图把武媚当成后宫之战中的一枚卒子，才促成了她的二度入宫及此后的脱颖而出。假如没有自作聪明的王皇后极力促成，很难想象高宗李治会有那么大的勇气，敢把一个已经出家为尼的先帝嫔妾纳入自己的后宫，也很难想象日后的武媚会有那一番惊天动地的造化。（按《唐律》，李治这么做同时触犯了"和奸父祖妾"与"和奸女冠尼"两条大罪；而如果是由皇后出面为夫纳妾，则显得合情合理，且较可掩人耳目。）

如果说，早年的晋王李治在太子承乾和魏王泰的东宫大战中是一个"鹬蚌相争，渔翁得利"的幸运儿，那么，后来的武媚又何尝不是在王皇后和萧淑妃的后宫之战中捡了一个"螳螂捕蝉，黄雀在后"的大便宜？

从这个意义上说，李治和武媚都是上天垂青的幸运儿。

当然，能够在历史上绽放光芒的人物，不仅需要绝好的运气，还需要过人的实力。武媚之所以最终成为中国历史上独一无二的女皇帝，固然是有"三分天注定"的因素，但更需要的无疑是"七分靠打拼"的进取姿态和奋斗精神。

永徽元年，与李治在感业寺的别后重逢虽然给武媚的命运带来了一丝转机，但是仍然有重重的艰难险阻等待在她生命的前方。

对于女人而言，天子的后宫历来是天底下最险恶的战场，曾经在掖庭宫中生活过十一年的才人武媚，由于品秩低下、年龄幼小，并没有真正领教过后宫之战的惊险和惨烈。所以，二度入宫的武媚要想在争权夺宠的战争中立于不败之地，就必须学会在谎言和阴谋中生存、在残忍和绝情中成长，也必须学会在刀尖上舐血和觅食、在悬崖边行走和舞蹈……

如果说在当年的狮子骢事件中，年少轻狂的武媚还只是凭一时意气、逞嘴上英雄，那么从今往后，武媚则必须面对无数情敌和政敌，真刀实枪地亮出她的铁鞭、她的铁锤，还有她的匕首！

武媚做好准备了吗？

永徽二年（公元651年）七月的某个黄昏，一驾皇家马车悄悄来到感业寺。

片刻之后，一个罩着面纱的女子在宫中使者的引领下，匆匆走出山门，径直登上了马车。

马车迅速掉头，朝太极宫疾驰而去。

车中的女子已经蓄了一头乌黑亮丽的秀发，并且挽起了一个宫中流行的发髻。经过一年多的精心保养，这个原本方额广颐、蛾眉凤目的女子看上去显得更加丰腴而白皙，也更加雍容华贵、妩媚动人。

车辇缓缓驶进皇宫的时候，女子下意识地挑开一角车帘。在橘红色的夕阳映照之下，她看见这座熟悉的太极宫依旧散发着一种华丽而森严的光芒。

我回来了。武媚说。

谁也别想再让我离开。

天子的旧爱兼新欢

随着武媚的二度入宫，她和天子李治这段暧昧曲折的恋情终于结束了地下状态，堂而皇之地走到了阳光底下。此刻的武媚真有一种劫后余生、苦尽甘来的沧桑之感。

第一次入宫，她十四岁。

现在，她已经二十七岁。

从表面上看，命运绕了一大圈，仿佛又回到了原来的起点。然而武媚知道，这绝对是一个全新的起点。

因为，皇宫虽然还是当年的那座皇宫，但是武媚已经不再是当年的那个武媚。

见天子庸知非福?

如果说当年的武媚对天子之爱的朦胧渴望纯粹是出于一种撞大运的赌徒心态的话，那么今天的武媚无疑可以自豪地宣称——天子之爱已经在我的掌中!

是的，武媚对此满怀自信，她相信天子李治对她的爱超过了世界上的任何一个女人，这一点她完全可以从李治的眼睛中看出来。

可是，有一点武媚却不得不承认，尽管她拥有天子之爱，可如今的她却没有丝毫名分，甚至比十三年前初入宫的时候还不如。当时的她至少是一个五品才人，可眼下的她只是王皇后身边一个小小的侍女。

从这个意义上说，她目前的起点甚至比过去的还低。

所以，武媚知道自己必须把所有的锋芒都深深敛藏。

换言之，她必须比以往任何时候都更加谦恭、更加谨慎、更加韬光养晦、更加低调做人。而最重要的是——她必须对王皇后百依百顺，把她伺候得舒舒服服，从而取得她的绝对信任。（《资治通鉴》卷一九九:“武氏巧慧，多权数，初入宫，卑辞屈体以事后。”）

有人说，所谓百依百顺，就是在某种不可告人的目的在未完成前，所表现出的不同寻常的耐心。

此时的武媚正是这么做的。

因为她知道，只有这样，最终才能将王皇后取而代之。

平心而论，王皇后其实是一个不幸的女人。

虽然她出身名门、天生丽质，而且贵为皇后、母仪天下，看上去似乎拥有一个女人所能拥有的一切，可实际上她的幸福指数很低，甚至不如一个普通的民间妇女。

因为她始终得不到丈夫的爱。

对于一个女人来说，还有什么比这更不幸的呢？

从成为晋王妃的那一天起，到后来成为太子妃，再到今天贵为皇后，这么多年过去了，她把一个女人生命中最美丽、最宝贵的时光都给了今上李治，可她换来的却是十年如一日的忽视和冷落。

她的身份一天比一天尊贵，可她的失落感也一天比一天更深。

在人前她风光十足，在人后她形同弃妇。

在她的记忆中，天子与她同床共寝的次数简直屈指可数，所以这么多年过去了，她的肚子始终平坦如初、空空如也——连爱情都没有，遑论爱情的结晶？

既没有天子之爱，又没有自己的子嗣，这对于一个皇后来说无疑是一种莫大的讽刺，同时更是一种莫大的危机。

而在王皇后看来，自己的处境之所以如此不堪，罪魁祸首就是那个萧淑妃！

这个姓萧的女人似乎命中注定是她的天敌。

无论出身门第，还是容貌才学，这个萧淑妃都与王皇后旗鼓相当。王皇后出身于北方望族——太原王氏；而萧淑妃则出身于南朝世族——兰陵萧氏，系出梁昭明太子一支，是后梁帝室的后裔，家族中出了前隋的萧皇后，还有大唐的开国功臣萧瑀，因此，其家世背景和才学修养丝毫不比王皇后逊色。

此外，早从东宫时代起，萧氏的地位就总是紧挨着王氏。王氏册封为太子妃时，萧氏的身份是萧良娣（东宫嫔御之职）；王氏晋封为皇后之后，萧氏就紧跟着晋位为淑妃（仅次于皇后的一品妃，员额四人：贵妃、淑妃、德妃、贤妃）。

而最让王皇后妒火中烧的是，萧淑妃似乎从一开始就占据了天子李治全部的爱，所以短短几年间就生下了一子两女——贞观二十年生雍王李素节，稍后生义阳公主，贞观二十三年又生宣城公主。

眼看着这个女人在天子的深耕细作下硕果累累，而自家的田地则是一片荒芜、颗粒无收，王皇后几欲抓狂，同时也感到了强烈的不安。

都说母以子贵，有了这一子二女，萧淑妃不仅后半生的荣华富贵有了保障，而且具备了跟王皇后叫板的资格。换言之，距皇后宝座仅一步之遥的萧淑妃随时有可能一步跨过来，把王皇后取而代之！

幸好打了武媚这张牌，让王皇后颇感自得和欣慰的是，武媚果然没有辜负她的期望。她一入宫就牢牢锁定了天子的欢心，使得萧淑妃所获的宠爱急剧衰减。此外，武媚又聪明乖巧、善解人意，所言所行总是让王皇后感到称心如意。为此，王皇后屡屡在天子面前替武媚说好话，希望进一步帮她提升地位，以便把萧淑妃彻底整垮。

在王皇后这个“贵人”的一再荫庇和帮助下，武媚终于迎来了生命中的第一次辉煌——大约在永徽三年（公元652年）七月左右，她被立为二品的昭仪，位列九嫔之首，地位仅次于皇后和四妃。

真是双喜临门，在立为昭仪的数月之后，武媚又生下了长子李弘。天子李治的欣喜之情溢于言表，对武媚的宠爱更是有增无减。相形之下，那个曾经垄断了天子之爱的萧淑妃，其命运则是一落千丈，几乎已被天子遗忘。

当初王皇后曾经品尝过的所有痛苦、失落和嫉妒，而今萧淑妃也不得不一一体验。每当看见萧淑妃日渐憔悴的面容和日渐黯淡的目光，王皇后的心里总是一片阳光灿烂。

可王皇后也知道，虽然萧淑妃已经无力对她构成威胁，但她必须防患于未然。天知道，在这美女如云的后宫中，会不会哪一天又冒出一个蛊惑天子的狐狸精，成为萧淑妃第二呢？所以，她必须做一件事情，才能确保自己的皇后之位和整个后半生的荣华富贵。

王皇后要做的事就是——把皇长子陈王李忠认做义子，再把他扶上太子之位。

其实这个主意不是王皇后自己想的，而是她舅舅柳奭（shì）帮她出的。

柳奭时任朝廷的中书令，位高权重，可他却时常感到忧惧。因为外甥女虽然贵为皇后，但一来得不到天子之宠，二来又没有自己的子嗣，这样的处境使她随时面临被废的危险。而万一她哪一天真的被废了，柳爽的仕途也就到头了。因此，出于一荣俱荣、一损俱损的考虑，柳爽便一直暗中帮王皇后策划立嗣之事。

而柳爽之所以把立嗣的对象锁定为陈王李忠，原因有二：其一，他是高宗的长子，具有储君的资格。其二，陈王李忠虽是长子，但却是庶出，生母刘氏只是一个卑微的宫女，所以他需要一座坚实的靠山，而王皇后正是这样一座靠山。一旦被皇后收为义子，陈王李忠就不仅是长子，同时是嫡出，自然就是储君的不二人选。

因此，王皇后和李忠都需要对方——一个需要子嗣才能保住皇后之位，一个需要名分才能入主东宫，二者可谓“合则双美，离则两伤”。

为了圆满达成这种双赢之局，柳爽在朝中积极活动，联络了与他交情甚深的宰辅重臣长孙无忌等人，屡屡上表，劝请天子立陈王李忠为储君。高宗李治起初并不同意，可是迫于一帮宰相的压力，最后不得不点头。于是，就在永徽三年（公元652年）七月，差不多与武媚立为昭仪同时，陈王李忠被正式册立为皇太子，王皇后终于如愿以偿。

那些日子，诸事顺遂的王皇后终于有了一种扬眉吐气、否极泰来之感。

情敌萧淑妃失宠了，义子李忠也入主东宫了，她生命中的阴霾已经一扫而光，再也不需要像从前那样担忧和恐惧了。

然而，事情并没有像王皇后想象的这么简单。

因为，老对手萧淑妃虽然倒下了，可更为强势的新对手却以一种异乎寻常的速度崛起了。

这个新对手，就是天子李治的旧爱兼新欢——武昭仪。

王皇后绝对没有料到，这个被她从困境中拯救出来的女尼武媚，这个由她一手扶植起来的侍女武媚，居然在她刚刚取得胜利的一刻掉转枪口，摇身一变就成了她生命中最强大的敌人！

在王皇后完全没有防备的情况下，这个曾经温顺而乖巧的武媚，这个看上去丝毫不构成威胁的武媚，居然带着她的铁鞭、她的铁锤，还有她的匕首，迎面朝皇后的宝座走来，然后微笑着向皇后扔出一纸生死对决的宣战书。

猝不及防的王皇后来不及思考这一切，就被迫与她过去的敌人萧淑妃重新联手，硬着头皮匆匆投入了战斗。

是谁杀死了小公主？

永徽年间这场惊心动魄、震撼朝野的后宫之战最初是以情报战的方式打响的。

据说王皇后是一个不善于笼络人心的人，史书称她“性简重，不曲事上下”（《新唐书·则天武皇后传》）。也许是高贵的出身和显赫的地位造就了她清高倨傲的性格，抑或是人生道路过于顺畅，缺乏必要的历练，导致她的心机、谋略和手腕都相对不足，因此她虽然入宫多年，但从未在后宫中培植起一支真正属于自己的势力，也没有在天子左右安插自己的耳目和亲信。在这方面，她母亲魏国夫人柳氏和舅舅中书令柳奭，好像也和王皇后如出一辙，都让人有一种鼻孔朝天、高高在上的感觉，所以宫中的各色人等只好对这一家子敬而远之。

相形之下，武媚就要比他们高明许多。

从二度入宫的第一天起，武媚就知道，要想在这个地方站稳脚跟并且出人头地，仅仅依靠天子的宠爱是不够的，还必须拥有一个坚实宽广的群众基础。所以武媚再入宫门之后，就一直不遗余力地广结善缘，不管对方身份高低，只要是她认为有用的，就一定会刻意逢迎，与其建立良好的关系。到她被立为昭仪并且与王皇后的矛盾逐渐公开化之后，武媚更是加紧了笼络人心的步伐。尤其是那些被王皇后一家子轻视和冷落的人，武媚更是倾力结交。凡是天子赏赐给她的钱物，她总是一转手就送给了那些人，自己则不留分毫。（《新唐书·则天武皇后传》：“昭仪伺后所薄，必款结之，得赐予，尽以分遗。”）

武昭仪的平易近人和慷慨大方迅速赢得了宫中各色人等的心，她的人气指数直线飙升。凡是跟她打过交道的人，无不被她的人格魅力所深深吸引，因而都愿意为她效犬马之劳。而在这些人中，无疑有相当一部分是王皇后和萧淑妃身边的宦官和宫女。

短短几年间，武媚就成功地缔造了一张无孔不入的后宫情报网。从此，王皇后和萧淑妃的一言一行、一举一动，都在她的眼皮底下和掌握之中。武媚稳稳盘踞在这张网的中央，每天听取并收集着从各种渠道传递到她手中的情报，然后一一甄别，挑出对王皇后和萧淑妃不利的东西，第一时间就告到了天子那里。

与此同时，王皇后和萧淑妃当然也是使尽浑身解数，寻找一切可能的机会对武昭仪进行反击。

但是这种蜚短流长、捕风捉影的情报战，其效果似乎并不理想。因为天子李治对女人们在背后互相使绊子这一套好像不太感冒。他采取了装聋作哑、不闻不问的方式，不管双方说了多少对方的坏话，他一概不表态，让所有谗毁之言自来自去、自生自灭。

武媚很快就意识到这样的手段实在难以奏效，要想把对手彻底打垮，似乎应该另辟蹊径，寻找更为有效的办法。

永徽五年（公元654年）年初，武昭仪又给天子生下了一个活泼可爱的小公主。天子李治对这个漂亮的小公主钟爱有加，每天政务之余都会抽空过来看上一眼，抱上一抱。

当时王皇后与武昭仪的矛盾已经是人所共知的事实，而且谁都知道，不能生育的皇后对连生二胎的武昭仪恨之入骨，嫉妒得要发狂，就跟她当初嫉妒萧淑妃时一样。可是作为后宫之主，在得知武昭仪又产下一女之后，王皇后却不得不故作姿态，隔三差五总要来看望一下武昭仪和小公主，以表关心和慰问。

每次来“慰问”的时候，出于必要的礼貌，也出于女人的天性，王皇后总不免要抱起女婴逗弄一番，而武昭仪当然也要强作欢颜地陪在一边。

也许就是在这种时候，一个可怕的念头就不期而至地跃入了武媚的脑海。

这个念头是如此大胆和疯狂，以至于它乍一出现的时候，连武媚自己都禁不住倒吸了一口冷气。

可是，这个想法又是如此强烈而又如此可行，以至于它一旦出现，武媚就无力也无意把它从自己的脑海中驱逐出去。

终于有那么一个早晨，当王皇后照例来看望小公主，而且照例抱起来逗弄一番时，武媚便下意识地摒退左右，躲在纱帐后冷冷地看着这一幕。当王皇后放下女婴转身离去后，那个可怕的念头再次浮现，就像一道黑色的闪电一样不可抗拒地击中了武媚，让她不由自主地走向自己的女儿。

摇篮中的女儿正在熟睡，武媚看见襁褓中那张粉红的小脸在睡梦中露出了一丝甜美的笑靥，这无疑是人世间最纯洁、最无瑕的笑容。可武媚知道，片刻之后，这个笑容就将从世界上消失，从此只能凝固在自己的心底，成为生命中最温柔也最残酷的记忆。

武媚看见自己的手慢慢伸了出去，像一条冰冷的白蛇一样缓慢而坚定地游向女儿细嫩的脖颈，然后一下子锁住了她的咽喉。

女儿的四肢在挣扎，身体在抽搐。

武媚的灵魂在崩裂，内心在流血。

那一刻，整个世界仿佛都已经颠倒过来，武媚看见周遭的事物开始围绕着她飞快地旋转，旋转……

不知道过了多久，或许只是一刹那，一切就都恢复了原状。

女儿依然在熟睡，但已永远无法再醒来。

武媚面无表情地转身离开，仿佛一切都没有发生过一样。

然而她分明看见自己灵魂深处的某个角落已经鲜血淋漓。她知道，这也许是她用尽一生都无法抹平的伤口。

这个故事的后半部分毫无悬念，一切都像已经写好的剧本一样，按照时间和逻辑顺序一幕一幕地上演。

天子散朝之后特意来看他的小公主，武昭仪跟往常一样面带笑容迎接天子。可当天子掀开温暖的锦衾，抱起的却是一具冰冷的尸体。极度震惊的天子向周围的人发出了暴怒的质问，而女儿的母亲武昭仪则猛然发出一声凄厉的哭喊，人们看见她身形摇晃、状若晕厥。

是谁杀了小公主？

负责伺候小公主的侍妾和宫女们在第一时间被叫到了天子面前。她们脸色煞白，手脚打战，在天子的厉声质问下，众人异口同声地说——刚刚只有皇后来过。

一切都明白了。

那一刻的天子咆哮如雷：皇后杀了我的女儿，皇后杀了我的女儿！

而武昭仪则在泪流满面的同时不停地对王皇后发出声讨和控诉——以一个善良无助的母亲的身份，对一个阴险冷酷的杀婴凶手，发出最强有力的声讨和控诉！

据说王皇后听到这个可怕的消息时惊讶得目瞪口呆，她无论如何也想不到自己会变成一个扼杀女婴的凶手，然而所有不利的证词和怀疑的目光都在同一时刻指向了她，令她百口莫辩、无以自解。满腹冤屈的王皇后很快就清醒过来了，她确信这是心狠手辣的武昭仪对她实施的一个苦肉计，可她却没有任何办法证明这一点。

而且她知道，就算她说出来也没有人会相信她。

因为人们宁可相信一个受到伤害的可怜的母亲，也不会相信一个被嫉妒之火烧坏了心肠的女人。

永徽五年的这桩女婴猝死案直到千百年后仍然是一个未解之谜。按照相关正史的记载，人们普遍认为是武昭仪亲手扼死了自己的女儿，以此嫁祸于王皇后。然而后世史家却不断有人提出质疑，理由是“虎毒不食子”。许多人认为，尽管武曌在对付政敌的时候确实非常残忍，可是作为一个母亲，她怎么可能对自己的亲生女儿下此毒手呢？

论者从普遍人性与人之常情的角度提出质疑，应该说是不无道理的，但他们却忽略了一个最基本的事实，那就是——武曌从来就不是一个可以按世俗规范去衡量、可以用人之常情去揣度的人物。如果一般的道德规范可以束缚武曌，那她就绝不可能成为中国历史上独一无二的女皇帝；如果世间的常情常理可以界定武曌，那她一生中大多数所作所为就通通变成不可理喻的了，又何止杀婴一事？

暂且不说武曌在后来漫长的一生中还有多少突破常规的作为，单纯从她早年的许多言行和经历来看，我们就不难看出她那非同寻常的人格特征，尤其是在她的人生遭遇瓶颈或者陷入困顿的时候，她的表现就更是迥异于常人。十四岁离家入宫的时候，她母亲杨氏哭得何其悲切，可她居然说出“见天子庸知非福”的话，那份镇定、乐观和自信，又岂是同龄人可以比拟？当年为了博得太宗的赏识和青睐，在驯马场上故作惊人之语，用想象中的铁鞭、铁锤和匕首“残杀”了太宗钟爱的狮子骢，其表现又是何等出格出位？在太宗的病榻之侧，居然敢和太子激情燃烧、共浴爱河，那份渴望改变命运的勇气和冒险精神，又岂是常人可以理解和想象的？

所以，当武曌在通往皇后宝座的道路上遭遇障碍的时候，当她发现女儿的牺牲足以成全她对于权力的野心和梦想的时候，她为什么就不能像从前屡屡做过的那样，再一次逾越人性的藩篱，再一次颠覆世俗的道德规范，毅然决然地扼住女儿的咽喉呢？

其实，对于那一刻的武曌而言，与其说她扼住的是女儿的咽喉，还不如说她扼住的是敌人的咽喉、是命运的咽喉！

当然，不论武曌如何决绝和无情，这件事对她造成的伤痛仍然是巨大而深远的。时隔十二年后，武曌还专门为女儿举办了一场异常隆重的迁葬仪式，葬礼规格用的是“卤簿鼓吹”的“亲王之制”，显然已经逾制。此外，她还把这个夭折的长女追封为“安定公主”，谥号为“思”。这个谥号不仅表达了她对女儿的绵长哀思，而且蕴藏着另一层更深的意味。

依照有唐一代的谥法，“追悔前过曰思”。于是我们就有理由问这样一个问题：在时过境迁的十几年后，还有什么样的“前过”值得母仪天下的武曌追悔不已呢？

答案是不言自明的。

这是武曌对长女的亏欠。

这是她用尽一生也弥补不了的亏欠。

也许日后武曌之所以对幼女太平公主百般溺爱，在此就可以找到某种隐秘而深远的原因——因为太平公主得到了双份的爱。

一份是她自己的，另一份属于那个在襁褓中便已夭亡的姐姐——安定公主。

事后来看，女婴暴卒事件无疑是永徽年间这场后宫之战最重要的转折点。因为高宗李治就是从这个时候起产生了废后之意，他对王皇后由冷淡变成了憎恨，而对武昭仪的宠爱和信任则与日俱增，超过了以往的任何时候。（《新唐书·则天武皇后传》：“后无以自解，而帝愈信爱，始有废后意。”）

就这样，王皇后与武昭仪之间原本势均力敌的对峙状态被彻底打破了。在双方力量的此消彼长中，武昭仪看见那张母仪天下的宝座已经在向她遥遥招手，而王皇后和萧淑妃则只能在午夜惊梦中频频看见厄运之神对她们发出一脸狞笑。

永徽五年上半年，也就是在女婴暴卒案发生后不久，朝廷又发生了两件意味深长的事情。有心人不难发现，这两件事的出现，恰足以证明王皇后与武昭仪之间的力量消长。

第一件事是在这一年三月，朝廷忽然以“褒赏功臣”的名义追赠了一批武德功臣的官爵。在这份以屈突通为首的十三人追赠名单中，武昭仪的亡父武士彟赫然在目，他被追赠的官职是并州都督。朝中的大臣们都知道，这件事显然是武昭仪在背后一手策划的，她撺掇天子追赠亡父，其目的无非是想提升自己的身份和地位；而屈突通等另外十二人只不过是十二枚绿叶，为了陪衬武士彟这朵红花罢了。当然，能当一回这样的绿叶也是很荣幸的。

第二件事发生在六月，中书令柳奭忽然向皇帝提出辞呈，要求辞去宰相职务。皇帝很快就批准了，将他降为吏部尚书。这件事乍一看有些蹊跷，因为柳奭在宰相任内一直尽职尽责，从没听说有什么差错。可人们再一想就明白了，在女婴暴卒事件后，王皇后已经彻底丧失了天子的信任，随时有可能被废黜。出于唇亡齿寒的考虑，作为皇后母舅的柳奭主动离开相位，也算是急流勇退的明智之举吧。

永徽五年的年终岁末，一个瑞雪飘飘的午后，太尉长孙无忌的府邸上迎来了两位无比尊贵的客人。

他们是今上李治，还有他最宠爱的武昭仪。

人们看见天子身边的武昭仪容光焕发、神采飞扬，从步下车辇的那一刻起，她的脸上始终荡漾着一个灿烂而迷人的笑容。

尽管天子和武昭仪的突然造访让太尉府上的许多人都颇感意外，可是长孙无忌却很清楚天子此行的目的——除了皇后废立，不可能有别的事情。

作为太宗皇帝临终托孤的首席顾命大臣，并且作为天子李治的母舅和永徽政局实际上的掌舵者，长孙无忌在这件事情上的态度和立场无疑是至关重要的。没有他的点头，天子和武昭仪的心愿断难达成。可如今的问题在于，长孙无忌早已打定了主意，无论如何也不会让天子把当年太宗亲自选定的王氏废掉，而另立这个曾经是先帝侍妾的武媚。

所以，自从天子迈进府门的那一刻起，长孙无忌就暗暗告诫自己，不管天子今天采取什么手段，自己绝不在这件事情上妥协半步！

长孙无忌准备了一场丰盛的酒宴款待天子一行，席间一片欢声笑语，气氛显得十分融洽。酒酣耳热之际，兴致甚高的天子当场封官，给长孙无忌宠妾所生的三个儿子都封了朝散大夫之职，此外，还命人把早已准备好的十车金银珠宝和绫罗绸缎赏赐给长孙无忌，搞得太尉府的上上下下都受宠若惊、拜谢不暇。

不出所料，天子今天果然是“行贿”来了！长孙无忌暗自冷笑，可脸上却不动声色。除了正常答礼并保持一个矜持的微笑之外，天子和武昭仪始终无法从他身上找到任何可乘之机。后来天子终于忍耐不住，只好装作漫不经心的样子对长孙无忌表示，王皇后膝下无子，这无论对她本人还是对于朝廷而言，都是一件莫大的憾事，是否可以考虑在其他的妃嫔之中，物色一个德馨才淑者立为皇后？

天子言毕，目光便停留在了武昭仪身上，以此暗示长孙无忌。

然而，让李治和武媚大失所望的是，长孙无忌对这种强烈的暗示却完全不加理会，一直顾左右而言他。李治和武媚的脸上不约而同地罩上了一层浓重的阴霾，而长孙无忌则是一脸若无其事的表情，频频端起酒盅向天子敬酒。

他甚至连看都不看武昭仪一眼。

这顿酒再喝下去实在是毫无意义了。天子和武昭仪最后带着不悦之色拂袖而去，一场貌似其乐融融的酒宴就这么不欢而散。

长孙无忌领着家眷在府门前恭送天子一行。家眷们大多面面相觑，不知道刚才还欢声笑语的天子为何会中途离席、愤然而去。

天子的銮驾很快就走远了，可长孙无忌依然久久地伫立在雪地里。

人们看见簌簌飞落的雪花转眼就染白了他的须眉。

然而，没有人注意到这个帝国大佬的眉宇间隐藏着一丝深重的忧虑，也没有人听见他心里发出的那声叹息。

那是一声不安的叹息。

那是一个权倾朝野的老人对未来深感不安的叹息。

第五章
永徽政局：长孙无忌的网

影子皇帝与无冕之王

永徽是唐高宗李治登基之后的第一个年号，徽是标帜、美好之意，也象征着他的政治理想——秉承太宗皇帝的遗训，高举贞观之治的伟大旗帜，让大唐帝国江山永固，永远保持一派政通人和、四海升平的盛世景象。

就是在这种理想的指引下，年轻的李治踌躇满志地开始了他的帝王生涯。而太宗皇帝给他留下的两个顾命大臣——长孙无忌和褚遂良也在他们的岗位上表现得兢兢业业、尽职尽责。史称他们“同心辅政，上（李治）亦尊礼二人，恭己以听之，故永徽之政，百姓阜安，有贞观之遗风”（《资治通鉴》卷一九九）。

因此，从这个意义上说，永徽时代也可以称为后贞观时代。

永徽之初，一切看上去都很美。君臣同心，上下一致，帝国马车在贞观时代开创的宽衢大道上笔直地向前奔驰，没有人感觉有什么不妥。

唯独有一件事情，让高宗李治的心头始终笼罩着一层挥之不去的阴影。

那就是晋州（今山西临汾）地震。

从贞观二十三年八月开始，晋州地区就频频发生地震，仅第一次就倒塌了众多民房，压死了五千余人；同年十一月以及永徽元年四月、六月，晋州又接连地震，“有声如雷”，令高宗李治困惑不已。

世人皆知，晋州是大唐王朝的龙兴之地，又是天子李治任晋王时的封邑，如此龙脉所系之地，却在不到一年的时间里接二连三地发生地震，这对刚刚君临天下的李治而言，实在是一个不祥之兆。

古人大都相信天人感应之说。他们认为，大自然一旦发生灾变，或者发生什么奇异现象，一定是人事出了问题，尤其是政治上很可能出了问题。所以当高宗李治针对此事询问他的东宫旧僚、时任侍中的张行成时，老臣张行成就直言不讳地吐露了他的隐忧：“今晋州地动，弥旬不休。虽天道玄邈，窥算不测；而人事较量，昭然作戒。恐女谒用事，大臣阴谋，修德禳灾，在于陛下。且陛下本封晋也，今地震晋州，下有征应，岂徒然耳。伏愿深思远虑，以杜未萌！”（《旧唐书·张行成传》）

此番直言的核心在于八个字：女谒用事，大臣阴谋。

如果放在许多年后来看，张行成所说的这八个字无疑是惊人准确的预言。

因为前四个字说的就是几度浮沉而最终崛起的女人武曌，后四个字说的就是权倾一时而最终垮台的元老重臣长孙无忌。

当然，那个时候谁也不知道帝国的未来会是什么样子，高宗李治更不可能预见未来发生的一切，但这并不等于他会对张行成的一番直言无动于衷。相反地，李治受到了极大的震动，尤其是“大臣阴谋”四个字，更是有如一声惊雷炸响在他的耳边。

究竟是什么样的大臣，又将制造出什么样的阴谋？

李治对此忧心忡忡，却又百思不得其解。

“深思远虑，以杜未萌！”

张行成说的是对的，李治想，不管朝中隐藏着怎样巨大的隐患，自己都必须居安思危、防微杜渐，并且想办法把隐患挖出来！

而李治唯一能想到的办法，就是像太宗皇帝那样，命群臣上疏进谏，直言朝政得失。随后，李治在朝会上对文武百官公开宣布：“朕谬膺大位，政教不明，遂使晋州之地屡有震动。良由赏罚失中，政道乖方。卿等宜各进封事，极言得失，以匡不逮。”（《旧唐书·高宗本纪》）

天子的诏命一下，群臣的上书立刻像雪片般飞来。

然而，令李治大失所望的是，百官们的奏疏虽然洋洋洒洒、文采斐然，可基本上都是一些大而无当的陈词滥调。李治真正关心的问题，没有人提出只言片语。

就在李治大感不满的时候，一桩突如其来的案件，似乎让他找到了问题的症结。

这是一桩弹劾案，被弹劾的对象是时任中书令的褚遂良。

发起弹劾的是御史大夫李乾佑和监察御史韦思谦，他们指控褚遂良“抑买土地”。所谓抑买，就是压低价格强行购买；被强买的是一个胡人，其时在中书省担任翻译，是褚遂良属下的一个小职员。

此案的性质一目了然，只存在两种可能性：要么是褚遂良仗势欺人、以权谋私，要么就是他以“抑买”的方式变相收受下属的贿赂。而无论是哪一种，褚遂良显然都已触犯了法律。根据《唐律》，官员枉法求财者，可处以三年以下徒刑，并追还赃物；情节特别严重者，最高可处以绞刑。此案移交到大理寺后，大理寺丞张山寿经过查实，很快就作出判决：罚褚遂良铜二十斤（按《唐律》，罚铜二十斤相当于徒刑一年）。

这个判决至少说明了两个问题：一，案情属实，褚遂良确实触犯了相关法律；二，量刑结果是以罚代刑，基本上属于一种象征性处罚，明显有从轻发落、大事化小的意味。

可是，这个显然已经属于从轻发落的判决到了大理寺少卿张睿册那里，却仍旧被视为量刑太重。张睿册马上推翻了下属张山寿的判决，改判褚遂良无罪；理由是他购买土地的价格是按照国家的征收价，并不算强买强卖，当然也就不存在什么涉嫌受贿的问题了。

如果说张山寿的判决已经有轻描淡写之嫌，那么张睿册的改判则是赤裸裸的官官相护了。监察御史韦思谦义愤填膺，当即上奏抗辩。他认为：“国家征收土地是一种政府行为，而官员们的私下交易纯属个人行为，岂能按国家征收价执行？张睿册是在任意曲解法律，目的是谄媚高官、欺罔君上，其罪当诛！”

在弄清基本事实并听取双方的意见之后，高宗李治采纳了首席宰相长孙无忌的建议，作出了最终裁决——将褚遂良和张睿册一起贬职。

永徽元年十一月末，褚遂良被外放为同州（今陕西大荔县）刺史，张睿册被外放为循州（今广东惠州市）刺史。

这就是永徽初年的褚遂良抑买土地案。

案件至此似乎已经了结，但是李治的心情却久久不能平静。

首先，褚遂良是当朝宰辅，又是太宗皇帝亲自指定的顾命大臣，如今却触犯法律，不得不被贬出朝廷，李治实在是有些于心不忍；其次，这个案件本身的性质并不严重，可是在审理过程中却暴露了一个严重的问题——司法官员似乎都在有意袒护身为宰相的褚遂良，而且越大的官越是明目张胆地维护他。

这个现象顿时引起了天子李治的警觉——莫非朝中隐然已有朋党迹象？莫非张行成所说的“大臣阴谋”，已经在此露出了端倪？

为了证实自己的猜测，或者说为了打消自己的疑虑，李治于永徽二年（公元651年）的闰九月，与首席宰相长孙无忌进行了一番意味深长的谈话。

这番君臣对话表面上波澜不惊，双方都显得和颜悦色，可实际上却暗藏机锋，充满了弦外之音。

话题是高宗首先提出的。他说：“朕广开言路，命群臣上疏，希望得到一些对朝政有益的意见，以备择用采纳，可为何一直以来上疏虽多，但却一无可用呢？”

长孙无忌从容自若地说：“自从陛下即位以来，政治清明，法律齐备，既无遗漏，更无缺失，所以，那些企图通过进言获得超擢任用的侥幸之徒，自然是无从置喙。正因如此，陛下才会看不到对政教有所裨益的言论。当然了，无论如何，广开言路还是有必要的，或许偶尔能听到一些真知灼见，倘若杜绝言路，恐怕下情就不能上达了。”

长孙无忌一番话说得滴水不漏，可高宗李治却听得很不是滋味。

谁都知道，如今的朝政大权全部掌握在长孙无忌手里，所以，与其说他这番话是在夸高宗治国有方，还不如说他是在夸自己辅政有术。说什么政治清明，说什么法律齐备，把朝政夸得完美无瑕，到头来还不都是在夸你自己吗？

况且，李治的政治经验虽然还不太丰富，但他也不是一个一无所知的笨蛋，最起码他知道当下的政治存在问题。可让他满腹疑惑的是，长孙无忌为何要极力否认并掩盖这个事实呢？早日发现问题并解决问题，不是对大家都有好处吗？除非问题就出在这个企图掩盖问题的人身上！

李治不禁想起了褚遂良的案件。在此案中，大臣们公然袒护褚遂良已经是一个不争的事实，而褚遂良与长孙无忌的关系更是众所周知。因此，从某种意义上说，大臣们真正忌惮的也许并不是褚遂良，而是站在他背后的长孙无忌。进而言之，如果说大臣们已经在朝中结成了一个朋党，那么这个朋党的领袖也必然是当今朝廷的首席宰相——长孙无忌！

思虑及此，李治决定继续往下追问。

他现在关心的已经不是长孙无忌能否给他答案了，而是长孙无忌会以一种怎样的方式回答他的问题。

李治若无其事地瞥了长孙无忌一眼，淡淡地说："朕最近听说，朝廷有关部门在办事的时候，大多讲究人情面子，以致因私害公，不知太尉可有耳闻？"

长孙无忌坦然一笑，不假思索地说："讲面子，讲私交，乃人之常情，自古难免，但是在圣贤教化之下，人的私欲就会逐渐朝公心转化。至于说朝中有人胆敢徇私枉法，臣敢断言必无此事。不过嘛……"长孙无忌顿了一顿，接着说："小小地收取人情，恐怕连陛下也在所难免，何况朝臣们只是偶尔照顾一下亲戚，臣岂敢保证绝无此事？"（《旧唐书·长孙无忌传》："无忌曰：'颜面阿私，自古不免，然圣化所渐，人皆向公，至于肆情枉法，实谓必无此事。小小收取人情，恐陛下尚亦不免，况臣下私其亲戚，岂敢顿言绝无?!'"）

高宗李治断然没有想到，长孙无忌居然会面无愧色地承认"收取人情"的合理性与合法性，而且还以嘲弄的口吻揶揄了他一把。这像是一个当朝宰相应该说的话吗？如果在政风清廉、人人克己奉公的太宗时代，这根本是不可想象的。长孙无忌既不敢在太宗面前说这样的话，也绝不敢用这样的口气说话！

李治现在终于明白了，在这个舅父兼顾命大臣兼帝国元老兼首席宰相长孙无忌面前，自己永远是一个长不大的小外甥，永远是一个没有资格独立秉政的少主！

那一刻，李治的心头涌起了一股强烈的悲凉和义愤。

可他同时也感到了深深的无奈。

李治没有再说什么。

因为他已经有了答案。

他知道，如今的朝廷并不是存在什么朋党，而是存在一支空前强大的政治势力；如果说真有什么“大臣阴谋”的话，那么这个大臣无疑就是长孙无忌，而他的阴谋就是架空并窃取本该属于皇帝的权力。

李治悲哀地发现——如今的自己充其量只是一个虚有其表的影子皇帝，只有长孙无忌才是当今天下的无冕之王！

长孙无忌，无所顾忌！

三个月后，一次出人意料的人事调动完全证实了高宗李治的想法。

褚遂良回来了。

永徽三年（公元652年）正月，褚遂良在同州刺史任上被征调回朝，摇身一变就成了吏部尚书、同中书门下三品。

不管李治作何感想，反正褚遂良就这样堂而皇之地回长安来了。这个刚刚在两年前因“枉法求财”而被贬的大臣，如今居然一回朝就恢复了宰相之职，并且一手掌握了朝廷的人事大权。

不要问为什么，因为一切都是长孙无忌策划的。

现在李治终于明白，原来长孙无忌当时极力建议把褚遂良外放，不过是为了让他逃脱刑事处分、出外暂避风头罢了。

更夸张的是，褚遂良复相不久，竟公然打击报复，把当初弹劾他的御史大夫李乾佑和监察御史韦思谦双双贬黜，一个贬为刺史，一个贬为县令。

面对这一切，李治感到愤怒，也感到无语。

短短四个月后，另一件更让他愤怒，也更让他无语的事就接踵而至了。

这件事就是立储。

永徽三年，高宗李治才二十五岁，他压根就没想过要这么早给自己确立一个皇位继承人。

然而，很多人都在帮他想。

王皇后在想，她舅舅中书令柳奭在想，就连长孙无忌、褚遂良、韩瑗、于志宁这帮人也都在想。

皇帝不急，可这帮人都急。

他们急什么呢？

急他们后半生的荣华富贵。

储君就是未来的皇帝，谁拥立了皇帝，谁当然就有享不尽的荣华富贵！

起初王皇后一直在李治耳边唧唧歪歪的时候，李治始终装聋作哑，没有理她。后来中书令柳奭就跳出来了，再后来长孙无忌也跳出来了，请立储君的奏疏频频递到李治面前。而长孙无忌一出面，其他宰相无不同声附和，李治感到了巨大的压力，最后不得不点头同意。

皇帝当到这个份儿上，李治实在是有些沮丧。

自从他当上太子的那天起，他的命运就一直是被别人安排好的，过去和现在他都做不了主，如今连储君都是别人立的，连未来都被别人早早规划好了，李治的内心真是充满了无力感和挫折感。

陈王李忠被立为太子后，李治知道，最为得意的人不是王皇后，也不是柳奭。他们充其量就是感到庆幸而已，谈不上得意。

最得意的人应该是长孙无忌。

道理很简单，他曾经拥立过秦王李世民，也曾经拥立过晋王李治，如今又拥立陈王李忠，一个连续拥立三任太子的人，难道不应该得意吗？一个几乎已经成为“储君生产专业户”的人，难道不应该为自己那无以伦比的智慧、能力和运气而得意非凡吗？

长孙无忌当然可以感到得意。

只不过，他不应该一得意就忘形。

长孙无忌忘形了吗？

是的，他忘形了，而且忘得一塌糊涂！

有一次长孙无忌邀请了一帮当朝权贵，在自己家中举办宴会。酒过三巡、笙歌曼舞之后，长孙无忌环顾众人，情不自禁地发出了一番感慨：“无忌不才，幸遇休明之运，因缘宠私，致位上公，人臣之贵，可谓极矣！”（《旧唐书·长孙无忌传》）

假如他只把话说到这里，那顶多就算是吹吹牛皮而已，没什么大不了的，可他偏偏没忍住，硬是让下面的话脱口而出：“公视无忌富贵，何与越公（隋朝尚书令、越国公杨素）？”

你们看我今日的富贵，和越公比起来怎样？

在场众人有的比较谨慎，说略有不及；有的则把马屁拍得山响，说超过越公。

长孙无忌笑着看了看他们，最后说了一句："自揣诚不羡越公，所不及越公一而已：越公之贵也老，而无忌之贵也少！"（刘餗《隋唐嘉话》）

我自认为实在没必要羡慕越公，因为只有一件事比不上他：越公富贵的时候已经老了，而我富贵的时候比他年轻多了！

在此，长孙无忌的得意之情溢于言表，其傲慢与骄狂之态亦可谓跃然纸上！

不过他其实没有夸张，因为事实就是他说的那样。他的年龄与太宗相仿，太宗即位后，年未而立的长孙无忌就成了宰相；他妹妹又是太宗的皇后，而他的长子长孙冲又娶了太宗五女长乐公主，几个堂兄弟也分别娶了三个公主，一门出了一宰相一皇后四驸马；迄于永徽，他本人官居宰相已近三十年，如今的天子又是他一手拥立的，一贯对他毕恭毕敬、言听计从，长孙无忌当然有理由为这一切感到骄傲。

然而，感到骄傲是一回事，把骄傲赤裸裸地挂在脸上又是另外一回事。

古往今来，官场上有许多深谙进退之道的人，往往权势越隆、富贵越甚，就越是低调而内敛，因为他们深知水满则溢、月盈则亏的道理。远的不说，与长孙无忌同朝为官的房玄龄、李靖、李世勣等人，都是深惧盈满、韬光养晦的典型；越到晚年，地位越高，他们就越是表现出一副诚惶诚恐、临深履薄之态。

曾几何时，长孙无忌也和他们一样，时时谦恭，处处谨慎，唯恐"权宠过盛"，"深以盈满为诫"，而他那个智慧过人的皇后妹妹也是成天给他敲警钟，所以太宗皇帝一直对长孙无忌非常信任，甚至当面称赞他"善避嫌疑"，"求之古人，亦当无比"（《旧唐书·长孙无忌传》）。

可如今，长孙无忌早把这一切抛到九霄云外去了。

他自认为已经位极人臣、权倾朝野，连皇帝都已被他牢牢掌控，连储君都已被他早早拥立，他还有什么可担心的，又有什么可忌讳的？

他自认为已经是大唐帝国实质上的主宰者，所以才会在大庭广众之下表现得这么牛、这么拽、这么得意张狂。

此时此刻的长孙无忌，真可谓人如其名，对一切都无所顾忌。

这样一个权倾朝野而又无所顾忌的人，注定是一个危险人物。

因为总有一天，他会让那些得罪过他的人、那些不依附他的人、那些大大小小或隐或显的政敌，通通从这个世界上消失！

谁也没想到，这一天很快就来了。

永徽三年（公元652年）十一月，长安突然爆发了一起惊天大案。长孙无忌利用此案广为株连，大肆铲除异己，在帝国政坛掀起了一场前所未有的血雨腥风。通过这场政治清洗，长孙无忌的个人权势无限膨胀，达到了一生中的巅峰。

一场残酷的政治清洗

这起被长孙无忌利用并扩大化的案件，就是永徽年间著名的房遗爱谋反案。

引发这场大案的人，就是太宗皇帝最宠爱的女儿　　高阳公主。

说起这个高阳公主，当时的长安可谓无人不知。因为她除了一贯明目张胆地给老公房遗爱戴绿帽外，婚外情的对象也非常特别，几乎是清一色的世外高人，不是和尚就是道士，基本没有世俗中人。

房玄龄还在世的时候，房家表面上合家欢乐、太平无事，可房玄龄一去世，房家立刻就热闹了。因为高阳公主闹着要分家，不但要和房家长子房遗直争夺财产，而且还要争夺梁国公（房玄龄的封爵，依例由长子继承）的爵位。

面对这个任性刁蛮的公主，房遗直无计可施，最后只好告到了太宗那里。太宗勃然大怒，把公主叫来狠狠训斥了一顿，从此对她的宠爱大不如前。高阳公主恼羞成怒，不但对房遗直恨之入骨，连带着对父皇李世民也怀恨在心。

这件事刚过去不久，高阳公主给老公戴绿帽的事情就彻底曝光了。

事情坏在公主的情人辩机和尚身上。

当时朝廷的御史在调查一起盗窃案时，不知何故牵连到了辩机，从他那里查获了一个镶金饰玉的宝枕，御史们大感蹊跷。倒不是说这个枕头特别值钱，怀疑这个和尚用不起，而是因为这个宝枕是御用物品，为何会跑到一个和尚床上去了呢？

御史随即提审辩机，这个花和尚扛不住，不仅供认宝枕乃高阳公主所赠，而且老老实实交代了他和公主的奸情。御史后来还从辩机的住所查获了价值上亿的各种财物，证实均为高阳公主所赠。

此案一曝光，朝野舆论一片哗然。

公主与和尚通奸！这真是一条爆炸性新闻，要多八卦有多八卦，要多香艳有多香艳。在此后相当长的一段时间里，这条新闻一直是长安坊间的娱乐头条，成了百姓们茶余饭后的笑料谈资。

太宗皇帝得到御史的禀报后，气得差点吐血。如此龌龊的丑闻居然发生在自己最宠爱的女儿身上，这对太宗无疑是一大打击。可太宗皇帝终究舍不得拿这个宝贝女儿怎么样，只好把满腔愤怒发泄到辩机和其他人身上，不但即刻命人腰斩了辩机，而且还把高阳公主身边的十几个仆人和婢女全部砍杀。

出了这么一桩大糗事，高阳公主却丝毫没有愧悔之心，而且当她眼睁睁看着自己的情人被砍成两截后，心里更是对太宗充满了怨恨。所以后来太宗皇帝驾崩的时候，公主的脸上没有半点哀容。

高宗李治即位后，高阳公主没了父亲的管束，越发肆无忌惮。一个辩机被砍成了两截，她又找了一堆辩机，其中有善于"占祸福"的和尚智勖，有"能视鬼"的和尚惠弘，还有医术高明的道士李晃等等。这帮世外高人抱定牡丹花下死、做鬼也风流的勇气和决心，前仆后继地拜倒在公主的石榴裙下。而高阳公主则是摆出一副誓将婚外情进行到底的姿态，义无反顾地奔跑在追求性福的大道上。

与此同时，高阳公主又不断怂恿房遗爱与大哥房遗直争夺爵位。在她看来，既然连太宗皇帝都管不了她，这个仁弱的兄弟李治就更是拿她没辙，于是拼命追着房遗直死缠烂打，不达目的誓不罢休。

高宗李治被这桩无聊官司纠缠得实在受不了，干脆各打五十大板，把房遗爱贬为房州（今湖北房县）刺史，把房遗直贬为隰州（今山西隰县）刺史，打算把他们全都轰出长安，眼不见为净，耳不听不烦。

高阳公主一见老公被贬，顿时傻眼了，没想到偷鸡不成反倒蚀了一把米。她愤愤不平，整天绞尽脑汁，决定要在老公离京赴任之前，想一个办法整垮房遗直。

后来她终于想出了一个绝招。

她认为这一次出手，房遗直就算不死也要脱层皮，梁国公的爵位就非她老公莫属了。

然而，高阳公主无论如何也不会想到，她准备置房遗直于死地的这个阴谋，竟然变成了一根导火索，莫名其妙地引发了大唐开国以来最残酷的一场政治清洗，最终不但害死了她自己，害死了老公房遗爱，而且还给李唐朝廷的一大帮亲王、驸马、名将、大臣，惹来了一场杀身流放、家破人亡的灭顶之灾。

高阳公主想出的绝招其实并不高明，但却有够阴毒。

有一天，她装出一副花容失色、满腹委屈的样子跑进皇宫，向高宗李治告了御状，说房遗直非礼了她。

所谓非礼，用今天的话说就是性骚扰。

李治闻言，不禁大为惊愕。这房家究竟是撞了什么邪了，怎么尽出这等龌龊事呢？

高阳公主毕竟是自己的亲姐妹，天潢贵胄，金枝玉叶，如今居然被人性骚扰了，他这个当皇帝的兄弟当然不能袖手旁观，于是李治准备着令有关部门严加审理。

就在这个时候，太尉长孙无忌站出来了，自告奋勇地接下了这桩案子。

堂堂的当朝一品太尉、首席宰相、天子舅父，居然要亲自主审一桩性骚扰案，这不是杀鸡用牛刀吗？

可是，人们根本没有想到，长孙无忌要杀的并不是一只鸡，甚至也不仅是一头牛。他是要利用这只上蹿下跳、不知死活的鸡，牵出躲藏在暗处的一大群牛。

长孙无忌是要利用这个案子，把朝中的所有政敌一网打尽！

其实，从贞观十七年的那场夺嫡之争后，长孙无忌就一直在等这一天了。

正是因为他拥立晋王，而房遗爱却是众所周知的魏王李泰的心腹，所以长孙无忌自然就对房玄龄也产生了敌意。虽然没有证据表明房玄龄加入了魏王党，但是在后来长孙无忌拥立晋王的时候，房玄龄显然也没站在他这一边。表面上房玄龄似乎保持中立，可实际上他内心的想法和太宗初期一样，无疑都是倾向于魏王的。所以，从长孙无忌力挺晋王的那一天起，他就已经把房玄龄及其家族视为自己政治上的对立面了。

李治即位后，尽管当年的夺嫡之争已经成为如烟往事，房玄龄也早在贞观二十二年就已作古，可长孙无忌却始终没有忘记，房家的人曾经是魏王党，曾经是他政治上的反对派！因此，在永徽的头三年里，长孙无忌对房家的监控从没有一天间断过。在此期间，以房遗爱为圆心，以李唐宗室和满朝文武为半径，所有和房遗爱走得比较近的人，全都落进了长孙无忌的视线，并且一个不漏地列入了他的黑名单。

第一个被列入黑名单的人，是驸马都尉薛万彻。

薛万彻是初唐的一代名将，骁勇善战，早年追随幽州罗艺，后来成为太子李建成的忠实部下，在玄武门之变中曾率部与秦王将士力战。李世民成功夺嫡后，念在他忠于其主，且作战英勇，遂既往不咎，仍予以重用。薛万彻没有辜负太宗的期望，在贞观年间平定东突厥、平定吐谷浑、北击薛延陀、东征高句丽等一系列重大战役中，都曾经出生入死、屡建战功。

贞观十八年（公元644年），薛万彻升任左卫将军，并娶了高祖的女儿丹阳公主，拜驸马都尉，此后历任右卫大将军、代州都督、右武卫大将军等军中要职。对于薛万彻的军事才干，太宗李世民曾经作过这样的评价："于今名将，惟世勣、道宗、万彻三人而已！世勣、道宗不能大胜，亦不大败；万彻非大胜，则大败。"（《资治通鉴》卷一九七）

能被天子誉为当世三大名将之一，诚可谓绝无仅有的殊荣！

然而，到了贞观二十二年（公元648年），薛万彻的辉煌人生就开始走下坡路了。原因是他的副将裴行方控告他在军中"仗气凌物"，并有"怨望"之语。所谓怨望之语，意思就是政治上的牢骚话。当裴行方与薛万彻就此事当廷对质的时候，据说薛万彻理屈词穷，无法辩白，随后便被朝廷"除名徙边"，也就是开除官职，流放边疆。

薛万彻也许真的是说过一些牢骚怪话，否则也不至于在对质的时候哑口无言。可如果以为他纯粹是因为这个被贬黜流放，那就把问题看得太简单了。其实，真正的原因是朝中的政治倾轧和派系斗争。因为薛万彻也是魏王党，而且与房遗爱是好友，所以长孙无忌容不下他。

贞观二十三年（公元649年）六月，高宗即位，大赦天下，薛万彻遇赦回京，并于永徽二年（公元651年）被起用为宁州（今甘肃宁县）刺史。如果薛万彻能因为这次流放的遭遇而深刻认识政治斗争的残酷性，从此安分守己，夹着尾巴做人，他也许可以避开最后的这场灾难。

可惜没有。就在被重新起用的这一年，薛万彻因足疾回京疗养，其间便与房遗爱打得火热，并再次“有怨望语”。他愤愤不平地对房遗爱说：“今虽病足，坐置京师，鼠辈犹不敢动。”（《资治通鉴》卷一九九）所谓“鼠辈”，意指朝廷的当权派，实际上就是指长孙无忌。

闻听此言，房遗爱当年被彻底粉碎的“拥立梦”再度被激活了。他带着满脸的兴奋之情对薛万彻说：“若国家有变，当奉司徒、荆王元景为主！”（《旧唐书·薛万彻传》）

房遗爱所说的这个荆王李元景，是高祖的第六子，时任司徒，他的女儿嫁给了房遗爱的弟弟房遗则，和房家是亲家关系，双方之间的走动自然比较频繁。据说他曾经向房遗爱吹嘘，说他在梦中“手把日月”，也就是一手握住了太阳，一手握住了月亮。我们都知道，当年武士彟为了劝李渊起兵，也曾说在梦中看见高祖摆这个姿势。如今李元景居然也敢摆这么一个正宗的天子姿势，而且还向人吹嘘，这无疑成了他日后被定罪的一个铁证。

在房遗爱的小圈子中，除了薛万彻和李元景，还有一个就是驸马都尉柴令武。

柴令武是柴绍之子，娶的是太宗的女儿巴陵公主。当初柴令武和房遗爱都是魏王党的核心成员，魏王被废黜后，柴令武自然也是一肚子失意和怨气。高宗即位后，朝廷给了柴令武一个卫州（今河南卫辉市）刺史的职务，显然有把他排挤出朝廷之意。柴令武更加不爽，以公主身体不适，要留在京师就医为由拒绝赴任。

柴令武就这么赖在京师不走了，据说还长期与房遗爱“谋议相结”。可想而知，他们暗中“谋议”的内容，一方面无非是发泄对当权者的不满，另一方面也是不甘心失败，很可能确实动了拥立荆王李元景的心思。

永徽三年（公元652年）十一月，被贬黜到均州郧乡县（今湖北郧县）的魏王李泰终于在长久的抑郁寡欢中一病而殁。消息传至长安，长孙无忌发出了数声冷笑。

他意识到，收网的时刻到了。

彻底肃清魏王党残余势力、全面铲除各种政治隐患的时刻终于到来了。

而恰恰就在这个时候，高阳公主状告房遗直非礼的案件又适时出现，长孙无忌心中暗喜，随即主动请缨，全力以赴地展开了对此案的调查。

从一开始，长孙无忌就根本没打算往性骚扰案的思路上走，而是准备不择手段地朝政治案的方向靠。所以他一入手，就挖出了高阳公主身上的一个政治问题——“主使掖庭令陈玄运伺宫省禨祥，步星次。”（《新唐书·诸帝公主传》）

这句话的大意是说，高阳公主曾经指使掖庭令陈玄运（内侍省的宦官），暗中窥伺宫禁中的情况和动向，并且观察星象变化。

很显然，光凭这一条，就可以给高阳公主直接扣上一个谋反的罪名。因为禁中是天子所居的重地，而天象的解释权也只能归朝廷所有，所以无论是窥伺禁中还是私窥天象，其行为都已经触犯了天子和朝廷的权威，其性质也已经属于严重的政治犯罪。

高阳公主的政治问题一曝光，案件立刻自动升级，长孙无忌顿时信心倍增——既然公主都已经涉嫌谋反了，她老公房遗爱又岂能逃得了干系？

就在长孙无忌准备拿房遗爱开刀时，房遗直又主动站了出来，对房遗爱夫妇进行了检举揭发，把他们夫妇平日里的种种不轨言行一股脑儿全给抖了出来，令长孙无忌大喜过望。

其实也怪不得房遗直会在这种关键时刻落井下石，因为高阳公主诬告他的那个罪名实在是让他没法做人，房遗直为了保住自己的名誉和身家性命，当然要和房遗爱夫妇拼个鱼死网破。

揭发了房遗爱和高阳公主之后，房遗直知道房家被这两个丧门星这么一折腾，必定难以逃脱家破人亡的命运，止不住发出悲凉的长叹：“罪盈恶稔，恐累臣私门！”（《资治通鉴》卷一九九）意思是房遗爱夫妇罪孽深重、恶贯满盈，恐将累及房氏一门。

房遗爱一到案，整个案件就彻底复杂化并扩大化了。长孙无忌精神抖擞，对房遗爱软硬兼施，终于从他嘴里把薛万彻、李元景、柴令武等人一个一个撬了出来。

事情到了这个地步，一切当然都是由长孙无忌说了算。满朝文武当中，长孙无忌想让谁三更死，那个人就绝对活不过五更。

贪生怕死的房遗爱为了自保，不仅把他的“战友”全部出卖，而且还在长孙无忌的威胁利诱之下，张开血盆大口，一个接一个地咬住了一群无辜的人。他们是：司空、梁州都督吴王李恪，侍中兼太子詹事宇文节，特进、太常卿江夏王李道宗，左骁卫大将军、驸马都尉执失思力。

这些位尊爵显的朝廷大员无论如何也不会想到，这个该死的房遗爱居然会咬上他们！

仿佛就是一觉醒来，这些皇亲国戚和帝国大佬就成了房遗爱的造反同谋，成了朝廷的阶下之囚，成了十恶不赦的乱臣贼子，更成了长孙无忌砧板上的鱼肉！

一个都不饶恕！

长孙无忌为什么会指使房遗爱咬上这些人呢？

原因很简单——长孙无忌不喜欢他们。

吴王李恪是太宗的第三子，其生母是隋炀帝杨广的女儿。史称李恪文武双全，富有才干，所以太宗李世民十分欣赏这个儿子，在十四个皇子中，李世民总是说只有李恪最像自己。贞观十七年（公元643年），晋王李治被立为太子后，太宗曾一度后悔，想废掉李治，重新立李恪为太子。长孙无忌得知后，坚决表示反对。太宗颇为不悦地说："是不是因为李恪不是你的外甥，所以你才反对？"

太宗这句话说得非常尖锐，基本上是把长孙无忌的私心一下子戳穿了。可长孙无忌却面不改色，振振有词地提出了两个理由：一，李治仁厚，最适合当一个守成之君；二，储君是国家根本，不能轻言废立、一换再换。

太宗想想也有道理，只好放弃李恪，继续保持现状。

李恪听说这件事后，不禁在心里把长孙无忌的十八代祖宗都问候了遍。恨归恨，可李恪一点办法也没有。因为在贞观后期，长孙无忌确实具有很强的政治能量，甚至足以左右天子的意志。

就这样，吴王李恪和长孙无忌结下了梁子。每逢李恪回京朝谒的时候，长孙无忌总能看见李恪像刀子一样的目光，从他的脸上狠狠划过。

毫无疑问，长孙无忌讨厌这种目光。

一旦有机会，他当然要让这种目光从世界上消失。

高宗李治即位后，表面上政治清明、天下太平，可长孙无忌很清楚，朝野上下有一股政治戾气在悄然涌动，这股戾气既来自残余的魏王党，也来自像吴王李恪这种“名望素高，为物情所向”（《资治通鉴》卷一九九）的宗室亲王。像李恪这种人，万一哪天振臂一呼，其结果就有可能是应者云集。

所以，长孙无忌必须防患于未然。无论在公在私，他都必须把吴王李恪除掉！

除了吴王李恪，遭长孙无忌陷害的其他三个当然也都是他不喜欢的人。

不喜欢的原因各有不同。

宇文节虽然身为宰相，和长孙无忌同朝秉政，但却是房遗爱的好友，所以长孙无忌一直想把他搞掉。此外，房遗爱被捕入狱后，宇文节又本着为朋友两肋插刀的精神，为他多方奔走，极力营护，这无疑是主动往长孙无忌的刀口上撞。长孙无忌索性把宇文节一块抓了，扔进大牢给房遗爱作伴，让他们在狱中畅叙友情。

江夏王李道宗是高祖李渊的族侄，从十七岁起就跟随秦王李世民南征北战，灭刘武周、平窦建德、破王世充，在大唐的开国战争中“屡有殊效”，立下了汗马功劳。武德中期，李道宗负责镇守帝国的北部边境，不但屡屡击退东突厥与梁师都联军的入侵，并且“振耀武威，开拓疆界，斥地千余里”，因而“边人悦服”（《旧唐书·江夏王道宗传》），深受高祖赞赏。

贞观年间，李道宗又与李靖等人先后平定了东突厥和吐谷浑，在大唐帝国开疆拓土的过程中建立了赫赫功勋。所以到了贞观十八年（公元644年），太宗李世民才会把他与李世勣、薛万彻放在一起，并誉为当世的三大名将。

然而，就是这样一个战功卓著的宗室亲王和开国元勋，却同样逃脱不了无所不在的政治迫害。

在这起案件中，李道宗也许算得上是最无辜的一个。

从个人品质来看，由于他早年曾因贪赃受贿而一度下狱，遭到罢职免官和削除封邑的严厉惩罚，所以李道宗深刻汲取了教训，越到后来就越是谦恭自持。史称他“晚年颇好学，敬慕贤士，不以地势凌人”，因而深受时人称誉，“为当代所重”。此外，从政治表现来看，李道宗既不像薛万彻那样隶属于房遗爱的小圈子，也不像吴王李恪那样被视为政治上的不安定因素，而且平日里既无反动言论，更无谋反形迹，可以说是一个典型的韬光养晦、淡泊自守的人物。但是即便如此，李道宗同样逃不开长孙无忌的陷害。这到底是为什么呢？

很不幸，唯一的原因仅仅是——“长孙无忌、褚遂良素与道宗不协”（《旧唐书·江夏王道宗传》）。

所谓不协，也就是双方的关系不太和谐。在当权者长孙无忌的眼中，无论是“当世名将”的金字招牌，还是“为当代所重”的社会名望，都是苍白无物、不值一文的，只要你胆敢和他不和谐，你的末日就到了。

永徽年间，长孙无忌的政治哲学基本可以概括为这么一句话——不是我的朋友，就是我的敌人！

除了李道宗，遭长孙无忌陷害的驸马都尉执失思力也是贞观朝的一员勇将。他是东突厥人，本是颉利可汗的心腹重臣，东突厥覆灭后归降唐朝，任左骁卫大将军，娶了高祖的女儿九江公主。贞观年间，执失思力在平定吐谷浑、北伐薛延陀的战争中也曾立下战功。这个人究竟是哪里得罪了长孙无忌，史书没有记载，但估计也是和李道宗一样，与长孙无忌不太和谐，所以被一并清洗了。

永徽四年（公元653年）二月，审理了三个多月的房遗爱谋反案终于尘埃落定。

在长孙无忌的压力下，高宗李治无奈地颁下一道诏书：将房遗爱、薛万彻、柴令武斩首；赐李元景、李恪、高阳公主、巴陵公主自尽；将宇文节、李道宗、执失思力流放岭南；废李恪的同母弟蜀王李愔为庶人，流放巴州（今四川巴中市）；贬房遗直为春州铜陵（今广东阳春市）县尉；将薛万彻的弟弟薛万备流放交州（今越南河内市）；罢停房玄龄在宗庙中的配飨（以功臣身份配享于太宗别庙中的祭祀牌位）。

这个结果不仅令朝野极度震惊，而且大大出乎高宗李治的意料。他做梦也没有想到，一个小小的性骚扰案居然牵出了一个这么严重的政治案件，还把一帮元勋重臣和皇亲国戚一举打入了万劫不复之地。

李治深感困惑，他不相信这些人全都参与了房遗爱的谋反，可是在长孙无忌威严的目光下，李治也只能怀着无比沉重的心情，在长孙无忌早已拟定的诏书上缓缓地盖下大子玉玺。

诏书颁布之前，李治决定以他微弱的力量进行最后的努力，恳求长孙无忌留下其中两个人的性命：荆王李元景和吴王李恪。

面对以长孙无忌为首的一帮宰执重臣，年轻的天子流下了无声的泪水，他用一种哀伤而无力的声音说：“荆王，朕之叔父，吴王，朕兄，欲匄其死，可乎？”（《资治通鉴》卷一九九）

“匄”（gài），同“丐”，乞求的意思。此时此刻，早已大权旁落的李治唯一能做的事情，也只有低声下气地乞求了。

然而，天子的乞求却遭遇了死一般的沉默。

长孙无忌面无表情、一言不发。他不开口，其他大臣更不敢吱声。

大臣们都不说话，天子则泪流满面，现场气氛极为尴尬。许久，长孙无忌向兵部尚书崔敦礼使了一个眼色，崔敦礼随即出列，用一种中气十足的声音回应了天子的乞求。

两个字——不可。

那一刻，李治感觉自己的天子颜面荡然无存。

一切都已无可挽回。

长孙无忌要做的事情，整个大唐天下无人可以阻拦。

该砍头的砍头，该赐死的赐死，该贬谪的贬谪，该流放的流放……

一个都不饶恕！

行刑的那一天，薛万彻面无惧色地站在刑场上，对着那些奉旨监斩的昔日同僚大叫：“薛万彻大健儿，留为国家效死力固好，岂得坐房遗爱杀之乎？”

临刑前，薛万彻从容脱下上衣，光着膀子叫监斩官快点动手。据说刽子手慑于薛万彻的气势，手脚不停打战，以至于连砍两次都砍不断薛万彻的脖子，薛万彻厉声叱骂：“干吗不用力？”刽子手鼓足勇气砍下第三刀，薛万彻的头颅才应声落地。（《旧唐书·薛万彻传》：“遂解衣谓监刑者疾斫，执刀者斩之不殊，万彻叱之曰：‘何不加力！’三斫乃绝。”）

而吴王李恪在接到赐死的诏书后，则面朝苍天，发出一句可怕的诅咒：“长孙无忌窃弄威权，构害良善，宗社有灵，当族灭不久！”（《资治通鉴》卷一九九）

许多年以后，当长孙无忌也同样遭遇了家破人亡的命运，在偏僻荒凉的流放地黔州（今重庆彭水县）被逼自缢的时候，不知道他的耳旁会不会响起李恪的这句诅咒。

至此，这起震惊朝野的房遗爱谋反案终于画上了一个句号。

一个血淋淋的句号。

永徽四年（公元653年）的春天，高宗李治看见自己像一只羸弱不堪的飞蛾，被缠在一张铺天盖地的黑网中无望地挣扎。而长孙无忌则牢牢盘踞在这张由权力、野心和阴谋编织而成的巨网中央，看上去就像一只硕大无朋的黑色蜘蛛。

李治不知道自己什么时候才能挣脱这张网。

第六章
武则天的皇后之路

李勣的仕途沉浮

永徽四年（公元653年），紧继房遗爱谋反案之后，大唐朝廷的最高决策层也发生了重大的人事变动。在此案之前，宰相班子的成员是：

太尉、同中书门下三品长孙无忌；

开府仪同三司、同中书门下三品李勣（因避太宗讳，去掉“世”字）；

中书令柳奭；

侍中高季辅、宇文节；

左仆射于志宁；

右仆射张行成；

吏部尚书、同中书门下三品褚遂良；

黄门侍郎、同中书门下三品韩瑗；

中书侍郎、同中书门下三品来济。

而截至永徽四年十二月，其人员构成和相应职位已经变成：

太尉、同中书门下三品长孙无忌；

司空、同中书门下三品李勣；

中书令柳奭；

侍中崔敦礼；

左仆射于志宁；

右仆射、吏部尚书、同中书门下三品褚遂良；

黄门侍郎、同中书门下三品韩瑗；

中书侍郎、同中书门下三品来济。

从这两张名单的变化上，我们可以发现长孙无忌的权势已经达至巅峰，基本上完全掌控了朝政。因为在前一张名单中，九个宰相中起码还有四个（李勣、高季辅、宇文节、张行成）不是他的亲信；可在第二张名单中，形势已经发生了巨大变化，除了李勣之外，其他六个宰相都是唯长孙无忌马首是瞻的人。

变化具体表现在三个方面：

首先，在新名单上，高季辅、宇文节、张行成这三个人消失了。其中，宇文节因房遗爱案被流放，张行成于这一年九月病逝，高季辅十二月病逝。在此，上天似乎也在刻意成全长孙无忌，凡是他看不顺眼的人，要么被迫出局，要么自己病死，真是令他满心欢畅。

其次，有一个新人赫然出现在了新名单上，他就是崔敦礼。我们都还记得，此人曾代表长孙无忌出面，强硬地拒绝了高宗赦免二王的请求。鉴于他有如此“优异”的表现，其光荣升迁也就是顺理成章之事了。

最后，在整个宰相团的人事变动中，基本上所有变化都是由长孙无忌的意志所决定的，可还是有一个小小的变化，显然并不符合长孙无忌的利益。那就是李勣的职位变动——从原本的开府仪同三司，擢升为三公之一的司空。

促成这一变化的人当然就是高宗李治。这点小小的变化虽然看上去毫不起眼，但是对高宗李治而言实属意义重大。

要看清这层意义，还得从李勣在贞观末年的仕途沉浮说起。

众所周知，早在高宗李治还是晋王的时候，李勣就是他的旧部。当时李治遥领并州大都督，李勣任都督府长史，由于李治并不到任，所以实际政务都是由李勣负责，可见李勣与李治的关系本来就非同一般。

就是因为这层关系，所以在贞观十七年的夺嫡之争中，李勣才会成为力挺李治的三大干将之一。也是因为这层关系，所以李治被册立为太子后，太宗李世民就马上任命李勣为太子詹事兼左卫率，并且对他说：

"我儿新登储贰，卿旧长史，今以宫事相委，故有此授。虽屈阶资，可勿怪也。"其对李勣的信任之情溢于言表。不久以后，在一次宴会上，太宗又以一种郑重其事的口吻告诉李勣："朕将属以幼孤，思之无越卿者。公往不遗于李密，今岂负于朕哉！"（《旧唐书·李勣传》）

这显然就是在托孤了。面对天子的信任和器重，李勣感激涕零，当场表示绝不辜负天子重托，并咬指出血，以示坚贞不渝之意。稍后李勣因醉酒睡去，太宗还脱下龙袍亲自披在李勣身上。

贞观二十三年，太宗临终之前，特意作出了一个重大的政治安排——先将李勣贬为叠州都督，然后让李治在即位之后将他擢为宰相，以示新君之恩，借此强化李勣的忠心。李治依照太宗的吩咐，在登基当月就擢升李勣为洛州（今河南洛阳市）刺史，旋即又加同中书门下三品，让他进入了宰相班子；几个月后，又正式拜李勣为尚书左仆射。

回顾李勣在贞观末年的政治际遇，我们不难发现，无论是从李勣自身的资历和能力而论，还是从太宗对他的信任和器重来看，李勣都是后贞观时代当之无愧的第二号重臣。也就是说，在永徽一朝的满朝文武中，李勣既是屈指可数的托孤重臣之一，也是唯一一个可以和长孙无忌相提并论并且相互制衡的人物。

考察太宗生前的政治安排，虽然不一定有让李勣与长孙无忌相互制衡之意，但也不能完全排除这种可能。以太宗之英明睿智，他或许也会料到，他身后的政局不可能永远是铁板一块。所以，物色一个像李勣这种绝对忠于李治，又能在一定程度上制衡长孙无忌的托孤大臣，就是他所能作的最妥善的安排。

然而，出乎太宗意料的是，他在临终之前苦心孤诣布置好的这枚棋子，却在高宗即位不久就忽然选择主动出局，自行淡出了永徽朝廷的权力核心。

永徽元年十月，也就是褚遂良抑买土地案爆发的几天前，李勣就频频向高宗提交辞呈。在李勣"固求解职"的情况下，李治不得不解除了他的左仆射之职，仍保留同中书门下三品的职务，并另行授予"开府仪同三司"的荣誉衔。

对于李勣的主动隐退，李治实在是百思不得其解，可是为了尊重他本人的意愿，李治也只好这么做。

虽然李勣还挂着一个"同中书门下三品"的宰相衔，名义上仍然可以参与朝廷的最高决策，但实际上已经成为所有宰相里面最没有发言权的一个。因为一旦没有在三省六部里担任实职，参与决策时就不可能拿出切合实际的有分量的意见，充其量也就是列席而已。另外，就那个“开府仪同三司”的头衔来说，熟悉中国历史的人都知道，这纯粹是一个虚衔，基本上是给那些过了气的功臣元勋养老用的。谁要是挂上这个头衔，谁在政治上就彻底靠边站了。而以李勣的年龄和能力而论，他实在不应该这么早就靠边站。

可问题在于，这是李勣自己的选择，并非高宗的意愿。

那么，李勣为什么会作出这样的选择呢？

答案很简单——迫于长孙无忌的压力。

永徽元年，长孙无忌的个人权势虽然还没有发展到后期那种一手遮天的地步，但是由于他的多重身份——天子舅父、开国元勋、顾命大臣、首席宰相，从而决定了他在高宗朝廷中独一无二的权威和影响力。要与长孙无忌同朝为相，你要么主动向他靠拢，要么迟早被他搞掉，二者必居其一。

这一切，李勣看得比谁都清楚。

所以他宁愿选择隐忍和退让。

但是，隐忍不等于怯懦，退让也不代表无能。

这是策略，是战术，是避敌锋芒、保存实力！

事后来看，李勣的做法无疑是高明的。假如他不是在永徽元年急流勇退，远离权力斗争的漩涡，那么很难保证他不会在随后的房遗爱谋反案中受到陷害和株连。

或许也只有到了永徽四年，当高宗李治意识到长孙无忌的权势正在极速膨胀，而自己却日渐陷入大权旁落、任人摆布的困境中时，他才会突然间明白李勣当初主动隐退的苦衷，也才能深刻领悟李勣保存实力的政治智慧。与此同时，李治当然也会回想起太宗当年给他安排这个辅弼大臣的深意。

就是在这样的情境之下，李治毅然决定让李勣复出，把他擢升为三公之一的司空，显然是希望他对长孙无忌形成制衡。诚然，司空也仍旧是个没有实际职权的荣誉衔，但是鉴于其阶位仅次于身为太尉的长孙无忌，并且李勣本人也是定策功臣和托孤重臣，所以此次任命就相当于恢复了李勣朝廷二号重臣的身份。

同时，李勣的这个职位变动也未尝不是一个政治信号，它意味着——在长孙无忌高歌猛进、节节胜利的权力扩张中，高宗李治终于借助李勣的复出，对长孙无忌实施了一次反击。

虽然此次反击是李治有生以来的第一次，而且力量极其微弱（甚至微弱到引不起长孙无忌的警觉），但是，假如李治连这一点微弱的反击都做不到的话，那么帝国的整个最高决策层就会变成清一色的长孙班底了。

因此，李勣的复出对于高宗李治而言，实在是具有生死攸关的重大意义。

有了李勣这样一个可以信任和依托的力量（尽管是整个宰相班子中唯一可以借助的力量），天子李治就可以慢慢酝酿自己的突围行动——从大权旁落、任人摆布的困境中，从长孙无忌编织的那张黑色巨网中一步一步地突围！

后来的事实证明，在天子的突围行动中，尤其是在李治准备册立武媚为皇后的关键时刻，李勣果然发挥了至关重要的作用。

在凌烟阁二十四功臣中，长孙无忌名列第一，李勣位列倒数第二。这个差别显然是巨大的，因为它并不是学校班级的座位号，而是政治交椅的座次，象征着一个从政者的资历、威望和地位。

似乎是为了弥补这个差距，同时也为了提高李勣的政治威望，高宗李治特意在永徽四年的上半年，也就是擢升李勣为司空的不久以后，命人重新绘制了李勣的画像，并且亲自提笔作序。

在画像的序赞中，李治说："朕以绮纨之岁，先朝特以委公，故知则哲之明，所寄斯重！自平台肇建……茂德旧臣，惟公而已，用旌厥美，永饰丹青！"（《李勣墓志铭》）

李治这段话显然是一个非常强烈的政治信号。因为长孙无忌、褚遂良与李勣同为顾命大臣，可高宗却独独对李勣说"所寄斯重""惟公而已"，这样的表述当然是意味深长的。

对此，李勣自然也是心领神会。

那么，面对天子如此"偏心"的态度和话语，长孙无忌又作何感想呢？

很遗憾，他没有任何感想。

因为他毫无警觉。

此时此刻，长孙无忌正扬扬自得地品尝着独揽朝纲、权倾天下的美妙滋味。他不相信李治敢突围。就算他相信，他也不认为李治有能力突围！

陶醉在成功中的长孙无忌没有意识到，李治的身后不但已经出现了一个李勣，而且还出现了一个女人——一个即将在不久的将来爆发出无穷能量的女人。

有了这两股力量的强势加盟，高宗李治就注定要突破长孙无忌精心构筑的政治包围圈。

天子的政治突围

永徽五年（公元654年），天子李治的突围行动逐渐展开。

这一年发生了几件事情，乍一看似乎无关大局，可事实上都具有一个共同特征，那就是——李治正在尝试着独立行使天子职权。

这一年六月，中书令柳奭意识到王皇后已经彻底丧失了天子恩宠，迟早会被废掉，所以“内不自安”，主动提出辞去宰相职务。高宗二话不说，当即把他降职为吏部尚书。就在两年前，柳奭才刚刚与长孙无忌等一帮宰相联手，迫使天子将陈王李忠立为太子，企图借此巩固权位、长保富贵，而今却灰溜溜地主动离开相位，这对于天子李治而言，不能不说是一个鼓舞人心的胜利。

紧接着在这一年九月，高宗李治召集朝廷五品以上官员进行了一次训话，他说：“朕从前陪侍在先帝左右，发现五品以上官员都忠直敢言，要么当廷评论朝政，要么过后呈上密奏，可谓终日不绝；可如今却一片沉默，难道天下已经太平无事了吗？诸位为何都不说话？”

从高宗即位以来，如此严肃地批评五品以上高官，似乎还是大姑娘上轿头一遭。大臣们都分明感受到了天子强烈的不满情绪，而且他们也知道天子所言确是实情。与进谏成风的贞观政治比起来，永徽朝廷实在是太不正常了，简直可以说是万马齐喑。

可大臣们是有苦衷的。在贞观时代直言朝政得失，通常都能得到太宗皇帝的嘉奖；可在如今的永徽朝廷上，谁要敢议论朝政，谁就等于是对首席宰相长孙无忌指手画脚，也就等于是在与他为敌！试问，谁愿意当这根出头的椽子呢？

况且房遗爱案刚刚过去，与长孙无忌为敌的下场赫然摆在所有人面前。因此，在这场杀一儆百的政治清洗之后，就算满朝文武不会全都去抱长孙无忌的大腿，至少也没人胆敢和他公然作对。

所以，面对天子李治的批评和不满，所有大臣都保持沉默，朝堂上仍旧是鸦雀无声。

李治感觉自己使出了浑身力气，却一拳打在了棉花上。不，是一拳打在了虚空中，连声回响都没有！

高宗大为失望。

可让他感到欣慰的是，一个月后，终于有人勇敢地发出了声音。

这个人叫薛景宣，时任雍州参军，是一个区区的七品小吏。大臣们都不出声，只好轮到小吏来发言了。

这个小吏都说了些什么？

他呈上了一道封事，也就是密封的奏疏，在奏疏中对朝廷刚刚竣工的一项工程进行了尖锐的指责。当时，朝廷动用了雍州（京畿地区）的四万一千名民工，历时三十天修建了长安的外郭城，薛景宣可能是觉得天子在滥用民力，于是在奏疏中说："从前，西汉的惠帝修筑长安城，没多久就晏驾了；现在也来搞这一套，必定没什么好下场。"

李治看到这道密奏的时候，顿时哭笑不得。

这哪是什么进谏，这分明是诅咒嘛！

不过，在满朝文武人人三缄其口的情况下，这个七品小吏的诅咒在李治听来却十分悦耳，毕竟天子的要求总算有人正式回应了。不管薛景宣多么人微言轻，也不管他说得有没有道理，至少敢说话就是好同志。

可是，就在李治大感欣慰的时候，宰相于志宁等人却跳出来替天子打抱不平。他们异口同声地说："薛景宣出言不逊，应该诛杀！"

李治看着宰相们义愤填膺的表情，淡淡地说了一句："景宣虽狂妄，若因上封事得罪，恐绝言路。"（《资治通鉴》卷一九九）当即宣布赦免薛景宣出言不逊之罪。

谁都知道，杀薛景宣是长孙无忌的主意。他不仅要钳制文武百官的言论，而且还想堵住下级官员的嘴，让朝野上下都不敢发出和他不一样的声音，让天下人都不敢越过他与天子李治直接对话。

可这一次，李治毅然反抗了长孙无忌的意志。

通过永徽五年发生的这几件事，李治的信心和勇气正在逐步增强，他的姿态也正在变得强硬。接下来，只需要一个适当的时机和突破口，李治就能够拨开阴霾，重见天日！

时机很快就来了。

这就是发生在永徽六年的皇后废立事件。

永徽六年（公元655年）是一个极不寻常的年份。

这一年，长安的后宫掀起了一场可怕的风暴，这场风暴不仅令高宗的后宫发生了翻天覆地的变化，而且对帝国政坛也造成了强烈的冲击，导致长孙无忌强力构建的单边政治格局开始瓦解，使得永徽朝廷首次出现了君权与相权势均力敌的博弈局面。

继“女婴猝死案”，武昭仪又对王皇后发动了一次致命的打击——控告王皇后和她母亲柳氏在暗中施行巫术。

事后来看，风暴就是从这个时候开始刮起来的。

武昭仪所控告的这种巫术称为“厌胜”，方法是因厌憎某人而制作其形象——或泥塑木雕，或画在纸上——然后刺心钉眼，系手缚足，以此诅咒对方早日死于非命。

这是一种很歹毒的巫术，论罪也相当严重。按照《唐律》，敢玩这种“厌胜”之术的人可以按谋杀罪减二等论处，倘若诅咒的对象是至亲长辈，则不可减罪，依律当斩。

没有人知道武昭仪的控告是否属实，总之天子未经调查就迫不及待地颁下了诏书，将皇后的母亲柳氏驱逐出宫，并严禁她再踏进皇宫一步。次月，天子又将皇后的母舅吏部尚书柳奭逐出朝廷，贬为遂州（今四川遂宁市）刺史。柳奭刚刚走到扶风（今陕西扶风县），天子又暗中授意地方官员指控他“漏泄禁中语”，于是再度把他贬到更为偏远的荣州（今四川荣县）。

至此，王皇后彻底陷入了势单力孤的境地。紧接着，天子李治为了让武昭仪能够向皇后之位再靠近一步，又挖空心思地发明了一个宸妃的名号，准备以此册封武媚。

此举立刻遭到宰相们的强烈抵制。唐依隋制，后宫的一品妃历来只有贵、淑、德、贤四名，如今为了一个武昭仪而特设一个宸妃之号，显然不合旧制，无据可依。侍中韩瑗与中书令来济以此为由，在朝会上与天子面折廷争，坚持认为“妃嫔有数，今别立号，不可”（《新唐书·则天武皇后传》），硬是把皇帝的旨意生生顶了回去。

谁都知道，韩瑗与来济之所以敢和天子针尖对麦芒地大干一场，无非是因为他们背后站着长孙无忌；而看上去已经彻底变成孤家寡人的王皇后，之所以还能牢牢占据皇后的宝座，也是因为她背后站着长孙无忌！

此时此刻，高宗李治强烈地意识到，如果不能利用这场后宫之战向长孙无忌的超级权威发出挑战，夺回本该属于自己的权力和尊严，那他就只能永远充当一个有名无实的傀儡天子！

永徽六年已经是李治君临天下的第七个年头。这一年，他已经二十八岁。

对此时的李治而言，如果连给自己心爱的女人一个实至名归的身份都办不到，如果连选择谁来当皇后的权力都没有，那他还算什么皇帝？如果不能通过这件事情让长孙无忌认识到他李治在政治上已经成熟，完全具备了独立掌控朝政的能力，那么李治还要继续夹着尾巴做人做到什么时候？

所以，李治决定向长孙无忌宣战，无论如何也要把武昭仪扶上皇后之位，无论如何也要夺回他的天子权威！

至此，这场后宫之战的熊熊战火终于从内宫蔓延到了外朝。表面上看，这是王皇后与武昭仪围绕着皇后之位展开的一场废立之争，而实际上，这是天子李治与长孙无忌（及其背后的宰相团）围绕帝国的最高权力进行的一场政治博弈。

永徽年间这场旷日持久、愈演愈烈的后宫之战进行到这里，其性质已经悄然蜕变，从女人们的战争演变成了男人们的战争；而且战争的规模也已经扩大升级，其后果不仅将决定这几个女人后半生的命运，并且将决定整个帝国未来的政治走向。

向长孙集团宣战

高宗李治准备向长孙无忌宣战，决心固然是很大，可当下的政治现实又不免让他有些心虚。因为满朝文武当中，除了一个司空李勣，几乎没有一个是他的亲信；反观长孙无忌，不但牢牢掌控着整个宰相团，而且通过房遗爱案大肆清除异己、杀戮立威，使得文武百官人人俯首帖耳、个个噤若寒蝉。

在双方实力如此悬殊的情况下，高宗又如何打赢这场仗呢？

这不仅是天子李治的忧虑，同时也是昭仪武媚的忧虑。

他们不约而同地意识到，要战胜长孙无忌，唯一的办法只能是——尽快在朝中打造一支自己的政治势力。

有需求就有供给。

这个简单的经济学规律不仅适用于经济领域，也同样适用于政治领域。

就在高宗李治因势单力薄而万分焦虑的时候，朝中已经有一批素怀野心的政客，敏锐地觉察出了天子的需求。他们是：中书舍人李义府、卫尉卿许敬宗、御史大夫崔义玄、中书舍人王德俭、大理丞袁公瑜等。

李义府，出身于寒门庶族，据说长相俊美，能写一手漂亮诗文。他于贞观中期登第入仕，不久就因刘洎、马周的推荐出任监察御史。也许是因为人和文章都太漂亮了，所以当时有人风传他和刘洎、马周搞同性恋，说他以“容貌为刘洎、马周所幸，由此得进”（《旧唐书·李义府传》）。

由于李义府才华横溢，而且外表温良谦恭，和人说话的时候必和颜悦色、面带微笑，所以很多人被他的外表所迷惑，以为他是一个厚道人。直到许多年后他当权得势，整起人来心狠手辣、毫不留情，人们才知道他是一个多么可怕的人物，因此给了他四个字的评语——“笑中有刀”，还赠给他一个外号——“李猫”。

这就是成语“笑里藏刀”的出处。李义府的这个性格特征跟后来玄宗时代的权相李林甫颇为神似。李林甫也是因为表面上总是笑语温存，可背地里却拼命给人捅刀子，所以人们给他的赠语是“口蜜腹剑”。李义府和李林甫，这一前一后的两个唐朝宰相，不仅名字的读音类似，所处的时代相近、职位相同、为人处世的性格类似，而且连他们给后世贡献的两个成语都如出一辙，以致经常被人张冠李戴、弄错出处，说起来也是一个有趣的现象。

贞观年间，刚刚出道的李义府由于担心家世贫寒，难以飞黄腾达，所以曾赋诗一首，自抒心志。此诗名为《咏乌》："日里扬朝彩，琴中伴夜啼。上林如许树，不借一枝栖？"

太宗李世民听说后，当即表态："吾将全树借汝，岂惟一枝！"（《隋唐嘉话》）

李义府受宠若惊，从此牢记太宗勉励，相信自己总有一天会攀上帝国政坛的最高枝，在上面纵览"全树"风光，俯瞰芸芸众生。

晋王李治被册立为太子后，李义府得到重用，进入东宫担任了太子舍人，加崇贤馆直学士，与当时同侍太子左右的来济"俱以文翰见知，时称来李"（《旧唐书·李义府传》）。

可李义府没有料到造化会如此弄人。李治当上皇帝后，他只是从太子舍人变成了中书舍人，并没有得到预想中的大步升迁。几年后，当初和李义府齐名的来济因为攀上长孙无忌这根高枝，很快就青云直上，位登宰辅，可李义府却一直原地踏步，始终在中书舍人这根老枝上不咸不淡地晃悠。

更让李义府感到悲哀的是，到了永徽六年，不知道他哪里得罪了长孙无忌，朝廷忽然下了一纸敕令，要把他贬到偏僻荒凉的壁州（今四川通江县）去当司马。太宗当年的勉励言犹在耳，可对如今的李义府来讲不啻于莫大的讽刺。连这赖以栖身的唯一一根枝丫都快断了，还奢谈什么"全树"呢？

李义府由于职务的便利，在贬谪令下达门下省之前便已获悉，于是惶惶不可终日，连忙问计于同僚王德俭。

王德俭是许敬宗的外甥，为人工于心计，且因脖子上长了一个肉瘤，因此被人称为"智囊"。智囊看着李义府一脸惶悚的表情，不禁拈须微笑，半晌才说："皇上想立武昭仪为皇后，可一直犹豫不决，原因就是一帮宰相从中阻挠。李君若能襄助皇上和武昭仪达成这个心愿，必定可以转祸为福。"

李义府闻言，当即茅塞顿开，转忧为喜。当天，李义府顶替王德俭在中书省值夜班，然后向高宗呈上了一道奏章，请高宗废黜王皇后，改立武昭仪，以满足朝野上下的共同愿望云云。高宗阅后，顿时喜出望外，连夜召见李义府，和他进行了一番密谈，随后赏赐珍珠一斗，并让他留任原职。

武昭仪听说朝臣中终于有人站出来帮她说话了，更是喜上眉梢，随即暗中派人前去和李义府接触，自然又是一番优厚的赏赐，不久又让高宗把李义府破格提拔为中书侍郎。

在中书舍人的位置上呆了整整六年，李义府终于时来运转，迎来了仕途的春天。

在接下来的日子里，李义府、许敬宗、崔义玄、王德俭、袁公瑜等人迅速团结在了天子和武昭仪周围，一个个摩拳擦掌、斗志昂扬，随时准备与长孙无忌及其宰相团一决雌雄。许多年后，大周女皇武曌仍然念念不忘这批人当年的"翊赞之功"，特地下诏追赠了官爵，并给他们的儿子们一一赏赐了封邑。

眼见天子用最短的时间就纠集了一帮政治打手，并且摆出一副决一死战的架势，长孙无忌、褚遂良等人意识到事态严重，连忙召集他们的人，秘密举行了一个碰头会，谈论当前的政治形势。在会上，长安令裴行俭一脸义愤，声称如果让武昭仪当上皇后，"国家之祸必由此始！"（《资治通鉴》卷一九九）

就是这句忧患之言，为裴行俭惹来了祸端。

因为他们的一举一动早已在武昭仪的掌控之中。

秘密会议刚一开完，一直在暗中侦察的大理丞袁公瑜就把会议详情一五一十地通报给了武昭仪的母亲杨氏。

武媚听到这个消息后，嘴角掠过了一抹冷笑。

几天后，裴行俭就被贬出了朝廷，并且一下就被踢到了帝国最辽远的西北边陲，担任西州（今新疆吐鲁番市东）都督府长史。

这一贬谪形同流放。如果换成一个意志不坚的人，也许只能在条件艰苦的大漠西域抑郁而终了，可裴行俭不是一般人，他非但没有怨天尤人，反而以巨大的热情和勇气投入了经略西域的事业中。此后十年间，裴行俭在西域边陲多有建树，终于在麟德二年（公元665年）被朝廷任命为安西大都护。在此任内，裴行俭统驭有方，政声卓著，使得"西域诸国多慕义归降"（《旧唐书·裴行俭传》）。

在多年的军旅生涯中，裴行俭先后提拔并重用了程务挺、王方翼、黑齿常之、郭待封、李多祚等一大批军事人才，这些人后来都成为英勇善战、独当一面的将领。此外，在裴行俭的培养下成长起来的刺史、将军还有数十人之多。而裴行俭本人，也当之无愧地成为初唐历史上最杰出的军事家和政治家之一。

裴行俭的被贬是一个强烈的政治信号，意味着高宗和武昭仪已经向长孙集团发出了挑战。而就在贬谪裴行俭的几天后，也就是这一年的九月初一，高宗又忽然把许敬宗擢升为礼部尚书。众所周知，礼部主管朝廷的册封事宜，高宗让许敬宗担任礼部的一把手，其用意不言自明，就是冲着皇后废立去的，同时也等于是在向长孙集团示威。

说起来，这个许敬宗也是一个老资格的政客了。早在隋朝末年，他就与魏徵同在李密帐下任职；归唐后，许敬宗又以文才见重于李世民，成为朝野倾慕的秦王府十八学士之一，在当时可谓是风光十足。可到了贞观年间，许敬宗却一直官运不畅——早年的同僚们都已纷纷拜相，甚至连许多年轻后进也已经身居高位，可他却几起几落、屡遭贬谪，始终进不了帝国的权力中枢。这始终是早年得志的许敬宗最大的一块心病。

高宗即位之初，许敬宗以东宫旧臣身份，一度升任礼部尚书，眼看距离宰相之位已经不远，可他时运不济，不久又因事被贬，外放为郑州刺史，到了永徽三年才又回朝担任卫尉卿。

而复拜礼部尚书的这一年，许敬宗已是一个六十四岁的花甲老人。

此时此刻，他那双浑浊的老眼依然死死盯着宰相之位。

许敬宗知道，自己实在是没有时间再蹉跎了。所以，他现在最迫切想做的一件事，就是豁出这条老命和长孙无忌死磕，然后不惜一切代价拥立武昭仪为皇后。

只有这样，他才能实现拜相的梦想，抵达仕途的巅峰！

越演越烈的政君臣博弈

永徽六年九月的一天，高宗李治在散朝之后，忽然点了几个宰相的名字，让他们到内殿，说有要事相商。

被点到名字的人是：长孙无忌、李勣、于志宁、褚遂良。

而其他三个宰相韩瑗、来济、崔敦礼则不在被召之列。

对于天子召见的目的，四个宰相都心知肚明——皇上要摊牌了。

进内殿面圣之前，他们在政事堂小聚了片刻，准备商量一个对策。

面对即将到来的这个重大事件，四个宰相表情各异。

长孙无忌眉头紧锁，始终一言不发。

李勣则是一会儿闭目养神，一会儿抬头望天。

于志宁表情暧昧，目光闪烁。

只剩下一个褚遂良带着忧愤不安的表情看看这个，又看看那个，最后终于无奈地意识到——和天子死磕的光荣使命，已经责无旁贷地落到自己的肩上了！

他知道，在即将与天子展开的这场对决中，长孙无忌是己方的大佬、是主帅、是最后一张王牌，不到万不得已是不能上场的；而李勣呢，看他一副事不关己，高高挂起的样子，无疑是和天子一个鼻孔出气的；至于这个老滑头于志宁，从头到尾都在躲避他的目光，八成也是指望不上了。

褚遂良最后用一种慷慨赴义的口吻打破了沉默："皇上今日之召，大半是为了皇后废立之事，皇上既然心意已决，触逆龙鳞只有死路一条。太尉是天子舅父，司空是开国功臣，所以你们不宜进谏，不能让皇上有杀元舅和功臣之名。只有遂良起于草茅，对帝国并无汗马功劳，而今又忝居宰辅之位、身受顾命之责，若今日不以死相争，有何面目去见先帝！"

褚遂良这番话说得大义凛然，表面上好像是要同时保护长孙无忌和李勣，怕他们被皇帝怪罪，其实他保护长孙是真的，保护李勣则纯属扯淡！说白了，他无非是想堵住李勣的嘴，希望他不要开口罢了。

这几句话说得实在漂亮，所以他话音刚落，长孙无忌就立刻投来赞赏和鼓励的一瞥。

李勣一听，心中暗笑。好你个褚遂良，居然不让我说话？行，不说就不说！李勣马上站起来，借口身体不适，要先行告辞，然后拍拍屁股就径直出宫了。

李勣是个聪明人，他知道天子这回是志在必得，长孙无忌这帮人想跟天子硬拼，最后只能是自取其咎。所以，与其跟他们撕破脸面，轻易暴露自己的立场，还不如表面上弃权，作隔岸观火之态，等到双方相持不下的关键时刻再投天子一票。

至此，四个宰相都选择了各自不同的博弈姿态——长孙无忌老谋深算，按兵不动；褚遂良摩拳擦掌，准备冲锋；李勣貌似弃权，实则保存实力；而于志宁则是立场模糊，态度暧昧。

李勣走后，长孙无忌、褚遂良、于志宁三人随即进入内殿。

看着他们姗姗来迟的身影，天子李治显得很不耐烦。他直直地盯着长孙无忌，开门见山地说："皇后无子，武昭仪有子，今欲立昭仪为后，何如？"

褚遂良趋前一步，挡住了天子直视长孙的目光，朗声答道："皇后名家，先帝为陛下所娶。先帝临崩，执陛下手谓臣曰：'朕佳儿佳妇，今以付卿。'此陛下所闻，言犹在耳。皇后未闻有过，岂可轻废？臣不敢曲从陛下，上违先帝之命！"（《资治通鉴》卷一九九）

在中国古代，男人想要把老婆休掉，必须要有圣贤规定、社会公认的七种理由，这七种理由称为"七出"或"七去"："不顺父母去，无子去，淫去，妒去，有恶疾去，多言去，窃盗去。"（《大戴礼记·本命》）也就是说，至少要具备这七条理由中的一条，才可以休妻。

高宗始终强调的废后理由，就是其中的第二条——无子。

诚然，在"不孝有三，无后为大"的古代社会，这个理由确实是很充分的。但是，"无子去"这个休妻理由在后来的实践中也有了附加条件，那就是：只有当女人过了五十岁而仍然无子，才可以被休掉。而此时的王皇后才二十几岁，谁敢说她一辈子都不能生育呢？

因此，褚遂良才会理直气壮地说"皇后未闻有过"。

可是，就算这个废后理由不成立，高宗应该也还有其他理由才对，比如此前炒得沸沸扬扬的杀婴案和厌胜案，王皇后不是都难逃干系吗？有这么好的废后理由，高宗为何只字不提呢？

唯一的解释只能是——证据不足。

也就是说，在这两起案件中，王皇后尽管都有嫌疑，却都不能坐实。换言之，高宗对这两起案件可能一直抱有疑问；或许在心里面，他并不能完全排除武昭仪陷害皇后的可能性。这样的疑虑很可能导致了他的心虚，所以他不敢公然用这两项罪名作为废后的理由。

高宗的理由被褚遂良轻而易举地推翻了，而褚遂良提出的两大理由，却又让高宗无力反驳。

一，说皇后系出名门。这确是事实，而且此言还有暗示武昭仪家世卑微的意思。

二，说皇后是太宗皇帝亲自选定的，不能轻废。这个理由当然更是冠冕堂皇。其言下之意就是——皇上您既然一向以仁孝著称，怎么能随意做出违背先帝意志的不孝之举呢？

面对褚遂良的强势反击，天子李治哑口无言。

他唯一能做的事情，就是铁青着脸拂袖而去。

当天的对决以天子的失败告终。

长孙无忌和褚遂良对视一眼，长长地松了一口气。

于志宁擦了擦额头上的冷汗，庆幸这难挨的一天总算过去了。

可是，难挨的日子并没有过去。

天子睡了一宿，仿佛把昨天的理屈和尴尬忘得一干二净，第二天又把几个宰相叫到了内殿，还是那两个字——废后。

很显然，天子开始耍赖皮了。

他要跟长孙和褚遂良打疲劳战——反正我就是要废王立武，你们今天不答应，我明天再提，你们明天不答应，我后天再提，跟你们耗到底，看谁耗得过谁！

这一天，褚遂良照例打前锋。可是面对天子的死缠烂打，褚遂良明显有些沉不住气了，他用一种面红耳赤的激愤神情对高宗说："陛下一定要改立皇后，也请选择天下的名门望族，何必一定要娶武氏？武氏曾经侍奉先帝，这是人所共知的事实。天下万民的耳目，又岂能轻易蒙蔽？千秋万代之后，世人将如何评价陛下？愿陛下三思！臣今日忤逆陛下，罪当万死！"

褚遂良慷慨陈词之后，似乎被自己的一腔忠义感动了，忽然退到殿前，放下手中的朝笏，解开头巾，然后一边用头撞击台阶，一边颤声高喊："臣把朝笏还给陛下，乞求陛下让臣告老还乡！"

殷红的鲜血顺着褚遂良的额头汩汩而下。

那一刻，长孙无忌懵了。

形势的发展完全出乎他的意料，而且一下子脱离了他的掌控。

很显然，褚遂良的表现过火了。

当众揭穿天子的隐私，这是在太岁头上动土；又以辞职相要挟，更是恶化了本已剑拔弩张的事态。褚遂良这么做，不仅把他自己推上了万丈悬崖，而且把天子和长孙无忌全都逼到了绝地死角，让每个人都没有了转圜的余地。

完了，长孙无忌在心里发出一声悲凉的长叹，褚遂良这回彻底完了。没想到这么聪明的一个人，也有这么糊涂的时候！

站在一旁的于志宁看着这令人震惊的一幕，顿时脸色煞白，细密的汗珠布满了他的额头和鼻尖。

而此时此刻，坐在御榻上的天子更是青筋暴起、怒目圆睁。

他涨红着脸似乎要说什么，可又一句话都说不出来。

褚遂良的话不仅让李治感到极度愤怒，而且让他无比难堪。

他万万没有料到，那层最让人羞于启齿的窗户纸，居然就这么在大庭广众之下被褚遂良捅破了！

这一刻，高宗李治感觉自己就像是在天下人面前裸奔。

“武氏经事先帝，众所共知，天下耳目，岂可蔽也?!”（《资治通鉴》卷一九九）褚遂良说的每一个字，都像是一记响亮的耳光狠狠打在了他的脸上，李治感觉自己的皮肤有一种被烧灼的刺痛感。

他恨不得现在就杀了褚遂良。

可他还是忍住了。

李治最后艰难地挥了挥手，用一种嘶哑的嗓音喝令左右把褚遂良拉出去。

“何不扑杀此獠？”

就在人们还没从这血溅丹墀的一幕中回过神来的时候，一个异常激愤的女人的声音，又猛然从珠帘后面飞了出来，像一根尖锐的金针同时刺进所有人的耳膜。

这是武昭仪的声音。

这个声音是如此突兀而又如此狠戾，以致于在场众人无不悚然一惊。就连天子的脸上都充满了错愕。君臣议事，天子却让一个女人躲在珠帘后面偷听，而且这个女人还公然发出咆哮，扬言要诛杀大臣，这实在是令人既尴尬又震惊。

现场的气氛就在这一瞬间凝固了。

于志宁脸上一颗颗豆大的汗珠，正在啪嗒啪嗒地往下掉。

最后，首席宰相长孙无忌发言了。

这个饱经沧桑的帝国大佬，用一种沉稳而淡定的表情冲着珠帘背后

瞟了一眼，说："遂良受先朝顾命，有罪不可加刑！"（《资治通鉴》卷一九九）

高宗君臣的第二次交锋，就在长孙无忌的这句话中草草收场。

一切看上去都和昨天没什么两样。

天子照例拂袖而去。

众人照例默然而退。

关于皇后废立的问题，照例是无果而终。

唯一不同的，就是内殿的台阶上赫然多出了几点血迹。

这几点血迹似乎是一个征兆，预示着在这场越演越烈的君臣博弈中，长孙集团开始要付出代价了。

那将是血的代价。

听说天子废后的态度极其强硬，而褚遂良在进谏的时候居然血染丹墀，侍中韩瑗再也坐不住了。几天后，韩瑗趁着上奏政事的间隙，突然又对废后一事进行劝谏，说到关键处，韩瑗禁不住涕泗横流。可是，就连褚遂良的鲜血都无法打动高宗了，韩瑗的泪水当然更是无济于事。李治根本听不进去，很不耐烦地把他打发了。

第二天，韩瑗又谏，再次作出一副悲不自胜的表情，李治大怒，喝令左右把他架了出去。

韩瑗碰了几次钉子，仍不死心，随后便又呈上一道奏疏，说如果天子不慎重考虑，将"为天下所笑"，"恐海内失望"，并用历史上著名的红颜祸水妲己、褒姒影射武昭仪，还说什么"使臣有以益国，菹醢之戮，臣之分也"（《资治通鉴》卷一九九）。意思是只要他的行为有益于国家，就算皇帝把他剁成肉酱，也是他分内应得的。然而李治却丝毫不为所动，看过奏疏就把它扔到了一边。

除了韩瑗，中书令来济也上疏力谏，李治照旧视而不见。

至此，七个宰相中有四个毅然决然地站在天子的对立面，而左仆射于志宁则一直噤若寒蝉，不敢表态，另一个宰相、时任中书令的崔敦礼也自始至终没有任何动静，显然也是采取了明哲保身的立场，投了弃权票。

与此同时，一直在冷眼旁观的李勣意识到——长孙集团的火力已经耗尽，再也玩不出花样了，而天子在长孙集团的强力阻击下也已是焦头烂额。

这种时候，自然就该轮到他上场了。

这就叫后发制人!

于是李勣便入宫去觐见天子。

终于看见李勣露面了，李治的脸上露出了无比欣慰的笑容。他迫不及待地对李勣说："朕想立武昭仪为后，可褚遂良却坚决反对。他既然是顾命大臣，莫非这件事只能照他的意思，就这么算了？"

李治之所以故意强调褚遂良顾命大臣的身份，无非是想提醒并暗示李勣——你也是托孤大臣，在这种情况下，只有你来发话，朕才有底气。

李勣显然听懂了皇帝的意思。他趋前一步，用一种举重若轻而又毋庸置疑的口吻对高宗说："此陛下家事，何必更问外人？"（《资治通鉴》卷一九九）

李治笑了。

要的就是这句话!

这场旷日持久胜负难分的后位之争，终于在老臣李勣这句四两拨千斤的话中一锤定音。

随后，礼部尚书许敬宗数度前往太尉府，劝长孙无忌放弃立场。这无疑是许敬宗代表天子在对长孙无忌发出最后通牒。

可许敬宗的劝说还是遭到了长孙无忌的厉声驳斥。

许敬宗碰了一鼻子灰，转而在朝中到处放话，说："田舍翁多收十斛麦，尚欲易妇；况天子欲立一后，何豫诸人事而妄生异议乎？"（《资治通鉴》卷一九九）

一个庄稼汉多收了十斛麦子，尚且打算换掉老婆；何况天子打算另立皇后，跟别人有何相干，竟然妄加非议？

许敬宗这话虽然有点粗俗，但是话糙理不糙。尤其在武昭仪听来，许敬宗的"换妻"高论简直像歌声一样动听。为了让更多人听到这句话，武昭仪当即命左右亲信到处传播，一意要让它成为朝野上下众口一词的舆论。

九月的一个清晨，霜露浓重，一驾马车从长安的明德门辚辚而出，孤单地行驶在铺满落叶的官道上。

马车的方向是东南，目的地是千里之外的潭州（今湖南长沙市）。

车中的人双目微闭，神情疲惫，脸色就像道路两旁随风飘舞的落叶一样，显得枯黄而了无生气。

他就是褚遂良。

他现在的职务已经不再是朝廷的右仆射了，而是潭州都督。

深秋的阳光透过半掀的车帘照射进来，斑驳陆离地打在他的额头上。随着马车的晃动，他额前那道新添的疤痕看上去就像一条正在困境中挣扎的褐色蜈蚣。

新皇后：武则天

永徽六年十月十三日，唐高宗李治颁布了一道废黜王皇后和萧淑妃的诏书："王皇后、萧淑妃谋行鸩毒，废为庶人，母及兄弟，并除名，流岭南。"（《资治通鉴》卷二百）

至此，这场旷日持久、震动中外（宫中和外廷）的后宫之战，终于以王、萧的全面失败而落下帷幕。

说王、萧二人"谋行鸩毒"，这实在是有些"欲加之罪，何患无辞"的味道。然而，形势发展到这一步，已经没有人去关心天子所言是否属实了，更没有人敢替这两个被天子抛弃的女人说话。满朝文武如今关心的只是——如何在急剧变化的形势中，迅速作出对自己有利的选择。

十月十九日，大唐帝国的文武百官联名上疏，请求让武昭仪正位中宫。

同日，高宗李治颁布了一道诏书，宣布册立武昭仪为皇后。

在这道历史上著名的《立武昭仪为皇后诏》中，李治冠冕堂皇地向天下人隆重推出了他的新皇后武媚，诏书称：

> 武氏门著勋庸，地华缨黻。往以才行，选入后庭，誉重椒闱，德光兰掖。朕昔在储贰，特荷先慈，常得待从，弗离朝夕。宫壸之内，恒自饬躬；嫔嫱之间，未尝迕目。圣情鉴悉，每垂赏叹，遂以武氏赐朕，事同政君。可立为皇后。（《全唐文》卷十一）

这道诏书的大意是：武氏门第煊赫，功勋彪炳，出身高贵。过去因才德出众被选入宫中，美誉之声溢满宫闱，德行之光照耀掖庭。朕昔日为储君时，蒙受先帝慈恩，常得侍奉左右，朝夕不离。在内宫之中，始终检点自己的一言一行；身处嫔妃之间，从未与人耳目交接。先帝有感于此，每每赞赏称叹，遂将武氏赐给了朕，就像汉宣帝把王政君赐给太子一样。现在，可以立她为皇后。

很显然，诏书中这些肉麻辞藻和吹捧之词都是文臣们帮天子堆砌的，纯属政治上的空话套话，不值一哂，关键是“遂以武氏赐朕，事同政君”这一句，明显是出自高宗的授意，否则没人敢这么编排。

不过很多人都知道，所谓“遂以武氏赐朕”只不过是李治对天下人撒的一个弥天大谎。他试图以此淡化武媚曾经是先帝侍妾的尴尬事实——只要把武媚说成是先帝所赐，那么她的身份就不再是李治的庶母，而是名正言顺的妻妾了，立武媚为皇后的合法性依据也就有了。

然而，这个美丽的谎言实在是编得有些牵强，它固然是把李治和武媚的关系洗白了，可同时却把太宗李世民的脸给抹黑了——很难想象天底下会有这样的皇帝和父亲，居然不惜违背礼教人伦，把自己的女人（而且是已经临幸过的）主动送给儿子当老婆！

不过太宗皇帝既然已经作古，死无对证，这件事就成了一桩无头公案，既无法证明，也无法证伪。只要高宗能把谎扯得理直气壮、扯得正气凛然、扯得脸不变色心不跳、扯得连自己都相信是真的，那又有谁敢公然指责呢？

再说了，有了褚遂良被贬的前车之鉴，百官们谁愿意步他后尘？他们当然乐得与高宗皇帝一起圆谎，一起分享成功的喜悦和胜利的果实，一起为武昭仪的苦尽甘来拊掌相庆，一起为她的正位中宫举手欢呼。

永徽六年这场后宫之战的结果，传统史家往往把它归功于（或者归罪于）武曌的个人因素。在传统的解读之下，武曌纯粹是因为施展了狐媚之术迷惑高宗，并且处心积虑陷害皇后，不遗余力拉拢朝臣，最终才得以正位中宫。而高宗李治则被普遍描述成一个毫无主见、纯粹被武曌利用的昏庸皇帝。

事实上，这未免高看了当时的武曌，也未免低估了当时的李治。

解读历史都难以避免事后诸葛亮。人们往往是因为武曌日后缔造了一个女主登基、牝鸡司晨的历史事实，并且因为李治的确对日后阴盛阳衰的政治局面负有不可推卸的责任，所以才会以此倒推，从一开始就把武曌视为一个彻头彻尾的野心家和阴谋家，也才会把李治始终看成是一个懦弱的丈夫和无能的皇帝。

可实际上，这是一种错误的目光，因为它把动态的历史静态化了，也把复杂多变的人简单化和脸谱化了。

武曌固然是一个自信、坚忍、工于心计、不甘被命运摆布的人，但是在人生的不同阶段，或者说在不同的时势和情境当中，她的生命能量必然要受到不同程度的制约，尤其是在正位中宫之前，无论她有多大的野心和阴谋，其力量和手段也终归是有限的，所以，不能认为她当时就已经把李治玩弄于股掌之中。

每个人的人生都是一个逐渐成长、逐渐成熟的过程，武曌当然也不例外。从深宫中的武才人，到感业寺里的女尼，再到二度入宫的武昭仪，她强势的人格特征是一点一滴养成的，她巨大的生命潜能也是一步一步开发的。对于当时的武曌来说，未来如同一条迷雾中的河流，谁也不知道前面是暗礁、激流，还是深不可测的漩涡，所以她只能小心翼翼地摸着石头过河，绝不可能以一种未来女皇的姿态无所顾忌地往前冲！

武曌如此，李治亦然。

永徽初年，李治是一个踌躇满志的年轻帝王，他渴望像父亲太宗那样建功立业，也渴望走出父亲的阴影，缔造属于自己的时代，然而元舅长孙无忌却把他视为永远长不大的幼主，不仅架空了李治的君权，而且以他的巨大权威牢牢束缚着李治。

长孙无忌的身份是绝无仅有的——天子舅父、开国功臣、顾命大臣、首席宰相，这些特殊身份就像一道道璀璨夺目的光环在他身上交织闪耀，令朝野上下的所有人都不敢直目而视。可想而知的是，长孙无忌身上有多少重光环，李治头上就会有多少重紧箍咒。所以，血气方刚的天子李治必然会有突围的欲望和冲动，而武曌与王皇后的后宫之战，无疑给李治压抑已久的欲望和冲动提供了一个释放的机会。

因此，在废立皇后这件事上，与其说李治是一个被炽热的爱情烧坏了头脑的男人，是一个纯粹被武媚利用和支配的昏懦之君，还不如说他是在借机消解长孙无忌的权威，并且在此过程中扶植自己的亲信，进而巩固岌岌可危的皇权。

武媚固然是利用了李治对她的爱夺取了皇后之位，可李治又何尝不是以爱情的名义，夺回了一度旁落的天子之权？

说白了，谁也不比谁傻多少。

说白了，在永徽年间这场争位夺权的大战中，李治和武媚不仅是一对被火热爱情吸引到一起的恩爱夫妻，更是一对被相同利益捆绑到一起的政治拍档！

后宫大战尘埃落定之后，满朝文武全都义无反顾地站到了高宗李治和皇后武媚一边，只剩下长孙无忌、韩瑗、来济三个宰相终日愁眉不展，忧惧难安。

似乎是为了进一步刺激他们脆弱的神经，皇后武媚又故意在天子下诏的第三天，上了一道奏疏，说："陛下前些时候打算立臣妾为宸妃，韩瑗和来济为此事与陛下面折廷争，如此行为实属难能可贵，诚可谓深情为国！臣妾乞求对他们加以褒赏。"

这道奏疏就像是一个无比辛辣的嘲讽，又不啻于打了这两个大佬一记响亮的耳光。

李治看到奏疏，忍不住乐了，赶紧拿给韩瑗和来济看。

看着这两个宰相难堪而窘迫的表情，李治的心中不禁涌起了一股报复的快意。

两个宰相实在受不了这等羞辱，过后便频频向高宗提出辞职，可李治自始至终就是两个字——不许。

现在知道引火烧身了，想抽身而退了？

没门！

当初一把鼻涕一把泪地犯颜死谏的劲头哪里去了？

早知今日，又何必当初?!

永徽六年（公元655年）十一月初一，长安城仿佛迎来了一个盛大的节日。

这一天，太极宫隆重举行了新皇后武媚的册封大典。忙碌的礼官和辛勤的宫人们从十天前就开始精心筹备这场盛典，他们不仅竭尽全力让太极宫的每个角落都变得焕然一新、流光溢彩，而且还从各地采集了数十万朵金黄色的龙爪寒菊，把这座森严肃穆的皇宫装点得妩媚多姿、富丽堂皇。当清晨的第一缕阳光蓦然照破东方天际的斑斓云霭，把温暖的光芒洒向冬日的长安，太极宫中早已是万众云集、旌旗飘扬。朝中的文武百官、外廷与内宫的诰命夫人以及在京的四夷酋长和各国使节，从天色微明的时候起就已经守候在皇宫的肃义门下，用一种毕恭毕敬的神态和望眼欲穿的目光，等待着朝见大唐帝国的新皇后武媚。

此刻，皇后的銮驾和仪仗正浩浩荡荡地从内殿走向肃义门。伫立在道路两侧的后宫嫔妃们，纷纷带着一半欣羡一半嫉妒的表情向新皇后行注目礼。她们看见华盖下的皇后武媚头戴凤冠、身着霞帔，脸上始终荡漾着一个雍容而华美的微笑。

当盛妆华服的皇后武媚终于出现在肃义门巍峨雄伟的城楼上时，整座太极宫霎时钟鼓齐鸣，等待已久的人们怀着无限神往的心情纷纷把目光投向城楼。那天有风从终南山的方向吹来，人们看见皇后武媚的衣袂和裙裾在风中款款拂动，宛如一只展翅欲飞的彩翼鸟。

许多初次目睹皇后仪容的官员和藩使都不约而同地在心里发出了一声惊叹。让他们感到讶异的是，这个新皇后的容貌虽然谈不上什么沉鱼落雁、羞花闭月，但是她的气质、风韵和神采却分明让人有一种超凡出尘、绝世惊艳之感，尤其是她身上自然散发出的那种摄人心魄的女性魅力，更是绝大多数妇人所没有的。

在响彻云霄的钟鼓之声中，司空李勣和左仆射于志宁代表朝廷向武媚奉上了皇后玺绶。这一刻，武媚的眼前忽然闪现出十七年前那个大雪飘飞的冬日。她看见那个十四岁的女孩被一驾马车接进了皇宫，女孩的脸上一半矜持遮掩着一半忧伤，她听见女孩说——见天子庸知非福?

这一刻，武媚耳旁又响起了感业寺的晨钟暮鼓。她看见那个青丝落尽、素面朝天的女尼独自一人从感业寺凄冷的庭院中走过，宽大的缁衣被大风鼓起，看上去就像一只孤单的飞鸟；每当夜阑人静的时候，彻夜无眠的女尼总是铺开一纸素笺，任汹涌的泪水与凄凉的笔墨一齐落下，一遍遍倾诉着绵绵不绝的爱断情伤……

这一刻，十七载的悲喜光阴恍如变幻的流云一样在武媚记忆的天空中飘浮，而永徽六年的真实阳光已经不可阻挡地刺破云层，映红了皇后武媚灿若桃花的脸庞，还有她头上那顶金光闪闪的凤冠。天子李治微笑着携起皇后的手，一起向匍匐在他们脚下的万千臣民挥舞致意，人群立刻报以潮涌般的欢呼和祝福。

想当年，十四岁的才人武媚只是一株含苞待放的青涩花蕊，被随意栽植在掖庭宫的某个角落里寂寞成长；而今天，三十二岁的皇后武媚已经以一种母仪天下的姿态伫立在肃义门上，接受万众的顶礼膜拜。

这一天的册封大典给很多人留下了难以磨灭的印象。尤其是那顶在阳光下熠熠生辉的凤冠，就像是一朵娇艳而丰满的金黄牡丹，灼灼盛开在帝国的宫阙之巅，注定会让许多大唐臣民终身难忘。

第七章
走向权力的巅峰

要么就不做，要做就做绝！

武媚正位中宫后，被废为庶人的王皇后和萧淑妃就坠入了一个万劫不复的悲惨境地。

她们被囚禁在暗无天日、蛛网盘结的冷宫别院中，与她们日夜相伴的，只有横行无阻的跳蚤、蟑螂和老鼠。宫人们起初还会听见她们凄厉的哭喊和疯狂的叫骂，可是没过多久，漆黑潮湿的别院中就逐渐没了声息。

忽然有那么一天，天子李治不由自主地想起了王皇后和萧淑妃。

都说一日夫妻百日恩，尽管李治早已对她们爱断情绝，可还是无法彻底割舍对她们的想念。

李治决定去看一看她们。

然而李治绝对不会想到，就是这次带有恋旧色彩的探访，最后居然把王、萧二人一下子推进了死亡的深渊。

那天高宗李治悄悄来到别院，看见囚禁王皇后和萧淑妃的宫室门窗紧闭，都从外面钉死了，只在墙上凿了一个小洞，用来递送食物。李治一看之下，顿时悲伤不已，禁不住高声呼喊：“皇后、淑妃，你们都还好吗？你们在哪里？”

天子的这声呼喊犹如漫漫黑暗中的一簇亮光，瞬间照亮了王皇后和萧淑妃早已绝望的内心，她们挣扎着扑到门后，声泪俱下地说："臣妾已经沦为罪人宫婢，怎敢还有尊称！"

李治闻言，也忍不住潸然泪下。王、萧二人稍停片刻，又说："陛下如果还念及过去的情分，能够让妾身等起死回生、重见天日，乞求陛下将这座别院命名为'回心院'。"

李治频频点头，说："会的，朕会马上处理的。"

然而，李治此行并没有逃过武媚的眼睛。

当李治前脚刚刚回宫，有人后脚就向皇后作了禀报。听到宫中眼线的密报时，武媚的脸色瞬间变得铁青。

回心院?

武媚在心里发出冷笑，还想起死回生、重见天日？真是痴心妄想、白日做梦!

看来，对付这两只并未真正驯服的"狮子骢"，武媚有必要施展她的驯马三招了。她已经用"铁鞭"把她们逐出了后宫，打入了黑牢；现在，她要亮出她的"铁锤"，让她们生不如死；最后，她要亮出她的"匕首"，把她们置于死地!

所以，还没等高宗李治把回心院的牌匾送到别院，皇后武媚派遣的使者就到了王皇后和萧淑妃的面前。他们严格按照皇后的吩咐，先是将王氏和萧氏捆起来各自杖打一百，接着又残忍地砍掉她们的手足，最后居然匪夷所思地把她们投进了酒瓮里。

用武媚的话说，这叫"令二妪骨醉！"（《资治通鉴》卷二百）

当武媚以天子的名义让使者前来宣读刑杖诏书时，王皇后就知道自己的末日到了。

面对终于到来的酷刑和死亡，王皇后忽然变得出奇地镇定。

连她自己都感到奇怪——当她对未来还抱有一丝希望的时候，心里反而充满了焦躁和恐惧，可如今与死神直面相对，反倒变得平静和坦然了。

王皇后神色自若地看着武媚派来的使者，说："祝愿皇上万寿无疆！祝愿武昭仪恩宠永在！死，是我分内的事。"

在生命的最后一刻，王皇后用一种视死如归的勇气撑起了最后的高贵与尊严，同时也用一种平静的嘲讽表达了对武媚彻头彻尾的蔑视——到死，我也不认为你是什么皇后!

在我眼中，你永远都是昭仪——一个永远比皇后卑微的昭仪！

跟王皇后比起来，萧淑妃在临死前就没有那么平静和超然了。她在一种歇斯底里的状态中对武媚发出了强烈的诅咒：“姓武的女人是妖精，才会作恶如此！愿我来生投生为猫，她投生为鼠，生生世世，都让我掐住她的喉咙！”

也许是萧淑妃在黑牢中与老鼠打仗已经打出了经验，所以才会随口发出这样的诅咒。可她恐怕不会想到，这个脱口而出的诅咒居然在某种程度上应验了。

据说，从萧淑妃发出诅咒的这一天起，皇后武媚就禁止宫中养猫，仿佛萧淑妃真的已投生为猫一样。更有甚者，在武媚整个漫长的后半生中，萧淑妃临死前的诅咒就像一个巨大的梦魇，始终把她紧紧缠绕。在那些可怕的梦境里，萧淑妃化身为鬼魅，披头散发，手足流血，一次次扼住了武媚的咽喉，要向她复仇索命。

据说武媚被这个梦魇搞得寝食难安，命巫师多次作法禳解都没有效果，后来只好迁居大明宫，再后来干脆逃离长安，后半生都居住在东都洛阳，几乎终身不归西京。

事实上，武媚的神经远没有民间传闻和旧史家所形容的那么脆弱。其实她后来自己就养过猫，还曾经把猫和鹦鹉关在同一个笼子里，拿到朝堂上训诫百官。而武媚和高宗后来之所以迁居大明宫，也不是因为什么萧淑妃的诅咒，而是因为地势低洼的太极宫不利于高宗养病。至于武曌登基后为什么要迁都洛阳，也涉及很多政治和经济上的原因，绝不是什么萧淑妃的鬼魂作祟那么简单。

王皇后和萧淑妃被砍去手足浸泡在酒瓮中后，没过几天就死了。她们死后，武媚仍不解恨，先是命人捞出她们的尸体，砍下她们的首级，最后又迫使李治下诏，把王皇后的姓改成蟒，把萧淑妃的姓改成枭。

干掉了王皇后和萧淑妃，武媚总算松了一口气。可她知道，要想确保皇后之位，还有一件事非做不可。

那就是——把现任太子李忠废掉，让自己的长子李弘入主东宫。

在武媚的授意下，曾经在后宫之战中替武媚充当急先锋的许敬宗再次出马。

他是礼部尚书，由他来倡议太子废立，名正而言顺。

许敬宗随即上疏，称：“永徽初年，国本（指武后之子李弘）未生，权且让彗星超越了日月。而今，皇后已经正位，嫡子理应现身，让太阳更加光明，让残余的火星早日熄灭。决不能本末倒置、衣裤倒穿。臣深知父子之间的事，外人不好插嘴，但臣已经作好准备，就算下油锅，把臣煎成肉膏，臣也心甘情愿。”

许敬宗不愧是官场老油条，总能把枯燥的政治语言表述得这么形象生动。李治见到奏疏后，立刻召见了他。许敬宗再次向天子强调，应该早日废立太子，以安国本，否则“恐非宗庙之福”。李治答道：“忠儿自己已经提出辞让了。”许敬宗赶紧说：“太子明智，请陛下早日帮他完成心愿。”

显庆元年（公元656年）正月，太子李忠被废为梁王，任梁州（今陕西汉中市）刺史，年仅四岁的李弘被立为太子。二月，皇后武媚的亡父武士彟又被追赠为司徒，赐爵周国公。日后，女皇武曌选定的国号大周，正是源于武士彟的这个爵号。

做完这些事，武媚知道自己的地位算是暂时稳固了。

接下来，她开始把目光转向外朝。

因为那里还有四匹“狮子骢”——韩瑗、来济、褚遂良、长孙无忌，等着她调教和驯服。

自从褚遂良被贬出朝廷之后，韩瑗就深感唇亡齿寒，可他没有放弃努力，还是不断上疏替褚遂良喊冤。他说：“遂良公忠体国、高风亮节，社稷之旧臣、陛下之贤佐，未闻他有何罪状，却被逐出朝廷，朝野上下无不扼腕茫然。遂良被贬已有一年，就算违逆陛下，也已受到责罚，请求陛下体察无辜，宽宥其罪，怜其赤诚，以顺人心。”

李治见疏，大不以为然，随即召见韩瑗，说：“遂良的情形，朕也知道。可他一贯性情悖戾，喜好犯上，所以才将他贬谪，你在奏疏中说的那些话，是不是有点过了！”

韩瑗仍然力争：“遂良乃社稷忠臣，遭到谗谀之徒迫害，陛下无故弃逐旧臣，恐非国家之福！”

其实形势发展到这个地步，长孙一党在朝政上已经没有什么发言权了。韩瑗的力争除了召来高宗更深的厌恶之外，不会有任何结果。

韩瑗最后死心了，再次要求致仕。

可他的要求再次遭到了高宗的否决。

因为武后不会这么轻易放他走。

武后很清楚，对于一个政治斗争中的失败者来说，“致仕”就是最好的结果，因为他还可以享受高级官员的离休待遇，还能保住名声和晚节，得一个善终。可是，武后是决不会让这些政敌得到善终的，她期待的结果是让他们身败名裂、家破人亡！

无论是对付王皇后、萧淑妃这样的内宫情敌，还是对付长孙无忌等外朝政敌，武后始终坚守这么一个信条——要么就不做，要做就做绝！

长孙无忌的悲剧：不懂得及时放手

显庆二年（公元657年）二月，武后的第三子、刚出生三个月的李显被封为周王（武后次子李贤已于永徽六年封为潞王）；稍后，萧淑妃的儿子雍王李素节被降为郇王。三月，潭州都督褚遂良再度被贬至更偏远的桂州（今广西桂林市）担任都督；几天后，中书侍郎、参知政事李义府升为中书令。

这一年春天，有心人不难发现，在这一系列人事变动的背后，都有皇后武媚的一只纤纤玉手在拨弄乾坤。

同年八月，武后意识到时机成熟，开始对长孙一党正式发难。

许敬宗、李义府这一对忠实鹰犬再次冲锋在前。他们联名上奏，称侍中韩瑗、中书令来济与被贬在外的褚遂良暗中勾结，所以故意把褚遂良从潭州调到桂州；而桂州是军事重地，可见韩、来二人是要以褚遂良为外援，“潜谋不轨”。

八月十一日，高宗下诏，将韩瑗贬为振州（今海南三亚市）刺史，来济贬为台州（今浙江临海市）刺史；同时，再度将褚遂良贬为爱州（今越南清化市）刺史，将柳奭贬为象州（今广西象州县）刺史。

至此，长孙一党被斥逐殆尽，只剩下一个光杆司令长孙无忌。

长孙无忌无比悲哀地发现，自己就像是一只被剪除了羽翼的苍鹰，再也不能翱翔于权力之巅了。

他比谁都清楚，贬谪流放的命运很快也会降临到自己身上。

可是他无能为力。

从永徽六年的那场君臣博弈中败下阵来之后，长孙无忌就意识到大势已去了。无论他和他的亲信们曾经建立了一个看上去多么坚固的权力堡垒，可它终究是一座沙堡。

因为，倘若没有君权的支持作为根基，外表再强大的相权，其实质也是脆弱的。除非这种相权具有取代君权的野心，而且确实也凌驾了君权。可长孙无忌显然没有这种野心和倾向，虽然自从高宗即位以来，他就一直表现得很强势，可他充其量只是架空了君权而已，并没有像历史上很多权臣那样完全凌驾于君权之上，或者动不动就擅行废立。

从这个意义上说，长孙无忌的权力在很大程度上是李治自觉不自觉地让渡出去的。虽说这和李治仁弱的性情有一定关系，但这种让渡在任何政权过渡期间和新君年少的情况下，都属于正常现象，并不能全然归咎于李治的弱势或长孙无忌的强势。

既然长孙无忌的权力归根结底是属于李治的，那么只要哪一天李治意识到这种权力的让渡对自己构成了威胁，而自己也具有了收回权力的能力，各方面的助力和客观条件又已成熟，他就随时有可能把权力收归己有。

因此，长孙无忌的悲剧可以说是注定的。

打一个不太恰当的比方，这就像一个自以为高明的驯兽师，把一只幼狮放在笼子里饲养，双方也建立了一定的感情。可等到狮子长大了，驯兽师却对此浑然不觉，或者故意视而不见，依然把它当成没有能力又需要保护的幼崽。这时候恰好又有一只母狮子来到了笼子边，不断鼓励笼中狮去勇敢地追求自由，这只狮子就有可能愤然而起，和母狮子联手撕破铁笼，并最终咬死这个自以为高明的驯兽师。

所以，长孙无忌的真正错误并不在于从李治手里拿走了太多权力，而是在于他没有及时把这些权力归还给李治。

他把暂时由他保管的东西，误以为是他自己的了。

人生有两条真谛，一条叫该出手时就出手，另一条叫该放手时就放手。

长孙无忌只明白前者，不明白后者，对权力过度迷恋，不懂得及时放手，最终当然要为此付出代价。

被一贬再贬的褚遂良来到迢迢万里的爱州后，预感到这个边瘴之地很可能是自己生命的终点。追忆往日荣华，褚遂良不禁悲从中来。

他遥望长安，黯然提笔写下了一生中的最后一道奏疏："从前，魏王泰与太子承乾争夺储位之际，臣不顾死亡，归心陛下。当时，岑文本、刘洎力挺魏王，臣抗旨固争，皆陛下所见。后来，臣与无忌等四人共定大策，及至先帝临终，只有臣与无忌同受遗诏。陛下突遭巨变，不胜哀恸，臣以社稷为由宽慰陛下，陛下手抱臣颈。当时，臣与无忌处理政务，毫无缺失，仅用数日时间就安定了内外局势。臣力量很小，而责任很重，动辄招致罪愆，就像一只卑微的蝼蚁，仅余残生，乞请陛下哀怜！”

褚遂良在奏疏中处处提醒天子，不要忘了他和长孙无忌的功劳。然而，在高宗李治看来，如果说他和长孙在贞观末年确有大功的话，这样的功劳也早已被他们在永徽年间的居功自傲、大权独揽彻底毁掉了。尤其是那次血染丹墀的死谏，褚遂良当面揭穿了天子隐私，让李治仿佛在众人面前裸奔了一回，这种羞辱让李治无论何时都不会忘记。

不管褚遂良自认为在奏疏中如何真情流露、如何忠言耿耿，高宗李治都不可能为其所动。

结果可想而知，奏疏呈上如同泥牛入海，一点消息都没有。

一年后，亦即显庆三年（公元658年）冬天，褚遂良终于在无尽的失落和忧愤中闭上了眼睛，终年六十三岁。

随着长孙一党的垮台，高宗和武后的亲信迅速跻身帝国的权力中枢。显庆三年十一月，年近七旬的许敬宗终于如愿以偿，继李义府之后晋升为中书令；同日，还有一个叫辛茂将的大理卿也获得晋升，兼任侍中。

显庆四年（公元659年）四月，武后终于图穷匕见，授意许敬宗对长孙无忌发动了最后的，也是最致命的一次打击。

许敬宗采取了不择手段的方式，随便找了一起案件，就把谋反的罪名一下子扣到了长孙无忌头上。

当时，许敬宗和辛茂将刚好在会审一个案子，情节很简单，就是一个叫李奉节的洛阳人指控太子洗马韦季方、监察御史李巢交结朋党。韦季方和李巢被捕后，许敬宗在审讯过程中可能动用了一些刑讯逼供的手段，韦季方不堪忍受，企图自杀，结果自杀未遂。

本来这起案件和长孙无忌是八竿子打不着的，可许敬宗却灵机一动，突然上奏说，韦季方之所以畏罪自杀，并不是因为交结朋党的事，而是另有重大的隐情。

什么隐情?

许敬宗称:“季方欲与无忌构陷忠臣近戚,使权归无忌,伺隙谋反,今事觉,故自杀。”(《资治通鉴》卷二百)意思是说,韦季方企图勾结长孙无忌,陷害朝廷忠良和皇亲国戚,使朝政大权重新回到长孙无忌手中,然后伺机发动政变;只因事情败露,韦季方才畏罪自杀。

案情发展到这里,当然已经远远超出了朋党案的范畴,变成了性质严重的谋反案。

而涉嫌谋反的主犯就是当朝太尉、天子舅父长孙无忌。

很显然,许敬宗对长孙无忌的控告并没有任何真凭实据,基本上就是空口白牙的诬陷之词。但是,有了永徽三年的房遗爱案,如今这起案件就丝毫不让人觉得奇怪了。许敬宗的手法,与长孙无忌当年一手炮制的房遗爱案如出一辙。

也就是说,许敬宗是在照着葫芦画瓢,以其人之道还治其人之身!

听到长孙无忌涉嫌谋反的消息时,高宗李治作出大惊失色的表情,说:“怎么会有这种事?舅父遭到小人离间,小小的猜忌可能会有,何至于谋反呢?”

许敬宗答道:“臣推究案情始末,长孙无忌反状已露,陛下却犹然怀疑,这恐怕不是社稷之福。”

李治黯然落泪,说:“我家不幸,亲戚间屡有异志,往年高阳公主与房遗爱谋反,今天元舅还是这样,让朕无颜面对天下之人。此事若属实,该如何处置?”

许敬宗说:“房遗爱乳臭小儿,与一女子谋反,能有什么作为!可长孙无忌就不同了,他追随先帝谋取天下,天下服其智;担任宰相三十年,天下畏其威。他一旦发动,陛下派谁抵挡?如今幸赖宗庙有灵、皇天嫉恶,从一件小事引出一个大奸,实乃天下之庆。臣现在担心的是,长孙无忌知道韦季方自杀未遂,情急之下发动政变,攘臂一呼,同恶云集,必为宗庙之忧。愿陛下速作定夺!”

李治半晌无语,最后让许敬宗再深入调查,以期掌握确凿证据。

许敬宗不负天子所望,连夜突审韦季方,第二天一早就向李治作了禀报。他说:“韦季方昨夜已经对他的罪行供认不讳,承认和长孙无忌一同谋反。臣又问韦季方,无忌是国之至亲,累朝受宠蒙恩,有何仇恨非反不可?韦季方供称,韩瑗私下曾经对长孙无忌说:‘当初柳奭、褚遂良曾劝您一起拥立梁王为太子，如今太子被废，皇上必然对您也起了猜忌之心，太常卿高履行（长孙舅父高士廉之子，显庆元年十二月被贬为益州长史）的遭遇就是最好的证明。’长孙无忌听韩瑗这么说，不免忧愁恐惧，于是极力谋求自安之计。后来他看见长孙祥（长孙无忌的族侄，由工部尚书任上出为荆州长史）又被贬谪，韩瑗等人也接连获罪，便日夜与韦季方一起密谋，准备反叛。”

说完这些，许敬宗最后作出了总结陈辞：“臣依照韦季方的口供深入调查，发现均与事实吻合，请陛下准予收捕，再依法处置。”

李治的眼泪再次夺眶而出，他哽咽着说：“舅父如果真的这样，朕也决不忍心杀他；如果杀了他，天下将把朕当成什么人？后世将把朕当成什么人？”

许敬宗不假思索地说：“薄昭，是汉文帝的舅父，文帝以代王的身份入继大统时，薄昭也立下大功。他后来只不过犯了杀人之罪，文帝就命文武百官身穿丧服，前往哭悼，然后诛杀，至今天下仍把汉文帝视为一代明君。如今，长孙无忌忘却两朝大恩，密谋推翻社稷，其罪与薄昭更是不可同日而语。所幸阴谋自动败露，叛徒供认不讳，陛下还有什么疑虑，竟不能从速决定！古人有言：‘当断不断，反受其乱。’安危之机，间不容发。长孙无忌是当今奸雄，乃王莽、司马懿之流，陛下若稍许延迟，臣担心变生肘腋，必将悔之不及！”

许敬宗不愧是秦王府十八学士出身，不但口才一流，而且对历史了如指掌，相应史实信手拈来，而且恰如其分。所以，这番话听上去真的是有理有据、无懈可击。

于是，李治顺理成章地收起了眼泪，同意将长孙无忌逮捕治罪。

在这两天的对话中，高宗李治流了好几次眼泪，看上去还是一副“宽仁孝友”的厚道模样，可事实上，这不过是李治刻意表演的一场悲情秀。

在这场悲情秀中，李治和许敬宗君臣二人配合得实在是天衣无缝：李治从头到尾都表现得惨惨戚戚、万般无奈，目的无非是想在天下人面前保持他的仁君形象，逃避“诛杀元舅”的历史骂名；而许敬宗则始终表现得坚定果决，不管天子提出什么疑虑、抛出什么问题，他总能快速应对、圆满解决，从而既维护高宗李治的道德形象，又帮助他达成不便明说的政治目的。

乍一看，这起长孙无忌谋反案好像是许敬宗一手制造的，可实际上他不过是个具体的执行人而已。真正的主导者，其实就是这个看上去一脸无辜的唐高宗李治。

长孙无忌与韦季方朋党案原本是毫无瓜葛的，可就是在高宗李治的逐步暗示和引导之下，就是在这对君臣的一问一答之间，长孙无忌的谋反罪名才被一条一条地罗织起来，从一开始的子虚乌有变成了最后的铁证如山。

在君臣的对话中，有一个关键细节是不能忽视的，那就是——真正能够将长孙无忌定罪的所谓证据，其实是第二天才编造出来的。

本来第一天许敬宗就迫不及待地要将长孙定罪了，可李治却“命敬宗更加审察”（《资治通鉴》卷二百）。李治下这个命令，与其说是为了证实长孙无忌的清白，不如说是在千方百计地坐实他的罪名。也就是说，李治其实是在暗示许敬宗，要想对长孙无忌这个拥有特殊身份的人治罪，需要拿出更多具有说服力的“证据”。许敬宗心领神会，果然连夜鼓捣出了一堆铁证，让长孙无忌跳进黄河也洗不清。

假如说李治确实希望舅父是清白的，那么就算许敬宗搞来了证据，李治也应该慎重地进行核实，亲自了解一下整个案件的来龙去脉。最起码在定罪之前，或者说在把长孙无忌贬出长安之前，他至少要和舅父见上最后一面。

可是，李治有吗？

没有。

他甚至连舅父的最后一面也不想见。

《旧唐书·长孙无忌传》称：“帝竟不问无忌谋反所由，惟听敬宗诬构之说。”《资治通鉴》也称：“上……竟不引问无忌。”

两种史料在这里都用了同一个表示惊诧的“竟”字，足见李治此举实在出人意料，也足以反证他此前的悲情流露、于心不忍和万般无奈，统统是在作秀！

显庆四年（公元659年）四月二十二日，高宗李治下诏削除了长孙无忌的职务、爵位和封邑，将他贬为扬州都督，但并不让他到任，而是遣送到黔州（今重庆彭水县）安置，同时“准一品供给”，也就是仍可享受相当于一品官员的生活待遇。

两朝元老、一代权相的辉煌仕途就这样彻底终结了。

离开长安的那一天，长孙无忌看见初夏的阳光把这座繁华的帝都照得一片明亮，宽阔的朱雀大街依然是一派车来人往的热闹景象，可他却要被迫离开生活了四十年的这座城市，带着孤独和屈辱，带着忧惧和彷徨，独自踏上这条山长水远的流放之路。

“无忌富贵，何与越公？”

当年的富贵骄态犹在目前，然而一切已经恍如隔世。

分享帝国的最高权力

长孙无忌一倒，长孙集团的灭顶之灾就真正降临了。

在武后的授意和高宗的支持下，许敬宗开始乘胜追击，一方面大肆株连，扩大打击面，一方面又穷追猛打，一意要把长孙一党的核心成员赶尽杀绝。

长孙无忌刚刚被逐出长安，许敬宗就上奏说：“长孙无忌之所以谋反，都是因为褚遂良、柳奭、韩瑗等人在背后煽动蛊惑；柳奭还暗中勾结中宫（王皇后），谋行鸩毒；另外，于志宁也一直是长孙无忌的死党。”

奏疏一上，高宗的追贬诏书立刻就下来了。已经病逝的褚遂良被追夺了官职和爵位，柳奭、韩瑗被开除官籍，于志宁被免职；长孙无忌的儿子、时任秘书监的驸马都尉长孙冲（娶太宗之女长乐公主）等人也均被开除官籍，流放岭南；褚遂良的儿子褚彦甫、褚彦冲流放爱州（他们行至中途便被朝廷派出的人诛杀）；益州长史高履行再贬为洪州（今江西南昌市）都督。

五月，长孙无忌的族弟长孙诠被流放嶲州（今四川西昌市），抵达贬所不久，当地县令为了谄媚朝中的当权派，便命人把他乱棍打死。稍后，长孙诠的外甥、时任凉州（今甘肃武威市）刺史的赵持满（他的姨母是韩瑗的妻子）被逮捕，押送京师后遭到严刑拷打；赵持满拒不认罪，旋即被诛杀，抛尸城西，亲戚无人敢替他收尸，最后是一个叫王方翼的友人冒着被株连的危险将其收葬。（这个王方翼后来追随裴行俭驰骋西域，并最终平定了西突厥，成为一代名将。）

七月，朝廷再次下令，命御史分别前往高州（今广东高州市东北）、象州（今广西象州县）、振州（今海南三亚市），把已经被流放的长孙恩（长孙无忌族弟）、柳奭、韩瑗重新逮捕，披枷戴锁押回长安，同时命各州县抄没他们在当地的家产。

七月末，高宗李治再命李勣、许敬宗、辛茂将等人重新审理长孙无忌谋反案。

事情都已经发展到这个地步了，还有重新审理的必要吗？

明眼人都看得出，天子的这个决定其实是在宣判长孙无忌的死刑。

许敬宗马上猜出了天子的心思，于是命中书舍人袁公瑜前往黔州，"再鞫无忌反状"（《资治通鉴》卷二百）。

袁公瑜当然也知道所谓的"再鞫"只不过是个幌子而已，他很清楚此行的真正任务是什么。所以一到黔州，袁公瑜就迫不及待地向长孙无忌亮出了底牌——事到如今，您老也只有一死以谢天下了！

当鬓发散乱的长孙无忌颤颤巍巍地把一条白绢抛上房梁的时候，不知道他的耳旁会不会响起吴王李恪在六年前发出的那句诅咒。

盖棺论定之际，史书对长孙无忌的终局作出了这样的评价："无忌、遂良忠而获罪，人皆哀之。殊不知诬陷刘洎、吴王恪于前，枉害道宗于后，天网不漏，不得其死也宜哉！"（《旧唐书·宗室列传》）

"太宗诸子，吴王恪、濮王泰最贤，皆以才高辩悟，为长孙无忌忌嫉，离间父子，遽为豺狼。而无忌破家，非阴祸之报欤?!"（《旧唐书·太宗诸子传》）

解决了长孙无忌后，高宗再也无所顾忌，索性推翻前诏，派出使臣前去处死柳奭和韩瑗。（数日前李治刚刚下诏，命各路御史将柳、韩等人押回京师。）使臣随后便赶赴象州诛杀了柳奭；另一路使臣赶至振州时，韩瑗已死于贬所，使臣当即掘墓开棺，验明正身后才回京复命。

同时，朝廷抄没了长孙无忌、柳奭、韩瑗三家的所有财产，将他们的近亲全部流放岭南，男子为奴，女子为婢。数日后，早先在工部尚书任上被贬至常州的长孙祥（长孙无忌族侄），又因在此期间与长孙无忌通信，被判处绞刑。

八月，又有十三个朝臣受到长孙无忌和柳奭的株连被贬官；此外，洪州都督高履行再贬为永州（今湖南永州市）刺史，于志宁被贬为荣州（今四川荣县）刺史；随后，在朝中任职的于姓亲戚又有九个遭到贬谪。

显庆四年的这场政治清洗，无论是打击范围、打击力度还是残酷性，都比长孙无忌在永徽四年制造的房遗爱案有过之而无不及。

该砍头的砍头，该绞死的绞死，该贬谪的贬谪，该流放的流放……

一个都不饶恕!

长孙一党的垮台宣告了后贞观时代的终结。

在这场惊心动魄的权力斗争和君臣博弈中，李治和武媚这对恩爱夫妻兼政治拍档，终于彻底击败了实力强劲的对手，取得了不折不扣的全面胜利。

这一刻，李治和武媚连续几年高度绷紧的神经终于松弛了下来。

为了庆祝胜利，他们决定离开长安，到东都洛阳去游玩散心，然后再回一趟皇后的老家——并（bīng）州（今山西太原）。

这一年冬天，高宗李治下诏，命年仅八岁的太子李弘监国，然后携皇后武媚启程前往东都。没想到天子一行刚出潼关，后面就有朝臣追了上来，告诉他们年幼的太子因思念双亲，终日抑郁寡欢、哭泣不止，让朝臣们都不知如何是好。高宗和武后一听，顿时大为不忍，马上命太子前来会合，干脆不监国了，一家人痛痛快快地玩一趟。

在李弘短暂而不幸的一生中，显庆四年冬天的这趟旅行无疑给他留下了难以磨灭的快乐记忆。他坐在宽敞舒适的车辇内，看着外面被白雪覆盖的广阔无垠的世界，看着道路两侧的松柏上结满的奇形怪状的冰凌，内心充满了难以名状的兴奋和喜悦。而一路上始终面带笑容的父皇和母后又一左一右紧拥着他，更是让他感到了无与伦比的幸福和温暖。

李弘多么希望这驾马车能够永远这么走下去啊。

直到十七年后那个杀机四伏的夜晚，当太子李弘在合璧宫绮云殿的夜宴上颓然仆倒，当大口大口的鲜血不断从他的嘴里涌出，李弘仿佛仍然可以看见，显庆四年那驾满载着快乐和幸福的马车，还在一片晶莹无瑕的世界中缓缓地走着，永远也不会到达终点。

显庆五年（公元660年）春天，天子一行从东都启程前往并州。

这显然是高宗李治特意替皇后武媚安排的一场衣锦还乡。

在一个阳光灿烂的日子，武后于并州州衙举办了一场盛大的宴会，邀请所有的亲戚、故旧、邻里参加；宴会结束后，武后又让所有妇人进入内殿，给予了数量不等的赏赐。随后，高宗李治又颁下一道诏书，向并州境内所有八十岁以上的妇人授予了“郡君”的爵位。

这一天，皇后武媚用行动向世人再一次证明，“一人得道，鸡犬升天”是一条颠扑不破的真理。

显庆五年十月，也就是高宗李治从长孙无忌手中夺回大权才一年多，还没等他仔细品尝一下独揽朝纲的滋味，生命中最大的不幸就不由分说地降临他的身上。

他病了。

让李治感到痛苦的是，这不是普通的感冒发烧，而是非常严重的风疾。所谓风疾，就是通常所说的中风，属于心脑血管疾病，也是李唐皇族的家族遗传病，当年导致高祖李渊和太宗李世民死亡的主要病因，就是这个风疾。在此后两百多年的唐朝历史上，这个可怕的遗传病还会像一只无法驱散的恶灵一样，接二连三地附着在一个又一个李唐皇帝的身上。

风疾是一种慢性病，基本上无法根治，只能靠药物长期调理，而且病人不能过度劳累，必须长年静心调养。这对于刚刚夺回大权、一心想要重振朝纲的高宗李治而言，无疑是一个重大的打击。而更让李治郁闷的是，他一发病，症状似乎就显得比较严重。史称其“风眩头重，目不能视”，也就是眩晕、头痛，并且由于脑部的气血淤塞压迫到了视觉神经，因而引发严重的视力衰退，甚至导致间歇性失明。

发病的这一年，李治才三十三岁，本来正是精力旺盛的年龄，可这个该死的遗传病却让他好像一下子老了三十岁。李治为此大为苦恼，可是又万般无奈。每当百官奏事的时候，力不从心的李治不得不经常让武后一同临朝听政，协助他裁决政务。

就这样，刚刚正位中宫的武媚再次得到了上天的眷顾。在她本人都始料不及的情况下，命运之手就把她一下子推到了政治舞台的中心。

不过武媚很快就进入了角色。

她天性聪颖，反应敏捷，加上深厚的文史素养以及对政治的天然热衷和高度悟性，这一切都使她在处理政务的时候显得从容不迫、游刃有余。高宗李治对皇后的表现非常满意，“由是始委以政事，权与人主侔矣”（《资治通鉴》卷二百）。

从此，武后开始顺理成章地与她的夫皇分享帝国的最高权力。

这一年，武后三十七岁。

权力是最容易让人上瘾的精神鸦片，对于武媚这种女人来说尤其如此。

她似乎与生俱来就怀有一种极度的权力饥渴。一旦那种生杀予夺的豪情快意稍稍掠过她的心头，对于权力的进一步渴望就会瞬间布满她的每一根神经末梢。

龙朔二年（公元662年）春天，李唐朝廷发生了一件让满朝文武都颇感意外的事情。

这就是更改官署名称和百官名号。

高宗下诏宣布，从即日起：以门下省为东台，中书省为西台，尚书省为中台；侍中为左相，中书令为右相，仆射为匡政，左、右丞为肃机，尚书为太常伯，侍郎为少常伯；其余二十四司、御史台、九寺、七监、十六卫，都有相应的新名称，只是职能如故。

随着皇后武媚开始正式干预朝政，高宗李治在颇感欣慰的同时也生出了一种若有若无的隐忧。他发现——这个工于权谋、精力充沛、行事果断的皇后，似乎在某种程度上已经走上了长孙无忌曾经走过的老路，颇有些欲望膨胀、架空天子的苗头了！

这样的发现让高宗李治大为不悦，也让他与武后之间原本如胶似漆的夫妻关系开始出现了裂痕。

此外，自从长孙无忌垮台以来，李治感到自己的天子权威得到了巨大的恢复和提升，满朝文武和宰相们基本上都对他俯首帖耳、唯命是从。然而，唯独有一个人是个例外。

这个人就是李义府。

众所周知，在李治夫妇与长孙一党斗法的时候，这个李义府一直充当急先锋的角色，可以说是天子阵营的忠实打手。可这几年来，李治却不无遗憾地发现，与其说李义府是他的亲信，还不如说这家伙只是皇后一个人的鹰犬。

这家伙自以为有皇后罩着，几乎不把天子放在眼里。而他之所以敢如此嚣张，就是因为他信心满满地认为——天子也在皇后的手心里攥着。

龙朔三年（公元663年）春天，忍无可忍的高宗李治终于决定拿李义府开刀。他要让这小子尝一尝雷霆之怒的滋味，同时也用这种敲山震虎的方式警告皇后——天子权威是绝对不容侵犯的！

当然，高宗要拿李义府开刀，肯定也需要一些正当的理由。

好在这样的理由并不难找，因为李义府自从当上宰相以来，几乎就没干过一件好事。

他做过的那些事情只能用两个成语来形容。

一个叫劣迹斑斑。

一个叫天怒人怨。

永徽六年末，李义府以中书侍郎衔“参知政事”，进入了帝国的权力中枢。仕途多年，李义府总算是如愿以偿地攀上了帝国政坛的最高枝，终于可以纵览“全树”风光、俯瞰芸芸众生了。也许是压抑多年的欲望亟须宣泄，所以李义府一朝得势，便开始“恃宠用事”、恣意妄为。

显庆元年秋天，一个叫淳于氏的洛州妇人因为犯案被拘押在大理寺狱，李义府听说这个妇人颇有姿色，顿时垂涎三尺、色心大动，当即决定把她搞到手。

为了得到淳于氏，李义府就向主管此案的大理丞毕正义施压，让他制造伪证帮淳于氏洗脱罪名，准备等淳于氏出狱后纳她为妾。不料大理卿段宝玄在调阅卷宗的时候，发现了毕正义做的手脚，立刻将毕正义逮捕，并将此案上奏天子。高宗李治随即命给事中刘仁轨提审毕正义，李义府唯恐毕正义把他抖出去，便逼迫他在狱中自杀。

毕正义被逼自杀后，高宗命人暗中调查，得知此案的幕后操纵者就是李义府。可由于当时长孙集团尚未垮台，这个李义府还有很大的利用价值，所以高宗也就睁一眼闭一眼，命大理寺草草结案了。

不久，御史王义方又对李义府发起弹劾，高宗却公然袒护，不但不追究李义府的罪状，反而以“毁辱大臣，言辞不逊”为由，把王义方贬为莱州司户。

显庆二年春，李义府又被擢升为中书令，正式跨入了宰相的行列。李义府仗着自己位高权重，又有天子和皇后撑腰，于是越发有恃无恐，不但大肆贪污受贿、卖官鬻爵，而且连他的母亲、妻子、儿子、女婿，都公然充当权钱交易的经纪人，一时间“其门如市，多树朋党，倾动朝野”（《资治通鉴》卷二百）。

当时，同为中书令的杜正伦自认为资格比李义府老，加之看不惯他的所作所为，所以始终没给他好脸色看；而李义府依恃帝后宠信，自然也不把杜正伦放在眼里。双方由此结怨，此后无论大事小事多有抵牾。到了显庆三年十月，双方已成水火不容之势，杜正伦派人监视李义府，暗中搜罗他的罪证；而李义府索性恶人先告状，指使手下呈上密奏，说杜正伦用卑鄙手段暗算他。随后，双方当着高宗的面公开对质，拼命揭对方疮疤。高宗听来听去，好像两个人的屁股都不太干净，最后干脆以"大臣不和"为由，将二人各打五十大板——贬杜正伦为横州（今广西横县）刺史，贬李义府为普州（今四川安岳县）刺史。

仅仅因为一次争吵，高宗就贬掉了两个宰相，乍一看似乎有些处罚过重，但是有心人不难发现，李义府被贬的真正原因并不是什么"大臣不和"，而是下面这两条：

一，他得宠用事之后玩得太过火了，不要说他本人如何贪赃枉法，就说他家人干过的那些事，随便抓一件就足以把他贬谪流放了。

二，李义府之所以能够飞黄腾达，无非是因为天子要利用他来对付长孙无忌；而时至显庆三年末，长孙一党早已被驱逐殆尽，只剩下一个光杆司令长孙无忌，高宗基本上已经胜券在握，当然没必要再留着这个贪财好色、败坏朝纲的李义府。至于说那个杜正伦，纯粹是因为运气不好——高宗正想拿李义府开刀，他恰好自个儿撞了上去，高宗也就顺手拿他当"刀"使了。

对于高宗兔死狗烹的真实动机，李义府当然比谁都清楚。

所以他从此对高宗恨之入骨。

不过，让他感到庆幸的是——皇后武媚并没有抛弃他。

李义府被贬普州后，皇后仍然隔三差五地派人前来慰问，并且向他暗示：很快就会让他回到京师重掌大权。（《资治通鉴》卷二百："是时义府虽在外，皇后常保护之。"）

显庆四年八月，也就是长孙无忌在黔州自缢的几天后，李义府果然堂而皇之地回来了，而且一回朝就担任了吏部尚书、同中书门下三品。

李义府不禁对皇后感激涕零，从此愈发忠心耿耿，发誓愿为皇后效死。

当然，他只为皇后一个人效死。

因为高宗李治已经不在他的效忠之列了。

在他看来，从今往后只要死命抱住皇后的大腿，就能权力永固、富贵长保。而此番回朝，更让他喜出望外的是——皇后居然让他执掌了吏部人事大权。

对于一向以卖官鬻爵为敛财之道的李义府来说，还有什么比这更让他感到兴奋的呢？

所以，李义府一回到长安，他的“李氏专卖店”就重新开张了，专营朝廷的官印和乌纱，明码标价，童叟无欺。一时间，上上下下的钻营之徒纷纷趋附，李义府的生意顿时比以前更为红火。朝野的正直之士纷纷在背后戳他的脊梁骨，可他却毫无愧色、我行我素。

这一切，自然都被高宗李治看在了眼里。

本来，李义府在皇后的庇佑之下大摇大摆地回朝复相，就已经让天子李治老大不痛快了；如今这该死的李义府又恶习不改、重操旧业，把吏部当成了自家的铺面，在那里公然兜售官印乌纱，怎能不让李治义愤填膺？

可愤怒归愤怒，李义府毕竟是皇后的人，李治一开始也没想要收拾他，只是希望他能收敛一点。龙朔三年春的某一天，高宗李治特意把李义府找来谈话，和颜悦色地说：“你儿子、女婿行为都很不检点，干了不少非法的事，我还为你遮掩，没有把这些事情公开，你最好是警告一下他们，别再这么干了。”

高宗这话其实已经说得非常客气，给李义府留足面子了，可他断然没有想到，这个胆大包天的李义府居然丝毫不买他的账。

李义府当场勃然变色，脸红脖子粗地说：“这是谁告诉陛下的？”

高宗一听，立刻也火了：“你只要告诉我有没有这回事，何必管是谁告诉我的？”

李义府一脸阴沉，半晌无语。

可他接下来的这个举动却再次令天子火冒三丈，同时也彻底葬送了他的权力和富贵。

李义府瞥了一眼天子，唇边掠过一抹冷笑，突然转过身，连声屁都没放就扬长而去了。

面对天子的责备和警告，李义府非但一点都不认错，反而还跟天子翻脸，甚至干脆拍屁股走人，这是什么性质的问题？

这是忤逆犯上、大逆不道啊！

看着李义府傲然而去的背影，李治顿觉血往上涌。

李义府之所以这么嚣张，就是因为他背后有皇后撑腰！

就在这一刻，李治下定了收拾李义府的决心。

不仅是因为他忤逆犯上，更因为他是武后的一颗棋子。不拿掉这颗棋子，李治就无法震慑皇后；不震慑皇后，李治就有重新沦为影子皇帝的危险！

所以，李义府的末日到了。

龙朔三年暮春，就在高宗准备对李义府动手的时候，一个叫杜元纪的阴阳术士忽然告诉李义府：贵宅被不祥之气笼罩，您恐怕会有牢狱之灾。

应该说，这个姓杜的术士还是有两把刷子的，因为他对李义府的预测确实很准。可充满讽刺意味的是，他随后提出来的这个禳解之法，非但于事无补，反而加速了李义府的灭亡。

杜元纪对李义府说：应该在宅中积财二千万（二十万缗），才能化解这场灾难。李义府对此深信不疑，开始变本加厉地聚敛。为了赶紧凑齐二千万，他只能拼命卖官。短时间没那么多客户，他就让儿子女婿们到处撒网。很快，儿子李津就抓来了一堆新客户，其中一个居然是长孙无忌的孙子长孙延。

李津以七十万（七百缗）的价格，把一个司津监的官职（从六品）卖给了长孙延。

本来李家父子的行动就已经被高宗监控了，如今李津竟然还敢把乌纱卖给罪臣长孙无忌的后人，这简直就是自己往刀口上撞，于是马上就有人向高宗作了禀报。

在大肆卖官的同时，李义府还经常身着微服，和杜元纪一起跑到长安城东，“登古冢，候望气色”，可能是想观察他宅邸上空的不祥之气是否已经化解。有关部门密切监视了几次之后，随即指控他暗中窥测天象变异，“阴有异图”（《资治通鉴》卷二百）。

李义府原本就已劣迹斑斑，现在又让天子抓住了好几个现成的把柄，当然是死有余辜了。龙朔三年四月，李治下令将李义府逮捕下狱，命司刑太常伯（刑部尚书）刘祥道与御史进行会审，同时由司空李勣监审。

审理结果，证据确凿，李义府罪无可恕。李治随即下诏，将李义府父子一起开除官籍，流放李义府于巂州（今四川西昌市），流放李津于振州（今海南三亚市），其他的儿子和女婿也全都除名，流放庭州（今新疆吉木萨尔县）。

恶贯满盈的李义府一垮台，朝野上下无不拍手称快。有个极具娱乐精神的民间写手马上用匿名的方式写了一篇文章，并且把它贴满了长安的大街小巷。

文章的标题是——《河间道行军元帅刘祥道破铜山大贼李义府露布》。

之所以把主审官刘祥道称为“河间道行军元帅”，是因为李义府的爵位是“河间郡公”，刘祥道奉天子之命讨伐他，当然要荣膺此项称号；而所谓“铜山大贼”，意指李义府是躺在铜钱堆积的山上专事聚敛的大盗。

自大唐开国以来，被朝廷贬谪的官员可谓不计其数，可似乎只有李义府被人写过这种搞笑挖苦的布告，足见其罪孽之深、民愤之大。

然而，谁都知道，李义府是武后的死党，几年前被天子踢到普州，就是武后把他弄回来的，而且复相之后比以前更为嚣张。确实，皇后武媚确实想过要力保李义府，可毕竟他官声太坏、民愤太大，武媚不免担心自己会被他所累，最后也就无可奈何地把他放弃了。

三年后，天子李治封禅泰山，下诏大赦天下，但是流放远地的人却不在赦免之列。而李义府恰恰就属于流放远地的人，他因此忧愤成疾，在贬所一病而亡。

听到李义府终于死去的消息后，人们悬着的一颗心才落了地。（《资治通鉴》卷二〇一：“自义府流窜，朝士日忧其复入，及闻其卒，众心乃安。”）

这个皇后，不是天子说废就废的

高宗虽然轻而易举地拿掉了李义府这颗棋子，但是大权旁落的危险却丝毫没有解除。

自从患上风疾之后，高宗的健康状况始终不见改善，所以武后干政的机会越来越多，而她的政治野心也随之不断膨胀。高宗李治不无悲哀地发现——当年那个“屈身忍辱，奉顺上意”的武媚已经不复存在了，取而代之的是一个从头到脚都生长着权力欲望的女人。这个女人非但不再顺从他、尊敬他，反而一步一步架空了他，甚至已然凌驾了他！

悲哀之余，李治感到了一种强烈的愤怒。（《资治通鉴》卷二〇一：“及得志，专作威福，上欲有所为，动为后所制，上不胜其忿。”）

一切都和当年的长孙无忌如出一辙。

不，是比当年的长孙无忌有过之而无不及！

就这样，高宗对武后的愤怒一天比一天更为强烈。可他并没有注意到，与此同时，皇后武媚对他的不满也是一天比一天更深。

高宗的愤怒是因为自己的天子之权被妻子窃取了，而武后的不满则是因为自己老公的心被别的女人偷走了。

是的，这几年来，高宗对武媚的爱意日渐淡薄，而对另外两个女人的宠幸则是与日俱增。而尤其让武媚感到讽刺的是，这两个女人居然一个是她的亲姐姐——韩国夫人，一个是她的外甥女——魏国夫人。

韩国夫人的夫家也算得上世家大族，丈夫叫贺兰越石。她生下了一双儿女，儿子叫贺兰敏之，长大后成了名闻长安的美少年；女儿就是后来的魏国夫人，据说也是长得天姿国色、美艳动人。贺兰越石早亡，所以韩国夫人年纪轻轻就守了寡。武媚正位中宫后，韩国夫人就经常带着女儿出入禁中，日子一久，高宗李治就看上了这个风韵犹存的俏寡妇，顺带着把她身边的美少女也一并纳入怀中，不久就封这个小情人为魏国夫人。

这对母女就这样成了天子的枕边新欢。每当武媚看见她的姐姐和外甥女满面春风、花枝招展地出入天子寝殿时，她的眼中就会屡屡喷射出愤怒和嫉妒的火焰。

高宗李治没有注意到这道火焰。

韩国夫人也没有看见这道火焰。

直到后来有一天，当宫人们无意间发现，频繁出入天子寝殿的不再是母女俩，而只剩下一个年轻的魏国夫人时，人们才恍然想起，已经有一段日子没见过韩国夫人了。

是的，韩国夫人消失了。

就在人们毫无察觉的情况下，韩国夫人悄无声息地从这个世界上消失了。

史书没有记载韩国夫人死亡的具体时间和具体原因，但是民间却盛传她是被她的亲妹妹皇后武媚毒死的。然而宫闱之事从来幽微难测，没有人说得清韩国夫人的真正死因，细心的宫人们只能从魏国夫人美丽而忧伤的脸上，看见一丝哀怨和仇恨的眼神。

尤其是当皇后武媚在场时，她眼中的那种仇恨似乎尤为强烈。

韩国夫人死后，高宗李治就把对她们母女的爱全都倾注到了魏国夫人身上，他甚至想正式封她为九嫔之一，只不过他也知道，只要武媚还在皇后的位子上，他就不可能迈出这一步。

那么，有没有可能把武媚从皇后的位子上撸了呢？

当然有可能。

既然当年可以废王立武，今天为什么就不能废掉武媚，然后纳贺兰氏为嫔，与这个美丽温柔而又善解人意的小情人厮守终生呢？

这样的念头一经出现在高宗的脑海，就像一枚石子投进了湖心，不断泛起一圈比一圈更大的涟漪，让他再也无法平静。

于是，为了重新夺回天子大权，同时也为了美丽可人的贺兰氏，高宗李治决定放手一搏！

接下来，他需要的只是一个适当的时机、一个恰如其分的废除皇后的理由。

麟德元年（公元664年）冬天，这样的时机终于出现了。

有一天，宫中的宦官王伏胜忽然向天子告发，说一个叫郭行真的道士经常在皇后的安排下“出入禁中”、设坛作法，并且——“尝为厌胜之术”！（《资治通鉴》卷二〇一）

厌胜？

又是这个可怕的罪名。

人们都还记得，当年武昭仪陷害王皇后的时候，用的就是这个十恶不赦的罪名。谁也没想到许多年后，居然有人会以同样的罪名对武后发出指控。

得到王伏胜的密报时，高宗李治表面上勃然大怒，可内心却在窃喜——还有什么比“厌胜”更正当的废后理由呢？

厌胜事件爆发后，高宗李治立刻密召西台侍郎、同东西台三品（中书侍郎、同中书门下三品）上官仪进入内殿，商议如何处置皇后。

这个上官仪在一年前才刚刚拜相，其资历要比其他宰相浅得多，可高宗为何偏偏找他密商呢？

原因只有一个——像李勣、许敬宗这样的资深宰相都曾经是拥立武后的人，所以高宗根本不敢把事情交给他们。如今要对付武后，只能用上官仪这样的新面孔。

上官仪是贞观初年进士，也是一代文章圣手，尤工五言诗，成名很早。太宗闻其名，曾召入宫中，授弘文馆直学士，经常与他诗文唱和，甚至让他修改诏敕，后又擢任其为秘书郎。高宗即位后，上官仪升任秘书少监，此后一度担任陈王李忠的属官；李忠册封为太子后，他又任职东宫，此后屡获升迁，于龙朔二年正式拜相，仍兼弘文馆学士。

上官仪是典型的文学侍臣，他之所以能够青云直上，主要并不是由于政治才干，而是凭借其文学才能。他是齐梁余风的代表诗人，其五言诗“绮错婉媚”、自成一格，素有“上官体”之称，在中国文学史上也占有一席之地。

正所谓腹有诗书气自华，据说上官仪的风度和仪态可以用俊逸出尘、飘然若仙来形容。《隋唐嘉话》曾记载，上官仪拜相之后，时在东都洛阳，“尝于凌晨入朝，巡洛水堤，步月徐辔”，即兴吟咏了一首《入朝洛堤步月》：“脉脉广川流，驱马历长洲。鹊飞山月曙，蝉噪野风秋。”

洛阳宫外，晨光熹微，晓月将残，垂柳摇曳，微风拂面。就在这一幅安恬静美的画面中，洛水边上等候入朝的百官们不约而同地望见，当朝宰相上官仪正骑着一匹白马飘然而来，只觉他吟出的诗句用字精巧、“音韵清亮”，而他本人则是衣袂飘飘、神采飞扬，“望之犹神仙焉”。

许多年后，人们似乎还能从女皇武曌最宠信的那个女官——上官婉儿身上，依稀看见她祖父上官仪当年的气质和风采。

上官仪是一个典型的文人，而文人从政，通常难以避免自命清高、恃才傲物的毛病，更难以在波谲云诡的政治斗争中长期生存。所以，上官仪纵然被高宗倚为心腹，并且拔擢为宰相，但是他并不知道，在这短暂的显贵和荣宠之后，会是一种怎样叵测的命运在等待着他。

作为高宗时下最信赖、最倚重的宰相，上官仪很清楚天子心里想要什么。所以当高宗密召他进入内殿，并且问他要如何处置皇后时，上官仪当即斩钉截铁地回答:"皇后专权横行,令海内失望,请求废黜。"

李治频频点头,马上命上官仪草拟一道废后的诏书。

此刻的上官仪绝对没有料到,皇帝要他草拟的这道诏书竟然会变成他的死亡通知书。

在内殿的御案前,满腹诗书的上官仪铺开一纸素笺,略微沉吟之后,开始洋洋洒洒地写下他这一生中的最后一篇文字。

随着上官仪的这道诏书拟就,曾经携手走过十八年风风雨雨的高宗李治和皇后武媚,终于无可挽回地走到了决裂的边缘。

皇上要废黜皇后了!

千钧一发的时刻,武媚长久以来精心打造的宫廷情报网终于发挥了生死攸关的作用。

当安插在天子身边的耳目纷纷跑来告诉她这个可怕的消息时,人们看见皇后武媚的脸上没有丝毫表情。

如果一定要说有什么表情的话,只能用两个字来形容——平静。

片刻之后,武后忽然向人们露出一个自信的笑容,然后一言不发地朝内殿走去。

那一刻,皇后处变不惊的神态和镇定自若的表情让在场的所有人都感到了惊讶,同时也让他们感到了一种由衷的敬佩。

他们相信,这样一个皇后绝对是比任何女人都更有资格母仪天下的,肯定也不是天子说废就能废的!

武媚径直走入内殿的时候,那一道墨迹未干的废后诏书正静静地躺在天子的御案上。而御案后面,则是天子李治那张惊愕且惶然的脸。

武媚走到御案前站定了,然后她的目光就像正午的阳光一样笔直地射向天子。

天子慌张地闪避着,脸色在一瞬间变得惨白。

紧接着,武媚用一种异常淡定的口吻开始了对往事的叙述。

那是这风风雨雨十八年来,发生在她和他之间的那些往事。

当然,这种叙述不可能面面俱到,只能是一种有选择、有重点的前情提要。

不过对于此刻的李治来说,这样的前情提要已经足够了——足够他惭愧、足够他畏怯、足够他无地自容,也足够他回心转意了。

最后，李治把头深深地垂了下去，嗫嚅着说："我初无此心，皆上官仪教我。"（《资治通鉴》卷二〇一）

这一刻，天子李治就像一个做错了事的孩子。

而皇后武媚则露出了一个母亲般宽宏大度的笑容。

天子既然已经承认错误了，武后当然可以摆出一副既往不咎的姿态，当成什么事都没发生一样。

但是这里有个前提，那就是——天子必须为他犯下的错误买单。

换言之，李治本人固然可以推卸责任、逃避惩罚，但是他手下的那几个帮凶以及他在朝中的一干亲信，却必须替他们的主子付出代价！

这才是武后笑容中的真实含义。

就在武媚迈着轻盈的步履转身走出内殿的那一刻，一张长长的报复名单已经完整地浮现在她的脑中。

名单上的头两个，就是上官仪和王伏胜。

第三个，就是废太子李忠。

因为上官仪和王伏胜都曾经是李忠的东宫旧部，如今这两个人都参与了废后事件，那么李忠自然也难逃干系。而且，李忠一天不死，现太子李弘的地位就始终不能稳固。所以，无论是出于报复还是出于斩草除根的考虑，武后都必须利用这次机会除掉李忠。

这些年来，废太子李忠可谓尝遍了人间冷暖、阅尽了世态炎凉。当初他被立为太子时，年纪尚幼，还不完全明白权力和富贵的意义，可身边却整天围着一大群讨好和献媚的人。十四岁那年，他忽然被废黜了，一夜之间丧失了所有，然后身边那些人就像逃避瘟疫一样，瞬间消失得无影无踪。离开京城的那天，所有东宫旧臣没有一个人来给他送行，真是令他伤透了心。

被贬谪为梁州都督的同年年底，他再一次被贬为房州（今湖北房县）刺史。后来的日子，李忠慢慢长大，终于看清了自己的命运——原来他自始至终都是别人手中的一颗棋子，不论是入主东宫，还是被流放远地，都是别人权力斗争的结果；在他大起大落的命运背后，一直都有一些可怕的力量在操控和主宰。

意识到这一切的时候，李忠感到了无比恐惧，他仿佛看见阴谋和死亡正如影随形地跟着他。李忠从此惶惶不可终日，每天夜里总是噩梦连连，白天也始终担心会有刺客行刺。为了化解随时可能到来的灾难，李

忠屡屡请巫师设坛作法，占卜吉凶；为了防备刺客，他甚至乔装改扮，经常穿上妇人的衣服。

李忠在房州的一举一动，自然都逃不过武后的眼睛。显庆五年（公元660年）初秋，朝廷再次颁下一纸诏书，把李忠废为庶人，流放黔州，囚于前废太子李承乾的旧宅。

在那座阴气森森的宅子里，李忠更是陷入了极度的恐惧。那几年里，他逐渐变得蓬头垢面、形容枯槁，生命对他而言已经变成一场漫长的刑罚，他已经如同废人，活着就是在等死。

麟德元年（公元664年）十二月，许敬宗在武后的授意之下，上疏指控上官仪、王伏胜、废太子李忠暗中勾结、企图谋反。上官仪旋即被捕下狱，几天后就与长子上官庭芝、宦官王伏胜一起被斩首，家产抄没，府中女眷也全部没入宫中为婢。就是在这场家破人亡的灾难中，刚出生不久的上官婉儿随母亲一起被没入了掖庭。

十二月十五日，废太子李忠被赐死于贬所，年仅二十二岁。稍后，时任右相（中书令）的刘祥道因与上官仪交情深厚，罢免了宰相职务，降为司礼太常伯（礼部尚书）；同时，朝中还有左肃机（尚书左丞）郑钦泰等一大批官员，都被指控与上官仪有交情，或遭贬谪、或遭流放，全被逐出了朝廷。

高宗李治很清楚，这些人并不是因为与上官仪友善而被株连，而是因为他们都是自己的亲信，所以才会被皇后通通赶出长安。

明知如此，可李治却无能为力。

从皇后武媚带着利刃般的目光走进内殿的那一刻起，从李治被迫说出“我初无此心，皆上官仪教我”这句话之后，李治就知道自己完了，他只能把天子大权拱手让给皇后武媚。

因为他别无选择。

其实，李治何尝不想把君权牢牢掌握在自己手中！他又何尝不想按照自己的意志统治这个帝国！然而，自从患上这该死的风疾之后，很多事情就不再以他的意志为转移了。每当他想集中精力聆听百官奏事的时候，每当他要打起精神裁决政务的时候，可恶的病魔就会猛然攫住他，让他头晕目眩、四肢乏力。

在这种力不从心的情况下，他除了把权力交给皇后之外，还能交给谁呢？交给宰相吗？如今的这些宰相，虽然一个个貌似谦恭，好像对天

子唯命是从，可一旦天子真的把最高权力下放给他们，假以时日，谁敢保证不会出现第二个长孙无忌呢？

在李治看来，即便他和武媚早已同床异梦，可他们毕竟曾是一对如胶似漆的恩爱夫妻；即便他和武媚早已貌合神离，可他们毕竟曾是一对生死与共的政治拍档！更何况，皇后毕竟给他生下了四个儿子：太子弘、沛王贤、周王显、殷王旭轮（后改名旦），来日自己驾鹤西去，皇后必然要把权力归还给太子李弘，到时候江山就仍是李唐的江山，社稷也仍然是李唐的社稷。这样的结果，总比让朝政大权落入异姓权臣的手中更好吧？

如果说健康的恶化注定了高宗的天子大权非旁落不可，那么他宁可旁落给皇后武媚，也绝不能旁落给长孙无忌第二！

李治固然知道这不是最好的选择，然而，在两害相权取其轻的情况下，这又何尝不是一种最不坏的选择呢？

当然，在这场废后风波中，李治的表现确实显得有些懦弱。可是，与其说李治是在武后的逼迫下产生了畏怯，不如说他是在那一瞬间察觉了自己废后举动的鲁莽。因为倘若真的把武后废了，李治在病魔缠绕的情况下就不得不把权力下放给宰相，如此一来，就有可能引发如上所述的外姓掌权的危险。

此外，让李治最终产生悔意、收回成命的另一个原因是——在武后协助处理朝政的这几年中，她的表现确实无懈可击、可圈可点，甚至比李治本人显得更圆熟、更老到、更具政治智慧。既然如此，李治在冷静下来的时候，自然会意识到自己对魏国夫人的感情已经损害了身为帝王的理智，所以他不得不从顾全大局的角度出发、从李唐社稷的长治久安出发，进一步提升武后的权威。

无论高宗李治是主动还是被迫，总之从麟德元年的冬天开始，李治的帝王权威就逐渐削弱了。在这场有惊无险的废后风波中，皇后武媚非但毫发无损，反而趁机铲除了天子在朝中的一干亲信，不仅转危为安，而且因祸得福，获取了更大的权力！

从此，金銮殿上不再只有高宗李治一人，而是高宗与武后并列。满朝文武几乎都能感受到，帝国的最高权力正在逐步落入皇后武媚的手中。史称：“自是，上（高宗）每视事，则后（武后）垂帘于后，政无大小皆预闻之。天下大权，悉归中宫；黜陟生杀，决于其口。天子拱手

而已，中外谓之二圣。”（《资治通鉴》卷二〇一）

一个“二圣临朝”的时代就此掀开大幕。

这一年，武媚四十岁。

此时的武媚，就像一只浴火重生的凤凰一样，在经历千难万险之后，终于以一种舍我其谁的气概和耸壑凌霄的姿态，展翅翱翔在大唐帝国的权力巅峰之上。

封禅：皇后的盛典

麟德元年的废后风波如同一场令人啼笑皆非的闹剧，在短暂的喧哗与骚动之后，一切很快就都回复了原样。

李治和武媚这对冤家看上去闹得挺凶，可人家夫妻床头打架床尾和，没过几天就又相敬如宾了，唯独害苦了一大帮忠于天子的朝臣——上官仪丢了脑袋，刘祥道罢了相职，其他人或贬黜或流放，什么都没捞着，却赔上了辛苦大半生赚来的功名富贵。

这样的教训真是太深刻了！

为了汲取教训，满朝文武从此都当起了聋子和哑巴——不管你们天子夫妻是打是和，都是你们自己家的事，犯不着我们当臣子的冒着杀身流放的危险去瞎搅和！

所以，自从“二圣临朝”之后，天下好像忽然间就太平无事了，朝臣们也一个个都学会了沉默是金，把高宗李治搞得既纳闷又郁闷。

麟德二年（公元665年）二月，李治终于忍不住对宰相们发了牢骚：“炀帝拒谏而亡，朕常以为戒，虚心求谏；而竟无谏者，何也？”

宰相们互相交换了一下眼色，继续保持沉默。只有司空李勣回答了天子的提问，他说：“陛下所为尽善，群臣无得而谏。”（《资治通鉴》卷二〇一）

李治顿时语塞。

什么意思？这么漂亮的话，说了不跟没说一样吗？你是在讽刺朕，还是在跟朕打官腔？

李治知道这根本不是李勣心中的真实想法。可是，在发生了那么多不尽如人意的事情之后，他还能指望李勣给他什么答案呢？

这一刻，高宗李治不禁在心里苦笑——世事真他妈就像一场无可奈何的轮回！想当初他屡屡跟长孙无忌提出类似问题时，老家伙就一再跟他打官腔，没想到自己费了九牛二虎之力，折腾了这么些年，一心想在君臣之间营造一派忠直进谏、从谏如流的良性互动局面，可到头来朝堂上还是一片鸦雀无声，连他最信任的老臣李勣也在跟他打这种政治上绝对正确的哈哈，这太让人郁闷了！

虽然郁闷，可李治也没有办法。大唐君臣就在这种了无生气的沉默中又挨过了两年，高宗李治再一次忍无可忍，又接连几次在朝会上责怪大臣们没有尽到“进贤才”的责任。

宰相们闻言，照例一言不发，最后是司列少常伯（吏部侍郎）李安期于心不忍，才跟天子说了几句真话：“天下未尝没有贤才，也不是群臣敢遮蔽贤才。只因近来公卿一有推荐，被荐者未获任用而推荐者先已获罪，所以人人三缄其口。陛下若真能推诚以待贤才，谁不愿举其所知呢？此关键在于陛下，不在群臣。”

李治再一次语塞。

官腔不好听，可真话就好听了吗？

很明显，真话更难听。

所以，李治死心了。

从此以后，不管群臣进不进谏、进不进贤，反正高宗自己是保持沉默了。

麟德二年冬天，高宗朝廷酝酿数年的封禅大典终于要举行了。

所谓封禅，是帝王祭祀天地的一种盛大仪式，据说早在三皇五帝的时期便已有之。古人认为泰山是天下最高的山，所以封禅大典通常都在泰山举行——于泰山设圆坛以祭天，称为封，于泰山旁边的小山设方坛祭地，称为禅。在古代中国，封禅泰山既是太平盛世的象征，也是帝王功业鼎盛的标志。

然而，并不是所有帝王都有资格获此殊荣。在唐朝之前，只有秦始皇、汉武帝，还有东汉的光武帝等少数几个自认为建立了丰功伟业的帝王，才敢举行封禅大典。

贞观年间，太宗君臣也曾多次有过封禅泰山的动议，但一来因为太宗皇帝顾惜民力，二来由于当时战事不断、周边形势较为紧张，所以始终未能成行。高宗一朝首次提出封禅是在龙朔元年，当时益州等地都上报了见龙的祥瑞，所以朝廷在改元龙朔的同时，宣布于龙朔三年正月举行封禅，但是随后便因对高丽和百济用兵而中止。

麟德元年七月，由于此前唐军在白江口大破日本海军，成功平定百济，朝廷受此胜利的鼓舞，遂再次宣布于三年正月封禅泰山，并命各地都督、刺史必须在二年十月齐集泰山脚下，命诸王集合于东都，筹备封禅的相关事宜。

对于此次盛典，武后当然也是一直持赞同态度。因为这不仅是对她参与朝政以来所获政绩的一种高度肯定，而且可以极大地提升她的政治地位和个人威望。

封禅大典主要由两部分典礼构成，一是祭祀昊天上帝（祭天）的封礼，二是祭皇地祇（祭地）的禅礼。按照古代惯例，两种祭礼皆由天子行初献礼，再由公卿行亚献礼和终献礼。换句话说，自古以来，封禅都是男人的事，女人根本没资格参与，就算贵为皇后，也只能在一边待着看热闹。

对此，武后自然是深感不满。于是就在麟德二年十月，武后毅然上表，对“封禅旧仪”提出了批评。她认为，既然典礼规定以皇后配享祭地之礼，而又令公卿代行，实在是“礼有未安”，因此她郑重其事地向高宗要求——“至日，妾请帅内外命妇奠献。”（《资治通鉴》卷二〇一）

对于武后的要求，高宗当然不敢不答应。他当天就颁下一道诏书，宣布在社首山举行的祭地典礼部分，由皇后行亚献礼，由越国太妃燕氏（越王李贞的生母，是太宗的嫔妃群中唯一在世的一位）行终献礼。

由女性参与并主持帝国最高级别的祭祀大典，这可是开天辟地以来的头一遭！纵观中国数千年的历史，武后此举不仅空前，而且绝后！

如此创举所折射出来的政治意义，当然也是不言而喻的。它标志着武后在大唐帝国的政治地位已经上升到前所未有的高度，并且再也无人可以撼动。

麟德二年十月二十八日，高宗李治与皇后武媚携文武百官和六宫妃嫔，浩浩荡荡地从东都洛阳出发，前往泰山。整个仪仗队前后绵延达数百里，旌旗招展，鼓乐齐鸣，列营置幕，弥亘原野。此外，东自高丽，西至波斯，包括突厥、于阗、天竺、日本、新罗、百济等各国的元首、酋长和使节，也各率部属随同出发，穹庐帐幕、驼马牛羊充塞道路。如此阵容，诚可谓盛况空前、古来未有！

麟德三年正月初一，庄严隆重的封禅大典在泰山正式举行，典礼一共进行了五天。初五，高宗在朝觐坛接受文武百官和四夷君长的朝贺，当日下诏大赦天下，改元乾封。同日，宣布文武百官凡三品以上者赐爵一等，四品以下者晋级一阶。

自从大唐开国以来，所有官员的进阶均须通过政绩考核，升至五品和三品时，更须由天子亲自裁决。可是，这次泰山封禅却开启了“泛阶”的先河，从此冗官日多，以至到高宗晚年，穿四品绯色朝服的官员已经多如牛毛、极度泛滥了。

乾封元年（公元666年）正月的这场封禅大典，无疑是武后一生中最辉煌的记忆之一。

站在社首山高高矗立的降禅方坛上，武后时而仰望清澈澄明的天穹，时而俯瞰辽阔苍茫的大地，一种睥睨天下、指点江山的豪情顿时在她的胸中奔涌激荡。

那一刻，武后仿佛在冥冥之中听见了上天的一声召唤，她并不能真切了解这声召唤所蕴含的全部意义，可她却依稀看见一个属于她的世界已经在不远的未来等待着她，那里有别样的天地乾坤，也有别样的山河日月，令她心驰神往、激动莫名。

就是这次封禅，让武后对权力、地位、尊严、威望等诸如此类的事物，有了更为淋漓尽致的体验，同时也有了更加强烈而炽热的渴望！

大典进行的过程中，许多大臣不约而同地发现，皇后武媚的眼中有一种前所未有的激情在灼灼燃烧，而她脸上也分明闪耀着一种奇异而瑰丽的红色光芒。

在这种红光的映衬之下，天子李治的脸色越发憔悴和苍白。

人们不禁在心里打上了一个大大的问号：这是谁的盛典？

是这个脸色苍白的男主角，还是那个满面红光的女一号？

此次封禅，武后除了享受到无上权威所带来的巨大快感之外，还有一个不大不小的额外收获。那就是——借机除掉了她的小外甥兼小情敌贺兰氏。

许多年前，武后曾经把几个不识好歹的兄长和堂兄弟贬出了朝廷，外放为远地刺史，其中，同父异母的兄长武元庆、武元爽先后死于贬所，而堂兄弟武惟良、武怀运则尚在人世。此次封禅，朝廷要求各地刺史都必须参加，时任始州刺史的武惟良与淄州刺史武怀运也都赶到泰山参与了盛典。大典结束后，他们又随銮驾返回京师。大唐百官都有在一些重大庆典之后向皇帝和后妃献食的习惯，于是武氏兄弟也按照惯例进行献食。

武氏兄弟绝不会料到，就是这次普通的献食，让武后发现了下手的良机。于是，一个一石三鸟的计划迅速在她的脑中成形。

当献给魏国夫人的那份佳肴送进宫中后，武后便暗中指使手下在贺兰氏的食物中下毒。毫无防备的贺兰氏当天就中毒身亡。自古红颜多薄命，可怜这个年轻貌美的贺兰氏，连一个正式的嫔妃名分都还没有，就这样香消玉殒、命丧黄泉了。

贺兰氏一死，武惟良和武怀运当然是跳进黄河也洗不清了。由于他们曾经与武后发生过太多不愉快，所以人们完全有理由怀疑——武氏兄弟原本是想毒死皇后，结果却错杀了魏国夫人。

贺兰氏之死让天子李治肝肠寸断、悲痛欲绝。在无法查出凶手的情况下，他只能把满腔悲愤都发泄到武氏兄弟身上。数日后，高宗未经审讯就颁下敕令，将武惟良和武怀运斩首，妻女没入掖庭。

武后略施小计，就一举拔掉了几颗眼中钉，这对于刚刚从封禅大典尽兴而归的武后来说，不啻有一种锦上添花之喜。

杀了武氏兄弟，武后还觉得不够过瘾，就把他们的姓改为蝮。

她希望他们变成两条肮脏丑陋的毒蛇，从此在暗无天日的墓穴中卑贱地爬行，永世不得超生！

高宗李治即位的十几年来，虽然帝国的政治高层风云变幻，始终没有停止过权力斗争，但是这一切并没有影响国计民生。由于高宗治下的唐王朝继承了贞观时代的强大国力，所以这些年来，大唐帝国在总体上依然保持着安定、繁荣和强盛的局面。

尤其令人振奋的是，唐朝的军事力量和国家威望也在这个时期达到了顶峰，甚至超过了太宗时期。截至咸亨元年（公元670年），高宗统治下的帝国疆域已达至极盛，比前后的各个时期都更为广阔，唐朝的影响力也进而扩大到中亚和东亚的大部分地区。

那么，这一页辉煌的历史又是如何铸就的呢？

接下来，就让我们把目光拉回到永徽初年，让我们跟随英勇的大唐将士，一起去跃马横刀、驰骋沙场，一起去开疆拓土、鹰扬国威，去谱写辉煌的英雄史诗，去缔造不朽的战争传奇……

第八章
帝国的扩张

名将之路：苏定方西征

永徽二年（公元651年）春天，登基不久的高宗李治正踌躇满志地打理着太宗皇帝留下的这个广土众民的帝国，就在这个时候，西域传来了一个令人不安的消息。

消息是庭州（今新疆吉木萨尔县）刺史骆弘义派快马递到京师的。他在奏章中称，原西突厥降将，时任左骁卫大将军兼瑶池（今新疆阜康市）都督的阿史那贺鲁，一直在暗中召集旧部，势力日渐膨胀，很可能是想利用太宗驾崩、新君刚刚即位的时机发动叛乱，袭取西州（今新疆吐鲁番市东）和庭州。

这个消息立刻引起了高宗的高度警觉，他马上派遣通事舍人桥宝明前往瑶池，对阿史那贺鲁进行慰抚，实际上就是对他发出警告。

天子特使的到来令阿史那贺鲁大为惊愕，他没想到自己的行动这么快就被朝廷察觉了。

特使桥宝明还带来了天子旨意，命阿史那贺鲁的长子阿史那咥运入朝充当人质。由于叛乱的准备还不充分，阿史那贺鲁只好硬着头皮服从了朝廷的安排。

在此，年轻的高宗显然走了一步好棋。因为如此一来，投鼠忌器的阿史那贺鲁自然不敢轻举妄动。如果高宗长期把阿史那咥运扣为人质，那么阿史那贺鲁绝不可能跟唐朝反目，也不可能在后来的几年里闹出那么大动静。

可惜，也许是因为高宗还年轻，缺乏政治经验，所以没过多久就把阿史那咥运放回去了。他或许以为这样小小地震慑一下，就足以让阿史那贺鲁放弃叛乱的念头。可他错了，阿史那贺鲁的野心要比他想象得大得多。

阿史那咥运返回瑶池之后，阿史那贺鲁立刻率领部队向西而去，叛离了唐朝。

阿史那贺鲁这一走，有如猛虎归山，唐朝的西域边陲立刻罩上了一层浓密的战争阴云。

此时，西突厥的在位可汗是乙毗射匮，此人才能平庸，西突厥各部早已不服其统辖，所以当阿史那贺鲁的兵锋突然直逼他的王庭时，乙毗射匮马上乱了阵脚。他仓促集结部众抵御阿史那贺鲁，结果一战即溃，其部众全被阿史那贺鲁吞并。

阿史那贺鲁一战平定了西突厥可汗，其野心大为膨胀，随即在双河与千泉（今吉尔吉斯斯坦北部）一带建立了王庭，自立为沙钵罗可汗。原乙毗射匮可汗辖下的十个直属部落一齐归附，数月之间，阿史那贺鲁摇身一变就成了西突厥的头号人物，麾下拥有精兵数十万众。稍后，处月（今新疆新源县境）、处密（今新疆塔城市境）两大部落以及西域诸国，又相继投靠了阿史那贺鲁。

唐朝在西北边境的一大劲敌就这样悍然崛起了。

永徽二年七月，志得意满的阿史那贺鲁亲自率部入侵庭州，很快就攻陷了庭州境内的战略要地金岭城（今新疆鄯善县西北）和蒲类县（今新疆奇台县东南），杀死并俘虏了数千唐军。

高宗李治勃然大怒，同时也为自己当初的掉以轻心追悔不已。此后的几年里，高宗先后派遣梁建方、程知节等人进行了两次西征，虽然占据了一些土地，也歼灭了西突厥的一些有生力量，但却始终没有达成最主要的战略目的——平定阿史那贺鲁。

对此，高宗李治自然是极不甘心。

显庆二年（公元657年）闰正月，也就是二次西征刚刚结束的两个月后，高宗就宣布对西突厥发动第三次远征。

此次远征军的主帅，就是曾在第二次西征立下战功的苏定方。

苏定方，冀州人，出道很早，但是命途多蹇，一生的道路颇为曲折。大业末年，天下板荡，盗贼蜂起，苏定方的父亲苏邕率领本郡的数千乡勇征讨盗贼，当时年仅十余岁的苏定方就随父从军，每战必冲锋在前，“骁悍多力，胆气绝伦”（《旧唐书·苏定方传》）。后来苏邕战死，郡守便让苏定方接管其父的军队，负责讨伐郡南的盗贼张金称。苏定方不负众望，大破贼众，并且手刃了匪首张金称；不久，郡西又有杨公卿聚众起事，苏定方又迅速将其击溃，杀获甚众，一时间享誉郡县，深受当地人的尊敬和拥戴。

此后，群雄逐鹿的烽火渐成燎原之势，苏定方知道隋朝天下已经名存实亡，随即投奔窦建德。窦建德的部将高雅贤对他极为赏识，便收他为养子。可惜没过多久，窦建德就兵败身死，苏定方只好跟高雅贤一起追随刘黑闼，其后又在刘黑闼麾下屡立战功，没想到刘黑闼最终还是成不了气候，很快又被唐军平定，苏定方只好解甲归田，隐居乡里。

绕了一大圈，苏定方又变成了默默无闻的一介布衣。直到贞观初年，已过不惑之年的苏定方才再次从戎，重新开始了他的军事生涯。在李靖平定东突厥的战役中，苏定方担任前锋，于碛口突袭颉利可汗，成功击破颉利的牙帐，收降了颉利的大量部众，为唐军的最终胜利铺平了道路，再次崭露了他的过人胆识。

尽管立过这样的战功，可在灿若星辰的初唐名将中，贞观时期的苏定方还是显得很不起眼。参加二次西征的那一年，苏定方已经年过六旬，年龄与程知节相仿，可他的职务还只是区区的中郎将，基本上还是个小人物。

可是，没有人会想到，就是这个垂垂老矣、默默无闻的苏定方，很快就将威震西域、名动朝野。

或许连苏定方自己都不会料到，就是在西域的这片大漠黄沙中，一条大器晚成的名将之路已经在他的脚下悄然开启。

为了确保第三次远征的胜利，唐军兵分两路，征讨与安抚并重：一路由苏定方（此时已被擢升为右屯卫将军）担任总管，以燕然都护任雅相、副都护萧嗣业为副总管，征调回纥骑兵，从北线直接进攻西突厥；另一路由西突厥降将——右卫大将军阿史那弥射、左屯卫大将军阿史那步真为安抚大使，从南线西进，负责招抚他们在西突厥的旧部。

这一年春天，唐朝的两路大军浩浩荡荡向西北方向挺进。苏定方率领主力沿着金山（今新疆阿尔泰山）山脉，直逼驻扎在北麓的处木昆部落。这个部落在去年的咽城大战中曾遭唐军重创，此时元气远未恢复，唐军一发起进攻，处木昆基本上没有还手之力，其部落酋长懒独禄不得不率麾下一万余帐向唐军投降。苏定方尽力安抚，随即挑选了处木昆的一千多名精锐骑兵，编入唐军作为前锋。

紧接着，唐军继续西进，目标是突骑施部落。

这个部落和处木昆一样，也是在去年遭到了唐军的重创，此时他们眼见处木昆已经投降，情知自己无力抵抗，慌忙向阿史那贺鲁求援。

阿史那贺鲁意识到，如果不挡住唐军的攻势，西突厥的十姓部落势必会被唐军各个击破。他旋即发出命令，集结了十姓部落（包括处木昆的残部）的十万大军，准备在曳咥河（今中亚额尔齐斯河）西岸列阵，凭借天堑阻击唐军。

苏定方察觉了阿史那贺鲁的战略意图，于是亲率唐军精锐及回纥骑兵共计一万多人，迅速抢渡曳咥河，在西岸摆开了阵势。

阿史那贺鲁的意图彻底落空，不禁大为恼怒。可当他率领十万大军逼近曳咥河时，心中的恼怒就全部转化成了窃喜。

因为唐军的兵力不但只有突厥军的十分之一，而且还背靠大河，想逃跑都没有退路。

阿史那贺鲁顿时信心倍增，他相信这一仗一定可以全歼唐军主力。

面对十倍于己的敌军，苏定方镇定自若，毫无惧色。他命令步兵在南部平原上密集排列，长矛的枪尖全部向外，自己则亲率精锐骑兵在步兵阵后方的北部平原上列阵。

西突厥军队依仗人数上的绝对优势，对唐军的步兵阵连续发起了三次冲锋，可是在如林的长枪面前，突厥人付出了极大的伤亡，却始终无法撕开唐军的防线。

此时，苏定方正策马立于北部的高坡上静观战场的变化。他知道，突厥军队虽然人数众多，但却是由十个部落构成，其中的左厢五部还一度背叛过阿史那贺鲁，右厢五部中的泥孰部落也向来与阿史那贺鲁不睦。所以，突厥人表面强大，实则内部矛盾重重。

这就是突厥军队的致命弱点。

当突厥军队的第三波攻击又被唐军击退后，苏定方知道其战斗力已经衰竭，立刻下令全体骑兵跟随他一起冲锋。

随着苏定方一声令下，唐军骑兵随即像两把尖锐的钢刀，从步兵阵的两翼伸出，然后直直插入敌阵之中。

决战时刻，西突厥十个部落貌合神离的弱点暴露无遗。在唐军的猛烈进攻下，突厥人各自为战，互不相援，人多的优势丝毫发挥不出来。而且只要一个部落的阵脚被打乱，其他部落马上争相溃退。到最后，尽管阿史那贺鲁的帅旗拼命挥舞，也仍然阻止不了十万大军的全线溃败。

唐军随即转入全面反攻，苏定方亲率骑兵深入追击了三十里，斩杀及俘虏的敌军达数万之众。

此战，唐军大获全胜。苏定方临危不惧，指挥若定，又一次创造了以寡击众的经典战例，从此威震西域，在一代名将的道路上迈出了坚实的一步。

在曳咥河会战的前夕，朝中的右领军中郎将薛仁贵曾向高宗献上了一条离间突厥人的计策，他说："泥孰部落的酋长向来不服从阿史那贺鲁，后来被阿史那贺鲁击败，妻子儿女均被掳为人质。今后，西征军一旦击破阿史那贺鲁的部众，只要擒获泥孰的妻子儿女，应当将其全部送还，并给予赏赐。如此一来，泥孰必定会背叛阿史那贺鲁，并且誓死效忠大唐。"

高宗采纳了薛仁贵的计策，随即向苏定方发出了一道密诏。

而在此次会战所俘虏的西突厥人中，果然有泥孰酋长的妻子儿女，苏定方当天就派人秘密将其送还。泥孰酋长顿时感激涕零，当即表示愿意归降唐朝。

曳咥河会战的次日，苏定方继续勒兵追击，阿史那贺鲁自恃兵力仍然占优，于是回头再战。可他绝没有想到，这一天他将败得更惨，并且将成为他短暂的可汗生涯中由盛而衰的一大转捩点。

当唐军与突厥军接战之后，刚开始胜负难分，可就在双方激战正酣的时候，泥孰部落忽然临阵倒戈，西突厥军队措手不及，顿时军心大乱。在泥孰部落倒戈的效应下，其他四个右厢部落也全部向唐军投降。

一见右厢五部在片刻之间全都放下了武器，左厢五部（处木昆、突骑施、鼠尼施、胡禄居、摄舍提）再也无心恋战，于是各自落荒而逃。最后只剩下处木昆的大首领屈律啜率领数百亲兵，簇拥着阿史那贺鲁仓皇向西逃窜。

紧继苏定方大破阿史那贺鲁之后，由阿史那步真率领的南线唐军也迅速逼近西突厥左厢五部的驻地。

左厢五部逃回驻地后，终日惶惶不安，一直在担心他们今后的命运。惊魂未定之时，又得知南线唐军已经到了他们家门口，而且还接到了阿史那步真派人送来的招降信。五大酋长料定阿史那贺鲁大势已去，再跟着他混就是死路一条。于是就在同一天，五大酋长作出了归降唐朝的决定，随后一同前往唐军大营，向阿史那步真投降。

稍后，另一路南线唐军的指挥官阿史那弥射也利用他在西突厥原有的影响力，成功收降了处月、处密两部落。

至此，阿史那贺鲁已经众叛亲离，彻底变成了孤家寡人。

显庆二年冬天，苏定方命萧嗣业、回纥酋长婆闰担任先头部队，他本人和任雅相率主力殿后，冒着冬季的严寒继续向西挺进，兵锋直指阿史那贺鲁的王庭。

其时正逢天降大雪，朔风怒吼，地上的积雪足足有两尺之厚，远征军的行进极为困难。于是部将们纷纷向苏定方建议：原地休整，等待天晴再行军。

然而，他们的提议马上遭到了苏定方的否决。他告诉将士们："阿史那贺鲁一定以为，现在天寒地冻、大雪封山，我军难以前进，所以他肯定会有恃无恐、放松警惕。这正是我军追上他的大好时机，倘若行动迟缓，他们必定远遁，到时候想追就追不上了。所以，建立不世之功，就在此时！"

大唐帝国三次西征阿史那贺鲁，前两次都功败垂成，其主要原因就在于统帅的意志、勇气和决断力不够。较之前两次西征，苏定方这一次遭遇的自然条件其实是最恶劣的，但是他身上却拥有别人没有的东西，那就是——必胜的信念和无坚不摧的意志。

大军继续西行，在茫茫的雪原中昼夜兼程地向西突厥的王庭挺进。

经过异常艰苦的长途跋涉，苏定方率领的北路军终于进抵双河。而南线的阿史那弥射与阿史那步真也同时抵达，两路唐军胜利会师，力量更加强大。

双河距离阿史那贺鲁的王庭仅有两百里。此时，阿史那贺鲁仍然毫无防备，正优哉游哉地在金牙山附近打猎。

不出苏定方所料，阿史那贺鲁认定唐军不可能在这风雪交加的恶劣天气中长途奔袭，所以他依旧信心满满地认为——自己绝对有机会东山再起。

可阿史那贺鲁已经没有机会了。

当唐军恍如从天而降的雄鹰一样突然出现在他面前时，阿史那贺鲁才如梦初醒。

然而一切为时已晚。

仓促集合起来的部队根本抵挡不住唐军的强大攻势，转眼间阿史那贺鲁的王庭就被攻破了，数万颗突厥人的首级被唐军将士斩落马下，而象征着可汗权威的大鼓和巨纛也被唐军缴获，万般无奈的阿史那贺鲁只好带着儿子咥运、女婿阎啜等少数几人突围而去，逃奔石国（今乌兹别克斯坦塔什干市）。

阿史那贺鲁的战败和流亡，意味着大唐帝国的第三次远征取得了全面胜利。

苏定方知道，阿史那贺鲁已成丧家之犬，终究逃不出自己的手掌心，所以并没有忙着追击，而是着手安抚西突厥的各个部落，处理战争遗留下的一系列政治、经济和社会问题。

苏定方深知，与平息叛乱同等重要的就是安定人心。只有在战乱过后迅速恢复西突厥的和平与稳定，大唐帝国的军队才真正称得上吊民伐罪的王者之师。史称阿史那贺鲁败逃之后，“定方于是息兵，诸部各归所居，通道路，置邮驿，掩骸骨，问疾苦，画疆场，复生业，凡为沙钵罗（阿史那贺鲁）所掠者，悉括还之，十姓安堵如故”（《资治通鉴》卷二百）。

苏定方用了很短的时间，就全面恢复了西突厥汗国的社会秩序，从而获得了西突厥各个部落及其民众的拥戴和支持。

做完这一切后，苏定方把追缉阿史那贺鲁的任务交给了副手萧嗣业，然后光荣凯旋。

阿史那贺鲁一口气逃到石国西北部的苏咄城外，人困马乏、饥渴难耐，但他不敢进城，只命手下人拿着珠宝去城里换购马匹和食物。苏咄城主得知阿史那贺鲁到来的消息，随即命人准备了丰盛的美酒佳肴，然后毕恭毕敬地出城迎接。

走投无路的阿史那贺鲁看见苏咄城主如此盛情，不禁大为庆幸，马上消除了戒备，随同苏咄城主一起入城。

可阿史那贺鲁断然没有想到，就在他跨入苏咄城的一瞬间，背后的城门便訇然关上，紧接着从四周冲出了一大群全副武装的士兵，把他们一行人团团围住。而刚才还一脸热情的苏咄城主，此刻正远远地站着，用一种得意而轻蔑的笑容注视着他。

那一刻，阿史那贺鲁彻底绝望。

从永徽二年（公元651年）到显庆二年（公元657年），这六年的可汗生涯对此刻的阿史那贺鲁而言，就像是南柯一梦。

这场梦有多么辉煌，他此刻的痛苦就有多么强烈。

这六年中拥有的权力有多大，他此刻感到的沮丧就有多深。

阿史那贺鲁最后重重地把头垂了下去。

同时垂下的，还有他手中的剑。

他曾经用这把剑掌控了整个西突厥汗国的命运，可现在，他却连一己的命运都掌控不了。

苏咄城主擒获阿史那贺鲁后，立刻把他交给了石国国君，石国国君随后又把他交给了唐军将领萧嗣业。

显庆三年（公元658年），阿史那贺鲁被押送到京师长安，高宗李治特意举行了一场献俘仪式。苏定方一身戎装，亲自押解阿史那贺鲁入宫献俘。随后，苏定方因平定西突厥之功，被擢升为左骁卫大将军，封邢国公。

战后，大唐帝国在西突厥的土地上设置了昆陵都护府和濛池都护府：以阿史那弥射为昆陵都护，封为兴昔亡可汗，统领西突厥的左厢五部（五咄陆）；以阿史那步真为濛池都护，封为继往绝可汗，统领西突厥的右厢五部（五弩失毕）。两个都护府均归属安西都护府管辖。此外，对于西突厥的各个部落首领，唐朝廷也依据其部落大小和位望高下，分别授予刺史以下的官职。

曾经强盛一时的西突厥汗国宣告瓦解。

由于西突厥汗国已经不复存在，原本臣服于西突厥的中亚各国，纷纷回过头来归附大唐。显庆四年（公元659年），唐朝廷又在中亚的石国、米国、史国、大安国、小安国、曹国、拔汗那、悒怛、疏勒、朱驹半等国设置了州、县、府共一百二十七个。（这些国家大致分布在今新疆西部、乌兹别克斯坦、阿富汗一带。）

龙朔元年（公元661年），中亚的吐火罗、嚈哒、罽宾、波斯等十六个国家又相继归附大唐帝国。唐朝先后在这十六个国家建立了八个都督府，七十六个州，一百一十个县，一百二十六个军府，并将其全部划入安西都护府的管辖范围。

至此，大唐帝国的疆域已经由西域延伸到了中亚，又从中亚进一步拓展到了西亚的伊朗高原。高宗君臣继承了贞观时代的雄厚国力和开拓进取的尚武精神，终于使得大唐帝国的疆域、国力和声威在公元七世纪中叶臻于极盛！

百济：一场得而复失的战争

显庆五年（公元660年）春天，也就是在大唐帝国刚刚平定西突厥之后，高宗李治接到了来自新罗的一道奏表。

准确地说，这是一封求救信——是新罗国王金春秋发出的一封十万火急的求救信。

他在信中说，百济再度勾结高丽屡屡入侵，已经占领了新罗的大片土地，唐朝要是再不出兵，新罗就彻底完蛋了！

看完信后，一股按捺已久的怒火终于在高宗李治的心中升腾起来。

当年太宗皇帝亲征高丽失败，不久后便赍志而殁，这件事一直是李治心头的一个阴影。登基之后，李治暗下决心，总有一天要出兵踏平桀骜不驯的高丽和百济，完成隋唐三代帝王（隋文帝、隋炀帝、唐太宗）未了的心愿，以慰父皇李世民在天之灵！

而高宗之所以迟迟没有动手，是因为自从他即位以来，帝国高层的权力斗争就一天也没有停止过，他不得不把主要精力放在一系列的政治斗争上；同时，为了征讨西突厥的阿史那贺鲁，帝国在西线共发动了三次远征，前后历时六年，付出了相当高的战争成本，所以高宗一直无法腾出手来处理朝鲜半岛的事务。

虽然这些年来唐帝国没有对朝鲜半岛发动大规模战争，但也始终没有停止过对高丽的打击和袭扰。

自从贞观十九年（公元645年）亲征高丽铩羽而归之后，太宗就开始大规模扩建海军，大规模地制造战船。很快，唐帝国就拥有了一支强大的海军力量。与此同时，太宗还制订了“有限战争”的战略，不以歼灭敌军、攻城略地为目的，而是频繁出兵，重点袭击并破坏高丽的农耕区，以此打击高丽的经济，为最终平灭高丽铺平道路。

从贞观二十一年（公元647年）到显庆五年（公元660年）的十几年间，唐帝国在上述战略的指引下，从海陆两线屡屡出兵，持续不断地对高丽发动袭扰战。帝国名将如李勣、薛万彻、程名振、苏定方、契苾何力、薛仁贵等人，都曾先后开赴高丽作战，对高丽实施了沉重的打击。

然而，高丽却始终是一副死猪不怕开水烫的样子。就在永徽六年（公元655年），高丽还曾联合百济和靺鞨部落，再次悍然入侵新罗，那次入侵一共占领了新罗三十三座城池。

高丽的态度明摆着——你打我，我就打你小弟！既然连你们英明神武的太宗皇帝都灭不了我，你这个大权旁落、软弱无能的李治又能奈我何？

当时唐帝国正在对西突厥用兵，为了避免两线作战，高宗李治只好暂时隐忍，只派遣程名振和苏定方从陆路对高丽发动了一次小规模的进攻，在取得小胜之后就撤回国内，目的显然不是要与高丽全面开战，而仅是实施一次必要的战略威慑。

也许高丽把唐高宗的隐忍当成了懦弱，所以此次才会再度与百济联手攻击新罗，以此跟唐帝国叫板。

上帝要让人灭亡，必先使其疯狂！

此刻在高宗李治眼中，高丽和百济无疑就是这种自取灭亡的疯子。

显庆五年三月十日，高宗任命苏定方为神丘道行军大总管，以左骁卫将军刘伯英为其副手，共率领水陆十万大军，由海路出发，东征百济；同时，任命新罗国王金春秋为嵎夷道行军总管，负责统率新罗军队，配合苏定方的远征军夹击百济。

高宗的战略是——先把百济这个狐假虎威的爪牙灭了，再集中全力收拾高丽。

苏定方的东征大军自山东半岛的成山港出发，横跨黄海，于同年八月进抵朝鲜半岛南端的熊津江口。

百济军队已经在此严阵以待。

唐军在熊津江口抢滩登陆，海军从正面对百济守军发动进攻，陆军则在强行登陆之后迅速迂回到百济防线的后侧进行攻击。在唐军的前后夹击之下，百济军队的防线迅速崩溃，被唐军斩杀数千人，余部被迫后撤。

占领熊津江口后，唐军水陆并进，直逼百济都城。百济军队倾国而出，在都城外二十里处摆开阵势，准备与唐军决一死战。

百济军队和高丽军队一样，长于守城，短于野战，此时竟然倾尽主力与唐军展开决战，无疑是自己把脖子伸到了苏定方的刀下。

这一战毫无悬念，唐军轻而易举地击溃了百济军队，斩杀了一万多人，旋即兵临城下，把百济都城团团围困。

百济国王扶余义慈自知此城难保，在唐军围城之前，便带着太子扶余隆等人夺路而逃，一直逃到了百济的北部边境，只留下次子扶余泰守都城。

扶余泰看见老爸和大哥自顾自逃命去了，却把这个烂摊子扔给了他，心里头老大不爽。他料定都城迟早会落入唐军手中，最后索性自立为百济国王。

在扶余泰看来，既然横竖是个死，那就过把瘾再死！更何况，国王比亲王的号召力大得多，以国王的身份率众固守，或许将士因此奋勇，百济说不定还有一线生机。

扶余泰自立为王，有一个人立刻绝望了。

他就是太子扶余隆的儿子扶余文思。他想，爷爷和老爸这一王一太子都还没死，叔叔就拥兵自立了，就算到时候能把唐军击退，可爷爷和老爸还回得来吗？就算能回来，八成也会被叔叔干掉。

扶余文思越想越怕，最后干脆带着部众翻墙而下，投降了唐军。

扶余文思的出降就像推倒了一块多米诺骨牌，城中百姓纷纷步其后尘，争先恐后地出城投降。扶余泰勃然大怒，可他无论用什么办法也阻挡不了投降的人潮。

趁百济人心大乱之际，苏定方又命士兵悄悄攀上城墙，把唐军旗帜赫然插在了百济都城的城头上。

看着高高飘扬的唐军旗帜，扶余泰傻眼了。

他知道，人心已失、大势已去，再负隅顽抗也没有用了。随后，刚过了几天国王瘾的扶余泰就万念俱灰地打开了城门，向苏定方投降。

就这样，唐军不费一兵一卒便拿下了百济的都城。

百济都城的失陷再次引发了多米诺效应，群龙无首的各城城主纷纷举城归降。稍后，走投无路的老国王义慈和太子隆也乖乖回来投降了唐军。

不到一个月的时间，百济的五部、三十七郡、两百座城池和七十六万户人口就全部归降。

至此，立国达六百七十八年的百济宣告灭亡。

老将苏定方轻而易举地平定了百济，为自己的军事生涯又增添了辉煌的一页。

唐高宗李治大喜过望，随即下诏，在百济设置了熊津等五个都督府，以百济的原有官员担任各地的都督和刺史。

百济的灭亡太迅速了，迅速得让人有些不可思议。

一个立国六百多年、拥有人口将近四百万的国家，会这么容易屈服吗？

答案是否定的。

面对轻松到手的巨大胜利，唐军将士不免都有些飘飘然，于是纵兵劫掠的行为时有发生，此举顿时激起了百济军民的反抗情绪。正当唐军上上下下都还沉浸在胜利喜悦中的时候，百济军民就已经悄然打响了一场复国战争。

率先揭起反旗的人，就是百济勇将黑齿常之。

黑齿常之是百济西部人，史称其“长七尺余，骁勇有谋略”。他在百济的官职是达率，相当于中国的刺史。当百济举国降唐时，黑齿常之也归降了唐军。但是不久之后，黑齿常之就发现唐军有纵兵劫掠的行为，许多试图反抗的百济青壮年均遭唐兵屠戮。黑齿常之又惊又怒，随即带着十几个心腹逃回本部，并且召集流亡部众，占据任存山，很快就修筑了一座易守难攻的坚固堡垒，作为反抗唐军的基地。

黑齿常之揭起反旗之后，顿时应者云集，短短十天之间就有三万多人投奔到他的麾下。苏定方得知叛乱的消息后，迅速率军前往镇压，黑齿常之亲自带着敢死队迎击，数次挫败唐军的进攻。

反抗军获胜之后，士气大振，黑齿常之遂率领军队发起反攻。由于百济各地的郡守和士兵都是原百济军队的官兵，所以黑齿常之所到之处无不望风披靡。在短短的时间内，黑齿常之就以破竹之势一连收复了将近两百座城池。

面对来势汹涌的百济复国浪潮，苏定方一筹莫展。他多次出兵试图消灭黑齿常之，无奈却被其一一击败。最后苏定方只好放弃，留下中郎将刘仁愿镇守熊津都督府（原百济都城），然后押着百济老国王扶余义慈和一干高级官员班师回国。

苏定方率唐军主力回国之后，百济的叛乱顿时越演越烈。

除了猛将黑齿常之外，百济僧人道琛、将军福信等人也在周留城聚众起事。道琛自称领军将军，福信自称霜岑将军，四处召集徒众，势力迅速壮大。与此同时，他们又从日本接回了百济王子扶余丰，拥立他为百济的新国王。

至此，苏定方在百济取得的辉煌战果基本上都打了水漂，整个百济名义上是唐朝的五都督府，实则只有一座熊津城掌握在唐军手中。

道琛、福信随后又率大军猛攻熊津，势单力薄的刘仁愿只能拼尽全力困守孤城。

熊津城危在旦夕。

危急时刻，高宗李治紧急起用了一位将领，命他即刻率领留在百济的另一部唐军火速援救熊津。

这个人就是刘仁轨。

被命运之手一把推上风口浪尖的这一年，刘仁轨跟苏定方一样，也已经是六十多岁高龄了。但有一点刘仁轨跟苏定方却大不一样，那就是——苏定方十几岁就开始驰骋沙场，可刘仁轨却一辈子都没有上过战场，更不用说带兵打仗！

高宗起用这么一个人，能够挽回万分危急的百济形势吗？

连身经百战的名将苏定方都不得不知难而退了，这个从没打过仗的刘仁轨，又怎么可能扭转乾坤呢？

人们对此充满了疑虑。可令人匪夷所思的是——这个从没打过仗的六旬老人刘仁轨，最终不但彻底扭转了百济的危局，而且一不留神就成了一代名将。

谁也不会料到，苏定方在百济战场上的得而复失和功亏一篑，到头来居然阴差阳错地成就了刘仁轨的传奇人生。

在高宗时期的战争史上，有一个现象特别突出，那就是老将特别多。这些人中有的是年轻时代便建功立业的元勋宿将，如李世勣和程知节等人；有的是戎马一生，老来才有机会崭露头角、扬名立万，如苏定方；有的是遭到政治迫害，被流放边疆却因祸得福地成长为杰出的军事家和政治家，如裴行俭；再有就是刘仁轨这种人，一辈子都与战场无缘，到老却一不留神变成了一代名将。

那么，在敌众我寡、形势异常严峻的百济战场上，刘仁轨究竟是如何力挽狂澜，成为一代名将的呢？

独臂擎天：刘仁轨传奇（上）

刘仁轨原本在朝廷担任给事中，因参与审理大理丞毕正义自缢一案，在审理过程中秉公执法，差点挖出了幕后主使李义府，因而得罪了李义府，旋即遭到报复，被贬为青州（今山东青州市）刺史。几年后，高宗下诏征讨百济，刘仁轨承担了东征军的后勤保障工作，负责海上的粮食运输。就在刘仁轨准备督船出海的时候，突遇海上气候变化，他便推迟了出海日期。

可是，一直想把刘仁轨置于死地的李义府在得知情况后，却严令刘仁轨按时出行，不得耽搁。刘仁轨没有办法，只好硬着头皮出海，结果遭遇暴风，船只沉没，大多数水手葬身海底。

李义府立刻抓住把柄，命令监察御史袁异式前去调查刘仁轨失职一案，并且特意叮嘱袁异式说："君能办事，勿忧无官。"

李义府的意思很明显，就是要袁异式利用这个案子整死刘仁轨。袁异式抵达青州后，对刘仁轨说："您在朝中得罪了什么人，心里应该很清楚。依我看，您最好早作打算。"

袁异式其实是在暗示刘仁轨——既然你已经犯在了李义府手里，那迟早也是个死；与其被朝廷明正典刑，弄得个身首异处、家破人亡，还不如趁早自我了断，留一个全尸，保一家平安。

可是袁异式的"忠告"却遭到了刘仁轨的断然拒绝。他说："我为官失职，理当接受国法的制裁，你如果依照法律将我处死，我绝不逃避。可是，如果要我自杀而让仇人称心快意，我绝不甘心！"

袁异式奈何不了刘仁轨，只好把他绑了，押回京师复命。案件上报朝廷后，李义府马上对高宗说："不斩刘仁轨，无以谢百姓。"旁边的一个朝臣源直心听了，当即替刘仁轨打抱不平，说："海上突起风暴，非人力所能及。"认为刘仁轨失职情有可原，罪不当死。

高宗随后作出裁决，将刘仁轨罢官，让他以布衣身份随军东征。

就这样，刘仁轨来到了战火纷飞的百济。可他已经无官无职，连普通士兵都算不上，充其量就是一个推车挑担的伙夫。

在官场上混了大半辈子，到头来居然落到了这般田地，刘仁轨内心的痛苦和失落可想而知。但是他并没有就此消沉。

即便只是当一个随军出征的伙夫，刘仁轨胸中的报国热情也丝毫没有减退。

当然，如果不是因为百济形势风云突变、急转直下，刘仁轨这一生恐怕就再也没有出头的机会了。

当高宗李治任命刘仁轨为检校（代理）带方州刺史时，刘仁轨哈哈大笑地说："天将富贵此翁矣！"其乐观和自信的心态溢于言表。

高宗给刘仁轨下达的任务是：会同新罗军队，火速率部驰援熊津。

出发之前，刘仁轨特意向州司请领《唐历》及唐朝历代皇帝的庙讳名册。然后，这个两鬓斑白的老人满腔豪情地说了一句话：

"吾欲扫平东夷，颁大唐正朔于海表！"（《资治通鉴》卷二〇一）

在中国历史上，唐朝区别于其他朝代的一个显著特点，就在于它涌现的人才特别多，而最令人瞩目、最值得后人称道的就是——其中大多是才兼文武、出将入相的复合型人才。尤其是在初唐时期，帝国的政治舞台上就活跃着一大批这样的人。他们上马便可杀贼，下马即能治国，在朝堂和沙场之间纵横捭阖、游刃有余，展现出了高度的政治智慧和卓越的军事才华。

而刘仁轨正是其中的一员。

他虽然是一个地地道道的文官，可带领军队却是一把好手。史称他"御军严整"、指挥有方，因而极大地提升了部队的战斗力。龙朔元年（公元661年）三月，刘仁轨率部驰援熊津，一路上势如破竹，所向披靡。百济复国军在熊津江口修筑了坚固的防线，并派重兵布防，企图阻止他的攻势，结果一战而溃，被杀和溺死了一万多人。正在围困熊津城的道琛听到前方惨败的消息，不敢与刘仁轨交锋，仓促解围而去，退守任存城。

刘仁轨一出手就解了熊津之围，顿时让留守百济的唐军士气大振。

刘仁轨随即与刘仁愿合兵一处，共守熊津城。

稍后，百济的军事高层出现了内讧。福信刺杀了道琛，兼并了他的部众，夺取了百济复国军的最高指挥权。随后又大力招集各地的流亡部众，势力顿时更加强大。

正当二刘在百济苦撑危局的时候，高宗又策划了一场崭新的军事行动。

那是埋藏在他心中多年的夙愿——征讨高丽。

高宗为何会在这个时候急着出兵高丽呢?

首要的原因，当然是他已经等待了太久，所以不耐烦了。这一点其实不难看出来，因为他在宣布征讨高丽的同时，竟出人意料地表示要御驾亲征，让武后和满朝文武都吓了一大跳，后来是武后上表力谏，他才悻悻作罢。此举充分说明，高宗征服高丽的愿望确实已经压抑得太久，所以急于想了却夙愿。

另一个原因，估计是想通过对高丽用兵来威慑百济。因为高丽一直是百济的坚强后盾，如果能一举消灭高丽，百济复国军的斗志必然会受到严重打击，甚至很可能因此瓦解。如此一来，熊津的危险便能解除，百济也可不战而下，用兵高丽就收到了一石二鸟之效。

也许正是出于这样的战略设想，所以在龙朔元年四月，高宗正式下诏，命左骁卫大将军契苾何力为辽东道行军总管，苏定方为平壤道行军总管，率萧嗣业及诸胡兵力共三十五军，从海陆两道分兵合击高丽。

这一年七月，苏定方率领海军直趋浿江，在此大破高丽守军，随后屡战皆捷，迅速进围平壤。与此同时，陆军也快速越过辽东，兵锋直指鸭绿江。高丽权臣渊盖苏文派遣其长子渊男生率数万精兵扼守，唐军前锋受到阻击，无法渡江。

九月，契苾何力率主力进抵鸭绿江。其时正逢江水结冰，契苾何力立刻下令全军踏冰冲锋。高丽守军本来在兵力上就处于劣势，如今失去了天险，顿时斗志全无，防线瞬间崩溃。唐军一直追击了数十里，斩首三万余级，余众皆降，渊男生仅以身免。

此次出征，唐帝国的海陆两军都大获全胜，而且苏定方部已经开始围攻平壤，如果契苾何力能够乘胜而进，与苏定方会师，完全有可能一举攻克平壤，进而平定高丽。

然而，就在这关键的时刻，高宗李治却忽然下诏，命令契苾何力班师回国。

高宗突然撤兵的原因史书无载，但是从隋唐两朝多次东征高丽的失败教训中，我们不难发现，每一次被迫撤兵的原因都是因为陆路的运输出现了重大问题。此次契苾何力的陆上远征军直接绕过辽东的多座坚城，长驱直入高丽境内，其漫长的运输补给线随时有可能被辽东的高丽军队切断。而且契苾何力攻过鸭绿江的时候，时节已经进入冬季，唐军需要大量的冬衣和粮草，无奈后勤补给又得不到保障，在这种形势下，高宗只能要求契苾何力撤军，以免遭受不必要的伤亡和损失。

契苾何力部撤退后，苏定方部依旧猛攻平壤。他的后勤没有问题，因为他率领的是海军，海上运输不会遭到高丽军队阻截。

于是，从这一年七月兵围平壤，到次年（公元662年）二月，苏定方部对平壤整整围攻了八个月，但是这座坚城却依然固若金汤。

为了早日攻克平壤，高宗再次派出了一支海军，由左骁卫将军庞孝泰率领，自海路进入高丽的蛇水（今朝鲜合井江），准备增援苏定方。

然而，庞孝泰部却在此遭到了高丽军队的顽强阻击。庞孝泰率部殊死奋战，最后还是输掉了这场战斗，庞孝泰本人，连同跟随他出征的十三个儿子，全部壮烈殉国。

蛇水之败是唐军此次东征以来遭到的最惨重的一次失败。

平壤城下的苏定方部得知援军覆没的消息，士气顿时大挫。此时虽然已经进入春季，但是平壤城的上空忽然又下起了鹅毛大雪，唐军将士的战斗力更是受到了极大的削弱。高宗朝廷眼见攻克平壤的希望日益渺茫，不得不命令苏定方撤兵回国。

在讨伐高丽的漫漫征途上，唐帝国又一次遭受了严重的挫折。

百济战争几乎前功尽弃，高丽战争再度无功而返，朝鲜半岛逐步恶化的形势顿时让高宗李治感到了一种强烈的忧虑。

要不要放弃这场东征？

李治面临着一个前所未有的艰难抉择。

独臂擎天：刘仁轨传奇（下）

东征高丽的失败，意味着百济战场上的刘仁愿和刘仁轨已经彻底陷入孤军奋战的境地。

此时，这支孤军已经在熊津坚守了整整一年。高宗担心他们无法长期坚持，最后不得不下了一道敕书——命他们放弃熊津，撤往新罗。他在敕书中特地强调：如果新罗国王需要他们留下来，那就留驻新罗；如果不需要，就即刻渡海回国。

高宗的这道敕令显然是出于对将士们的关心和体恤，但是作出这个决定却是痛苦而无奈的。因为最后这支部队一旦撤出百济，就意味着唐帝国这两年来在朝鲜半岛上付出的所有努力将全部付诸东流！

刘仁轨无法接受这个结果。

可是，在接到天子敕令的时候，熊津城中的将士们却都庆幸不已。

因为他们太想念故国，太想念亲人了！从显庆五年（公元660年）三月出征到现在，他们离开故土已经整整两年，而且长期困守在熊津孤城里，更让他们觉得憋屈和窝囊。在他们看来，与其在这里毫无希望地苦撑苦熬，还不如尽早放弃。

所以，此刻的唐军将士们都巴不得两位将领马上作出决定——撤军回国。

就在这个时候，刘仁轨站出来了。

他告诉众人，他的决定是——继续坚守。

将士们一片哗然。

刘仁轨环视着这些面容枯槁、神情疲惫的唐军将士，开始陈述他反对撤军的四大理由。

其一，“《春秋》之义，大夫出疆，若能安社稷、利国家，独断专行亦无不可。诸君都是帝国的臣民，就要以国家的利益为上，除了抱定必死的决心，我等别无选择！岂能各怀私心、苟且偷安？”

其二，“皇上欲征服高丽，故先讨伐百济。如今我等就是一把尖刀，插在了敌国的心脏。敌军虽然看上去人数众多、守备森严，但是只要我们秣马厉兵，出其不意地发动攻击，没有打不赢的道理。一旦取得初步胜利，军心自然安定，然后分兵据险，扩大战果，并且及时向皇上奏捷，要求增兵。朝廷知道我们有成功的把握，必然遣将出师。到时候里应外合，百济反抗军一定会被歼灭。这不仅能保住既得的胜利，而且可以永保海外的风平浪静。”

其三，“现在围攻平壤的大军已经撤退，如果再放弃熊津，那么百济的残敌必将死灰复燃，而高丽的平定就更是遥遥无期。况且，如今我们以一城之地居敌中央，假如弃城而走，很可能身陷重围，被敌人俘虏；就算安全撤往新罗，也终归是寄人篱下，万一出现意外，必然悔之不及。”

其四，“敌军首领福信凶悖残暴，与他拥立的国王扶余丰貌合神离、相互猜忌，随时可能爆发内讧，自相残杀。在此情况下，我等更应坚守到底，静观其变，伺机发动反攻，决不可轻言放弃！”

唐军将士们看着年已老迈却依然壮志在胸的刘仁轨，一股已然冷却的热血逐渐在他们心头重新沸腾起来。

并不仅仅是刘仁轨对战况的冷静分析说服了大家，更主要的是——这个老人无比坚定的勇气、意志和信念最终感染了他们，打动了他们。

“在我们的人生中，必然会遇到各种挫折和磨难。这时，只要有一个坚定的信念，并奋力拼搏，就能战胜磨难。在困境中，如果你觉得自己真的失败了，那你就会消沉下去；如果你告诉自己：一定要坚持！那么你就会走过坎坷，最终获得成功。只要信念不被厄运打垮，希望之光就终会驱散绝望之云！”（阿尔伯特·哈伯德《送给加西亚的信》）

刘仁轨正是这样一个屡遭陷害、历经磨难的人，即便后来被高宗起用，也是受命于危难之际、置身于强敌之中。如果不是依靠一种强大的信念，如果不是告诉自己“一定要坚持”，刘仁轨就绝不可能把这场东征从失败的边缘拯救回来。

沧海横流，方显英雄本色！

老当益壮的刘仁轨在这种危难时刻所发出的“希望之光”，终于驱散了笼罩在将士们心头的“绝望之云”。在刘仁轨的影响下，无论是刚刚升任熊津都督的刘仁愿，还是每一个普通士兵，无不抱定必胜的信念，誓与熊津共存亡。

与此同时，百济国王扶余丰和军队首领福信却以为唐军必定会撤出熊津，所以派人送来了一封信，在信中讥笑说："诸位使节何时西还？我方当派人为你们送行。"

看到这封信时，刘仁轨笑了。

因为他知道机会来了。

百济军队自以为唐军在高丽遭到了严重挫折，困守熊津的这支部队势必很快就会撤离，所以他们长期绷紧的神经已经放松了下来。

这无疑是唐军扭转战局、反败为胜的良机！

刘仁轨与刘仁愿商议之后，决定发动反攻。

龙朔二年七月，熊津城中的唐军忽然出击，以迅雷不及掩耳之势，对百济复国军发起了一场闪击战，一连攻克了支罗城、尹城、大山、沙井（均在朝鲜半岛西南部）等多座堡垒，歼灭了大量敌军，并迅速分兵据守。

就在百济军队还没有反应过来的时候，刘仁轨又密约新罗出兵，兵锋直指熊津城东面的一座战略要地——真岘城。

真岘城是一座修筑在峭壁上的城池，易守难攻。福信深知其重要性，很早就加派了军队，严加防范。然而，正因为此城险要，加上有重兵布防，所以百济军队反而放松了警惕。刘仁轨率部进抵真岘城下后，马上利用夜色的掩护，顺着峭壁上繁盛的草木攀爬而上，悄悄干掉了所有哨兵，到天亮时分就已占据该城，百济守军一觉醒来，都乖乖地做了唐军的俘虏。

拿下真岘城是百济战争的一大转折点。

因为此城位于百济与新罗的交通要道上，占据此城就等于打通了熊津与新罗的运输通道，从此唐军就可以源源不断地从新罗获得必要的粮食和给养。百济要想拔掉插在他们心脏上的这颗钉子，已经是难如登天了。

随后，刘仁愿迅速上表向朝廷报捷，并要求增兵。

眼见百济这盘死棋忽然之间就走活了，高宗大喜过望，随即任命右威卫将军孙仁师为熊津道行军总管，即刻率领七千名士兵渡海增援。

就在唐军发动反攻的同时，百济内部再次爆发了内讧。

不出刘仁轨所料，福信和扶余丰这对君臣始终貌合神离，一直处在相互猜忌的状态。自从福信刺杀道琛、大权独揽之后，扶余丰更是感到了严重的威胁，于是便暗中在福信身边安插了几个眼线。

七月的某一天，福信忽然称病闭门不出。满腹狐疑的扶余丰马上让他的眼线刺探实情，结果不出他的预料，福信果然是想趁他前去探病之机，将他刺杀，然后自立。扶余丰勃然大怒，索性将计就计，带着自己的一干亲信，以探病为由把福信杀了，并且清除了他的党羽。

福信一死，扶余丰算是铲除了一大心腹之患，可同时也失去了一条强有力的臂膀。扶余丰深知自己不是唐军的对手，于是慌忙派遣使节，前往高丽和日本乞援，请求共同出兵对付唐军。

孙仁师率援兵进入百济后，与刘仁愿、刘仁轨合兵一处，唐军声势大振。

龙朔三年（公元663年）秋天，经过长时间休整的唐军决定对百济发起全面反攻。诸将纷纷建议先取加林城，因为此城地处水陆要冲，是一个战略要地。然而刘仁轨却提出了不同看法，他说："加林城异常险要，如果我们采取强攻，必定伤亡惨重；倘若采取围困战术，又会陷入旷日持久的消耗战。依我之见，不如直捣敌军老巢周留城，这是百济反抗军的总部，所谓除恶务本、擒贼擒王，只要攻克周留城，其他城池必将闻风而下。"

众人经过商议，都对刘仁轨的意见表示赞同。随后，唐军兵分两路：孙仁师、刘仁愿会同新罗军队从陆路进攻；刘仁轨则与副将杜爽、百济降将扶余隆率海军出熊津江，在白江口与陆军会师，一同夹击周留城。

就在唐军准备发动全面反攻之前，日本在百济国王扶余丰的请求下，已经决定介入朝鲜半岛的战争，随即出动了一支庞大的海军支援百济。

这一年八月二十六日，当刘仁轨率领海军进抵白江口时，日本海军已经在此严阵以待。

中日海军在历史上的第一次大规模会战——白江口战役，就此拉开序幕。

日本海军的兵力将近四万人，拥有一千艘战船；而大唐海军的兵力大约是一万三千人，战舰一百七十艘。

很显然，日本海军在舰船数量和兵力上占尽了优势。但是，在舰船体积、性能和武器装备方面，日军却远远不如唐军。在两军各有所长的情况下，究竟哪一方能取得胜利，谁也没有把握。

作为中日两国海军的首次交锋，双方都不了解彼此的实力，所以在这一天的战斗中都表现得比较谨慎。两军只是彼此发动了几次试探性进攻，试图摸清对方的战术和打法，随后便各自收兵。第一天的战斗，以日军损失几艘战舰而告终，唐军小胜。

当天夜晚，双方的高级将领都连夜举行军事会议，讨论破敌的战术。日军将领一致认为，应该发扬武士道精神，主动进攻，“我等争先，彼应自退”；同时利用自身的数量优势，以穿插战术将唐军舰船分割包围、各个击破。

与此同时，刘仁轨也在紧张思考着对付敌人的办法。唐军的舰船数量虽然少，但是都配备了投射机、强弩等尖端武器，可以远距离打击日军；此外，唐军舰船的体积庞大，在与日舰的近距离对抗中也具有居高临下的优势。有鉴于此，刘仁轨决定在第二天的战斗中采用火攻的战术。

八月二十七日，中日海军在白江口的决战正式打响。

白江口碧波万顷的海面上，战船密布，千帆相连，日本海军采用既定的战术，凭借数量上的绝对优势，率先对唐军发动进攻。当一千艘日军战舰以排山倒海之势向唐军冲来时，唐军的战舰上万箭齐发，瞬间便有大量日军士兵中箭身亡。

两军接战之后，日军迅速以穿梭战术插入唐军舰队之中，凭借六比一的优势将唐军各舰团团包围。就在此刻，唐军舰船上的投射机突然抛出无数火球，全部砸向日舰。顷刻之间，日本的数百艘军舰同时燃起熊熊大火，滚滚浓烟冲天而起，海面上到处是一片鬼哭狼嚎，日军士兵纷纷跳入海中逃生，但是一个个都成了唐军弓箭手的活靶子，就算不被烧死溺死，最后也都被箭射死。

困兽犹斗的日本海军不甘失败，连续四次重整队形，前后对唐军发动了四次冲锋，但是每一次都有大量舰船被毁，众多士兵伤亡。这一天，“烟炎灼天，海水尽赤”，唐军“四战皆捷，焚其舟四百艘”。（《资治通鉴》卷二〇一）日军残部仓皇撤离白江口海面，张起船帆拼命逃回了日本。随后，唐军水陆两路并进，迅速攻克了百济反抗军的总部周留城。

发生在公元七世纪的这场中日大海战，以中国海军的全面胜利而告终。

同时，白江口海战也是百济战争中规模最大的一次会战，此战的胜利宣告了百济复国运动的彻底失败。日军势力撤出朝鲜半岛后，百济国王扶余丰万念俱灰，只好流亡高丽，他的两个儿子忠胜、忠志率百济残部向唐军投降。稍后，百济猛将黑齿常之、沙吒相如等人也相继率部归降。

至此，百济再次被唐军征服，只剩下一个叫迟受信的将领仍然据守任存城。

刘仁轨深知黑齿常之和沙吒相如都是难得的将才，为了表示对他们的信任和让他们彻底效忠大唐，刘仁轨断然作出了一个大胆的决定——命二人统领旧部，负责进攻任存城，由唐军提供所需的全部粮草和装备。

此举立刻遭到了众人的强烈反对。孙仁师说："这些人都是人面兽心，怎么可能讲信用？"

刘仁轨说："不然。据我观察，此二人都是忠勇有谋、敦信重义之人，只是未遇明主，若我等以诚相待，他们必将心怀感激、力图报效，诸君大可不必怀疑。"

事实证明，刘仁轨的判断是正确的。

黑齿常之和沙吒相如果然毫无二心，在得到粮草和给养之后，随即率部猛攻任存城。迟受信抵挡不住，只好扔下部众城池、抛弃妻儿老小，只身逃奔高丽。

到此，百济全境终于重新回到唐军手中。

自从苏定方在百济战场上功亏一篑、黯然撤兵之后，刘仁轨就临危受命，主动承担起了一项几乎不可能完成的任务。没有人会想到，就是这个毫无军事经验的六旬老人刘仁轨，不仅让孤城熊津在强敌环伺之中顽强屹立，而且又在所有人都决定放弃的时刻，以一己的信念和勇气点亮了希望之光，并最终带领大唐将士赢得了百济战争的辉煌胜利。

这是一个力挽狂澜、独臂擎天的英雄传奇。

无论多少年岁月过去，刘仁轨的传奇故事都将在泛黄的史册中绽放出不朽的光芒！

战争结束之后，高宗特意留下刘仁轨镇守百济，命刘仁愿、孙仁师班师回国。刘仁轨脱下戎装，开始致力于百济的战后重建工作。史称“百济兵火之余，比屋凋残，僵尸满野。仁轨始命瘗骸骨，籍户口，理村聚，署官长，通道涂，立桥梁，补堤堰，复陂塘，课耕桑，赈贫乏，养孤老，立唐社稷，颁正朔及庙讳；百济大悦，阖境各安其业。然后修屯田，储糗粮，训士卒，以图高丽。”（《资治通鉴》卷二〇一）

刘仁轨终于实现了他临危受命时许下的诺言——吾欲扫平东夷，颁大唐正朔于海表！

百济的灭亡，让北方的高丽不可避免地产生了一种唇亡齿寒的忧惧感。

乾封元年（公元666年），从泰山封禅归来的唐高宗李治得到了一个令他喜出望外的消息——高丽权臣渊盖苏文死了。

李治的嘴角悄然泛起一抹笑容。

渊盖苏文死了，高丽的末日还会远吗？

平定高丽：李勣老而弥坚（上）

渊盖苏文死后，他的长子渊男生接任莫离支，亦即高丽首辅之职，继续执掌高丽王国的权柄。

初执朝柄的渊男生为了取得各级官吏和百姓的支持和拥戴，决定前往全国各地巡察。临走之前，他把留守之权交给了两个弟弟：渊男建和渊男产。

对于刚刚取得权力的渊男生来说，满朝文武当然都是不值得信任的。在他看来，只有把朝廷大权暂时交给两个弟弟保管，他才能放心出巡。

可是，渊男生错了。

面对权力的诱惑，亲兄弟很可能比其他人更容易反目成仇。

他前脚刚刚离开平壤，马上就有一些居心叵测的投机政客对他两个弟弟说：“你们大哥想独揽大权，迟早会把你们除掉，与其坐以待毙，还不如先下手为强。”与此同时，也有人对渊男生发出了警告：“你那两个弟弟打算把首辅大权据为己有，估计不会让你回京了。”渊男生大惊失色，赶紧派心腹潜回京城，侦察两个弟弟的动静。

不料两个弟弟早已野心膨胀，渊男生的心腹刚刚回到平壤，就被他们逮了个正着。随后他们便以国王的名义下诏，命渊男生即刻回京。

渊男生一下子慌了手脚。他万万没有料到，自己最信任的两个亲弟弟居然真的在背后捅他的刀子。

得知两个弟弟已经向他张开了血盆大口，渊男生当然是不敢回平壤了，只好仓皇逃往辽东。渊男生一跑，二弟渊男建正中下怀，随即便以拒不奉诏为名撤了他的职务，然后自立为莫离支，并且马上派遣军队追杀渊男生。

渊男生躲在辽东的一座城池里面，越想越不甘心——明明自己才是高丽王国的莫离支，怎么一夜之间就变成流亡者了呢?

可不甘心也没有用，因为一切都已经发生了。眼下他唯一的办法就是找一座强大的政治靠山，然后兴兵报仇，夺回大权。

去哪里找政治靠山呢?

当然是去大唐。

渊男生随后就派遣儿子泉盖献诚前往长安，请求唐高宗发兵救援。

渊盖苏文死后，高宗李治就已密切关注高丽的局势，如今他的三个儿子又爆发内讧，这无疑是征服高丽的天赐良机。

乾封元年六月，高宗任命契苾何力为辽东道安抚大使，率左金吾卫将军庞同善、营州都督高侃等部，进讨高丽，驰援渊男生。同时授予泉盖献诚右武卫将军之职，让他当唐军的向导。

九月，庞同善部率先进抵辽东，大破前来追杀渊男生的高丽军队，随后与渊男生合兵一处。高宗当即下诏，封渊男生为辽东大都督兼平壤道安抚大使，从而扶植起了一支反对高丽现政府的政治力量。

这一年年底，高宗李治意识到，全面进攻高丽的时机已经成熟。可是，要让谁担任此次东征的最高统帅呢?鉴于隋唐两朝多次对高丽用兵均遭失败，所以对于这一次的统帅人选，高宗不得不慎之又慎。

权衡再三之后，高宗终于敲定了一个人选。

他，就是李勣。

这一年，李勣已经七十三岁高龄，是灿若星辰的大唐开国名将中真正硕果仅存的老将。从大业年间开始，李勣历经隋末的群雄混战、大唐的开国战争以及贞观时代的平定东突厥、薛延陀之战，可谓身经百战、军功赫赫。更重要的是，在贞观末年太宗亲征高丽的战争中，李勣作为主将之一，积累了丰富的辽东作战的经验。所以，除了李勣，没有谁更适合担任此次东征高丽的统帅！

乾封元年十二月十八日，高宗任命李勣为辽东道行军大总管，以郝处俊、契苾何力、庞同善为副大总管，率高侃、薛仁贵、郭待封等人，分海陆两路大举进击高丽。

乾封二年（公元667年）九月，李勣亲率陆路主力进入辽东，一举攻克高丽在辽东的军事重镇新城（今辽宁抚顺市北），然后挥师东进，以破竹之势连下辽东十六座城池，高丽顿时举国震恐。

渊男建慌忙派遣军队对驻守新城的唐军发起反攻，被左武卫将军薛仁贵击退。稍后，高侃部进抵金山（今辽宁康平县东），与高丽大军展开遭遇战。唐军失利，被迫后撤，高丽大军乘胜追击，准备一举吃掉高侃部。就在此时，薛仁贵部突然从高丽军队的侧翼杀出，将其截为两段。高侃部随即掉过头来，与薛仁贵前后夹击，高丽军队猝不及防，随即四散溃逃。

这一战打得异常惨烈，高丽军队一共被斩首五万余级，遭到前所未有的重创。薛仁贵与高侃挟新胜之威，又连克南苏（今辽宁西丰县南）、木底（今辽宁新宾县）、苍岩（今辽宁清原县东）三城，并与渊男生会师。

就在陆军横扫辽东的同时，郭待封（前安西都护郭孝恪之子）也率领一支海军跨越黄海，直趋平壤。李勣派遣将军冯师本负责为郭待封运输粮食和装备，不料冯师本在运输途中遇到风暴，船只沉没，郭待封军中随之断粮，情况极为艰难。

郭待封打算写信向李勣求救，可转念一想，万一书信被敌人截获，让高丽军队知道他目前的处境，势必倾巢来攻。可是，要怎么做才能既传达军情，又确保不让敌人破获呢？郭待封思前想后，最后终于想出了一条妙计。

他写了一首离合诗。

所谓离合诗，就是从诗歌的表面文字上看不出真实内容，必须按一定的方式重新排列组合，才能知悉隐藏在文字背后的含义。

可是，当这首诗送到李勣手中的时候，老将李勣却破口大骂："军情紧急，郭待封这小子居然还有心思写诗，老子非宰了他不可！"

李勣手下的文书元万顷觉得事有蹊跷，便拿过去看了看，很快就把郭待封真正想表达的意思念了出来。李勣大为诧异，经元万顷一番解释后才恍然大悟，连忙派人给郭待封运送粮草和装备。

郭待封此举，可以被看做是中国历史上比较早的以密码形式发送的情报。

总章元年（公元668年）春天，高宗李治派遣了侍御史贾言忠前往辽东前线，负责视察战况并慰问官兵。

贾言忠回朝复命时，高宗问他对高丽局势的看法，贾言忠胸有成竹地回答了四个字——高丽必灭。

高宗问："你凭什么这么说？"

贾言忠侃侃而谈："隋炀帝之所以东征不克，是因为国内人心怨离；先帝之所以东征不克，是因为高丽内部精诚团结。而现在，高藏（高丽国王）昏庸懦弱，权臣独揽朝纲，渊盖苏文一朝身死，三个儿子旋即内讧。渊男生诚心归顺，为我军之向导，高丽的各种情况，我军洞若观火。以陛下之圣明，国家之富强，加上将士尽力，乘乱取之，高丽之亡翘首可待！"

毫无疑问，贾言忠所列举的诸多理由，确实都是高丽即将覆灭的征兆。高宗听在耳中，喜在心头。他接着又问："辽东前线的几大将领，哪个最能干？"

这个问题就不太好回答了，因为不管贾言忠说谁最能干，都难免得罪其他人。贾言忠略加沉吟，就给了天子一个非常满意的答复。他说："薛仁贵勇冠三军；庞同善虽不善战，但治军严整；高侃勤俭自处，忠勇有谋；契苾何力沉毅能断，虽不适合充当前锋，却有统御之才；然而，要论到夙夜小心、忘身忧国者，还是非李勣莫属！"

贾言忠这个回答虽说有些八面玲珑，但确实也道出了实情。

此次出征的这些将领，实在是无可挑剔的。比如其中的薛仁贵，的确当得起勇冠三军这个至高的评价。当年太宗李世民亲征高丽，薛仁贵以普通一兵的身份随军东征，就是凭借其过人的胆识和高超的武艺，故意不穿铠甲而披白袍，在战场上纵横驰骋，如入无人之境，从而一战成名。太宗对他极为赏识，亲自提拔他为游击将军，并且高兴地说："朕不喜得辽东，喜得卿也！"（《资治通鉴》卷一九八）薛仁贵从此名扬天下。龙朔二年（公元662年），薛仁贵率部平定铁勒九姓的叛乱，他亲临阵前，三箭射杀三个铁勒武士，令对手闻风丧胆，进而一战平定了叛乱，缔造了一个“三箭定天山”的千古传奇。此次东征高丽，薛仁贵更将以一系列辉煌的战绩，再次向天下人展现出他勇冠三军的名将风采。

尽管高宗本人对此次东征的将帅阵容也颇有信心，但是为了确保此战能够彻底平定高丽，他最后还是给李勣又增派了一个副大总管。

这个人就是刘仁轨。

其时刘仁轨已经回朝，并且高居右相（中书令）之职。高宗此刻再一次郑重其事地把他派往朝鲜半岛，足见对他的信任和倚重之情。

二月，李勣挥师继续向高丽纵深挺进。猛将薛仁贵在金山大捷之后，又担任前锋直逼辽东的另一座军事重镇——扶余城（今吉林四平市）。

薛仁贵出发前，只挑选了三千名士兵。诸将都说兵力太少，让他多带一些人去。薛仁贵却笑着说：“兵不必多，关键是看如何指挥罢了。”

薛仁贵随后率兵直扑扶余城。高丽守军侦知唐军兵少，遂倾巢而出，在一马平川的扶余平原摆开阵势，主动迎战唐军。

此举正中薛仁贵下怀。因为高丽军队向来长于守城，短于野战，所以薛仁贵要的就是引蛇出洞，诱使高丽军队出城跟他决战。

当敌军漫山遍野地冲过来时，薛仁贵一马当先杀入敌阵，唐军将士紧随其后，个个奋勇拼杀。虽然高丽军队在兵力上占据了优势，可是碰到拼命三郎薛仁贵，他们也只有挨砍的份儿。此战薛仁贵再次以少胜多，砍杀并俘虏了一万多人，随后又乘胜而进，一举攻克了扶余城。

一听说重镇扶余城被薛仁贵一战而下，扶余平原上四十余城的守将顿时胆破，没过多久就全部望风而降。

薛仁贵以三千骑兵大破高丽军队，不仅斩获一万多人、轻而易举地拿下了扶余城，并且兵不血刃地逼降四十余城，如此辉煌之战果，令人击节称叹！

平定高丽：李勣老而弥坚（下）

扶余城及其附近诸城全盘沦陷，令渊男建大为恐慌。他意识到，以唐军这种犁庭扫穴、雷霆万钧的势头，不消多久就可以直逼平壤、攻克高丽全境。所以，渊男建决定不惜一切代价夺回扶余城，无论如何也不能让唐军主力越过鸭绿江。

高丽随即集结了五万大军，火速向扶余城逼近。李勣料定，这差不多是高丽所能调动的最后一支预备队了。如果把这支部队歼灭，高丽势必再也无力组织有效的反扑。

唐军的高级将领们经过讨论，一致同意主帅李勣的上述判断。随后，李勣与多位副总管一同率领唐军主力，在薛贺水（流经辽宁凤城市境）严阵以待，准备与这支高丽大军决战。

总章元年二月底，两军在薛贺水展开大规模会战。

这场大战的结果同样是毫无悬念的——战斗以高丽军队阵亡三万余人而告终。

高丽又一次遭致惨败。

其实，从渊男建决定夺回扶余城的那一刻起，高丽军队的失败就已经注定了。因为在当时的亚洲战场上，唐军无疑是最擅长野战的一支军队，而高丽军队最显著的优势则是守城战。只要渊男建仔细研究过隋唐两朝多次东征的战例，他就应该采取避敌锋芒、坚壁清野的战略，尽量避免与唐军野战，更要避免战略性的决战。他应该像历史上的每一次高丽战争一样，不断地诱敌深入，拉长对方的战线和补给线，最终拖垮对手。

假如渊盖苏文在世，唐军绝对不可能通过野战一次又一次吃掉高丽的有生力量。可渊男建毕竟是初生牛犊，太缺乏军事经验和战略智慧了。他基本上自始至终都被唐军牵着鼻子走，根本没有自己的通盘战略，只会纠缠于一城一地之得失，并且一再以己之所短去对抗敌之所长。于是，高丽军队每一次与唐军展开野战，都不啻于以卵击石、羊入虎口！金山会战、扶余川之战、薛贺水会战，莫不如此。

高丽军队在这样一个最高统帅的指挥下，又岂能不败？

主动把脖子一次次伸到对手的刀下，高丽又岂能不亡？

薛贺水大捷后，李勣又乘胜东进，攻克了鸭绿江西岸的军事重镇——大行城（今辽宁丹东市）。拿下该城，意味着广袤的辽东土地已经全部落入唐军手中，平壤的门户已经轰然洞开。

总章元年夏天，各路唐军会师于大行城，经过数月休整和养精蓄锐之后，唐军于八月对鸭绿江的高丽守军发起强攻。此时，屡战屡败的高丽军队的士气已经落到了低谷，而唐军挟数次大捷之威，士气正空前高涨。高丽军队当然抵挡不住唐军的强大攻势，很快就全线崩溃。

唐军越过鸭绿江，进入朝鲜半岛，一鼓作气向东追击了两百余里，并顺势攻下了半岛北部的要塞辱夷城（平壤城西北）。

至此，高丽大势已去。其他各城的守将闻风丧胆，要么弃城而逃，要么举城归降，唐军如入无人之境。勇将契苾何力担任前锋率先杀到平壤城下，紧接着，李勣的主力也进抵平壤，随即将其团团围困。

平壤作为高丽的都城，经过多代人的苦心经营，其防御体系固若金汤。此前苏定方曾经对它围攻了八个月，最后也不得不黯然收兵，可见平壤的确是一座名副其实的坚城。

然而，世界上最坚固的东西并不是城墙，而是人心。

隋唐两朝的多位帝王之所以屡屡在高丽这个东夷小国折戟沉沙，并不仅仅是因为高丽的城墙特别坚固，而主要是因为高丽君臣能够团结一致，举国上下同仇敌忾。而今日，平壤虽然依旧拥有坚固的城墙，但是此刻的高丽君臣显然已经失去了拒敌的勇气和抗战到底的决心。所以，这样一座貌似坚固的堡垒，到头来也就避免不了从内部被攻破的命运。

当唐帝国的东征大军围攻平壤一个月后，有一个人的意志就彻底垮了。

他就是现任的高丽国王高藏。

作为一个长期大权旁落的君主，高藏捍卫国土的信念和责任感显然比较匮乏，起码比权臣渊男建匮乏得多，所以他的意志率先垮掉，说起来也是情理中事。他携渊男建的弟弟渊男产以及高丽朝廷的各级文武官员共九十八人，趁渊男建不备，偷偷缒下城墙，手举白幡归降了唐军。

国王亲自带着文武百官投降唐军，这对平壤守军的士气无疑是一个沉重打击。渊男建暴跳如雷，但他仍然闭门坚守，准备顽抗到底。

随后的日子，困兽犹斗的渊男建屡次出兵反攻唐军，可这不过是垂死挣扎罢了。

高丽军队的反击屡屡被唐军挫败，平壤的陷落只是时间问题。

在此危急的时刻，又有一个人背叛了渊男建，从而敲响了高丽的丧钟。

这是一个武僧，名叫信诚，是渊男建的心腹，手中握有平壤守军的指挥权。他意识到高丽大势已去，再负隅顽抗也无法挽回败局，于是秘密派人与李勣接洽，表示愿意充当内应，投降唐军。

总章元年九月十二日，信诚忽然打开城门，唐军随即蜂拥而入。李勣命士兵攀上城墙，插上唐军旗帜，擂鼓呐喊，并且焚烧城墙四周的各个城楼，平壤城顿时陷入一片混乱。

听着惊天动地的喊杀声，看着到处燃烧的熊熊火焰，渊男建彻底绝望了。

他拔出佩剑，狠狠刺进了自己的胸膛。

这一天，平壤陷落，立国长达七百零五年的高丽王国宣告灭亡。

城破的这一刻，渊男建不愧是一个武士，把最后一剑勇敢地刺向了自己。

可他下手还不够狠，所以没有死，结果还是成了唐军的俘虏。与他同时被俘的，还有流亡高丽的百济国王扶余丰。

十二月，李勣押着高丽的这些高级战俘班师回国，朝廷为远征军举行了一个盛大的凯旋仪式，高宗李治在大明宫含元殿接受李勣献俘。同时，上至主帅李勣，下至普通将士，全部依照功劳大小给予相应的封赏。

对待高丽的这些战俘，唐朝采取了一贯的宽大原则，除了将首恶渊男建流放黔州、将百济国王扶余丰流放岭南之外，其他人全部赦免，并且授予了他们相应官职。高藏被封为司平太常伯，渊男产被封为司宰少卿，信诚被封为银青光禄大夫。此外，最早归附唐朝的渊男生也被封为右卫大将军。

随后，唐朝将高丽划分为九个都督府、四十二个州、一百个县，同时在平壤设立安东都护府，统一管辖。各都督、刺史、县令的职位由一部分有功的高丽旧将出任，另外也配备了一部分中国官员协同治理。薛仁贵由于在此次东征中战功卓著，被擢升为右威卫大将军，并出任安东都护，率两万人马镇守。

高丽战争的胜利是来之不易的。

隋唐两朝、四代帝王都曾经为了征服高丽而倾注了大量心血——隋文帝杨坚于开皇十八年（公元598年）发动三十万大军征讨高丽，结果未及踏上高丽国土就遭遇天灾和疾病，导致士兵死亡十之八九；隋炀帝杨广更是因为三征高丽而耗尽国力，引发了国内风起云涌的全面叛乱，最终葬送了隋朝江山；天纵神武的唐太宗李世民一生中最大的失败，也是因为在贞观十九年（公元645年）亲征高丽，此次失败的亲征不但拖垮了他的身体，而且沉重打击了他的精神，使他在短短几年后就抱憾而终、赍志而殁；直到唐高宗李治的时代，即便他继承了贞观时代强大的国力和丰厚的人才资本，可还是在龙朔二年第一次东征高丽时遭遇了失败，并因此几乎放弃对整个朝鲜半岛的经略。如此种种，足以证明高丽人确实具有一种超乎寻常的坚韧与顽强。

作为朝鲜半岛上的蕞尔小国，高丽屡屡横挑强邻，频频遭到大军征伐，却一次又一次以弱胜强，在当时周边国家无不被唐帝国一一征服的情况下，唯独它始终屹立不倒，诚可谓绝无仅有，亦足以令人刮目相看。

如果不是渊盖苏文之死以及后来他三个儿子为了争夺权力而爆发内讧，唐帝国征服高丽的时间表，也许还要被大大推迟。

然而，无论如何，立国长达七百余年的高丽王国还是在大唐帝国的强力打击之下彻底覆灭了。

平定高丽，标志着唐王朝的军事扩张达到了一个巅峰，大唐的版图也至此臻于极盛。

然而，月圆则亏、水满则溢，盛极而衰往往是世间万物的常理。

自从征服高丽之后，唐初的军事制度府兵制就开始逐渐瓦解，国人和士兵的厌战情绪日益滋长蔓延，同时由于元勋名将的相继凋零以及周边各个被征服国家此起彼伏的反叛浪潮和复国运动，大唐的军事力量开始走向衰弱，唐军无敌于天下的神话宣告破灭，王朝初期生机勃勃的扩张史也随之戛然而止。

高丽覆灭的次年，即唐高宗总章二年（公元669年）十二月，战功赫赫、威震四夷的一代名将李勣也终于走完了他波澜壮阔的一生，终年七十六岁。

临终前，李勣对自已戎马倥偬的一生作出了这样的评价：“我年十二三时为‘亡赖贼’，逢人则杀。十四五为‘难当贼’，有所不惬则杀人。十七八为‘佳贼’，临阵乃杀之。二十为大将，用兵以救人死。”（《资治通鉴》卷二〇一）

从一个“逢人则杀”的亡命之徒变成“用兵以救人死”的一代名将，李勣在血火与刀剑的洗礼中完成了生命的成长与蜕变，也铸就了他光耀史册、彪炳千古的辉煌人生。

盖棺论定之时，《资治通鉴》对李勣的名将风范作出了这样的概括：“勣为将，有谋善断；与人议事，从善如流。战胜则归功于下，所得金帛，悉散之将士，故人思致死，所向克捷。”而在《旧唐书》中，史臣也把李勣与李靖并列，作出了很高的评价：“近代称为名将者，英、卫二公（英公指李勣，卫公指李靖），诚烟阁之最。英公振彭、黥之迹，自拔草莽，常能以义藩身，与物无忤，遂得功名始终。贤哉，垂命之诫！”（《旧唐书·李勣传》）

李勣去世后，高宗李治为之举哀，辍朝七日，赠太尉、扬州大都督，谥号贞武，陪葬昭陵，并为他举行了隆重的葬礼，命皇太子李弘与文武百官送葬。此外，高宗还参照西汉名将卫青、霍去病的故事，为李勣修建了形状像阴山、铁山、乌德鞬山一样的陵墓，以表彰他平定东突厥、薛延陀的不朽功绩。

作为大唐开国元勋中最后辞世的一位，李勣的去世，意味着一个轰轰烈烈的奠基时代就此落下了帷幕。大唐王朝的历史，开始进入一个承前启后的守成时代。

而人到中年又病魔缠身的唐高宗李治，能够好好守住高祖和太宗留下的这座锦绣江山吗？在皇后武媚强势干政的情况下，高宗李治在未来的日子里，能够平稳地把帝国的最高权力过渡给太子李弘吗？

一切都还是未知数。

第九章
天后临朝

从皇后到天后

咸亨元年（公元670年）是一个不幸的年份。

无论对于大唐帝国还是对于武后个人而言，莫不如此。

首先是帝国在对外军事上，遭到了来自西陲吐蕃王朝的严峻挑战。

吐蕃王国是差不多与唐帝国同时崛起的一个国家。正当唐帝国在太宗李世民手中建立起具有国际联盟性质的天可汗体系时，吐蕃王国也在一代雄主松赞干布的治下臻于强盛。太宗时代，唐朝与吐蕃建立了睦邻友好的外交关系，先有文成公主入藏的千古佳话，后有吐蕃出兵帮助唐使王玄策征服中天竺的事迹。但是随着松赞干布的去世，吐蕃国相禄东赞大权独揽，开始走上对外扩张的道路，首先把战争的矛头指向了唐帝国的属国吐谷浑。

吐蕃与吐谷浑同位于青藏高原，两国历来存在边境争端，时常爆发军事冲突。唐高宗龙朔三年（公元663年），由于吐蕃的蓄意入侵，两国的军事冲突迅速升级，吐谷浑屡屡遣使向唐朝告急，而吐蕃也装腔作势地遣使向唐求援。由于当时唐帝国东征百济的战争还处于胶着状态，而且唐朝对吐蕃的扩张野心也估计不足，所以高宗对两国的争端采取了不闻不问的态度。后来的事实证明，这是一个错误的政策。

唐王朝的失策进一步刺激了吐蕃的野心。当年五月，吐蕃悍然出动大军，一举吞并了吐谷浑，并进而窥视西域，准备与唐朝争夺西域的控制权。

几年后，吐蕃国相禄东赞去世，但是吐蕃对外扩张的进程并未中止，而是越发猖獗。因为禄东赞虽死，可他的儿子论钦陵又继承了相位。正所谓虎父无犬子，这个论钦陵比他的父亲更具有传奇色彩，是吐蕃历史上最富于雄才大略的一代名相。

就在咸亨元年四月，吐蕃王国出兵攻陷了大唐在西域的十八个州，进而占据安西四镇——龟兹、于阗、焉耆、疏勒。战报传来，大唐朝野一片震惊。高宗不得不下诏撤销了安西四镇，随后任命名将薛仁贵为主帅，以郭待封等人为副帅，率十余万大军西进青海湖地区，准备在讨伐吐蕃的同时协助吐谷浑复国。

然而高宗绝不会料到，他这次指定的副帅人选，最终将被证明是一个致命的错误。当西征军进抵大非川（今青海共和县西南切吉平原）时，按照薛仁贵原来的战略部署，是让郭待封率两万人在大非岭上筑营固守，保护大军的辎重和粮草，然后由他本人亲率主力进击乌海（今苦海）方向的吐蕃军队。如果郭待封按此计划行动，或许就能避免后来那个可怕的失败。

只可惜事实并非如此。

当薛仁贵率部在河口大破吐蕃前锋时，郭待封却放弃了大非岭，擅自带领辎重部队继续前进，终于遭到吐蕃二十万大军的伏击，辎重和军粮丧失殆尽。薛仁贵闻讯，连忙退守大非川。然而就在此时，吐蕃国相论钦陵亲自率领的四十万大军已经把唐军团团包围了。经过一场空前惨烈的厮杀之后，唐军遭到了毁灭性的打击，几乎全军覆没。薛仁贵、郭待封等将领被迫与吐蕃议和，才得以保住性命。随后，朝廷派出特使将他们押解回京。虽然高宗念在他们以往的功勋，赦免了他们的死罪，但均将他们革职除名，可惜薛仁贵的一世英名就这样毁于一旦！

大非川之败，一举破除了唐军天下无敌的神话，成为唐朝对外战争史上由盛而衰的一大转捩点。究其失败的原因，首先是因为副帅郭待封自恃为名将之后，根本不服平民出身的薛仁贵的统辖，致使两人在战略战术上产生了严重分歧。其次，唐军士兵在平均海拔4000米以上的青海湖地区产生了强烈的高原反应，致使军队的战斗力严重下降。

从后面这点来看，此时唐军士兵的身体素质显然远远不如贞观时代。当年李靖、侯君集等人平定吐谷浑时，同样也是在青藏高原上转战数千里，大小数十战，最后仍然取得了全面胜利。由此可见，唐朝的军事实力之所以在高宗执政的中后期由盛而衰，其内在原因之一，就是兵员素质已经一代不如一代了。

正当唐帝国在西线遭遇吐蕃严峻挑战的时候，东方的局势也出现了逆转。

由于高宗朝廷在帝国疆域急速扩张的同时，对各羁縻州府缺乏同步的强有效的治理，并且在各占领区驻扎的军队数量也很少，从而导致本已臣服的这些周边地区迅速掀起了一股叛乱和复国的浪潮。

最先死灰复燃的是两年前刚刚被李勣平定的高丽。

咸亨元年（公元670年），高丽贵族剑牟岑拥立原高丽国王高藏的外孙安舜为首领，起兵反叛。唐朝随即派遣高侃出兵镇压。不久高丽内部爆发内讧，安舜不满于傀儡地位，刺杀了剑牟岑。由于严重的内部分裂导致了高丽反抗军元气大伤，于是在后来的几年里，高侃先后在安市城、白水山大败高丽反抗军。然而，就在唐军即将平定叛乱的节骨眼上，历来臣属于唐帝国的新罗突然与唐朝反目，不仅收留了逃亡新罗的安舜，公然支持高丽的反叛势力，而且陆续出兵占领了原属百济的一部分土地，其称霸朝鲜半岛的野心昭然若揭。

除了国际形势风云突变之外，国内形势也令人担忧。从咸亨元年三月开始，一些地方就出现了旱情，到了八月，关中又遭遇严重的干旱，导致京畿地区出现饥荒，朝廷不得不让百姓前往各州逐食，同时也准备把朝廷暂时迁往洛阳，以解决皇室和文武百官的吃饭问题。

国家如此，武后个人也同样面临危机。

首先是她在外朝的心腹都相继离去。如李义府早在几年前就被流放远地、死于贬所，而袁公瑜也是被一贬再贬，早就远离了权力中心，其他的几个“翊赞功臣”也都已病故，剩下最后一个死党许敬宗，又在这一年三月因年老体衰而不得不致仕。这些人都是武后在朝中的利益代言人，没有了他们，武后自然就陷入了势单力孤的境地。

其次，武后的母亲荣国夫人也在这一年九月病逝。这位长年诵经礼佛的老太太活了九十二岁，虽说如此高寿已属人间稀有，但是她的亡故还是让武后感到了极大的悲伤。因为这么多年来，母亲杨氏始终是她政治上最坚定的支持者。尤其是在她争夺皇后之位的关键时刻，母亲不仅在背后为她出谋划策，而且还不顾年迈亲自出面奔走，这一切都让武后一直深怀感激。此外，在武后走向权力巅峰的道路上，几乎每一步都沾着亲人的鲜血，如长女安定公主，姐姐韩国夫人，外甥女贺兰氏，同父兄武元庆、武元爽，堂兄弟武惟良、武怀运，无不是死在武后的手中。当亲情在政治的碾压下近乎完全泯灭的时候，母亲杨氏无疑是武后唯一的情感慰藉和亲情寄托。

如今母亲终于驾鹤西去，而国家忧患又与个人危机同时袭来，顿时让武后陷入了一种前所未有的孤独和茫然之中。

古代中国人普遍相信天人感应之说，他们笃定地认为，凡是出现重大天灾，必是人事出了问题。所以当这一年国家突然遭遇内忧外患时，朝中许多对武后心怀不满的大臣便借机发难，纷纷把矛头指向武后，宣称天下大旱必然与皇后专权有关。

面对骤然来临的各种压力，武后忽然作出了一个出乎所有人意料的决定。

咸亨元年闰九月，她以天下久旱为由，正式向高宗提出避位的请求。所谓避位，也就是因天灾而引咎，要求辞去皇后之位。

朝野舆论顿时哗然。

武后居然提出避位？这不是太阳打西边出来了吗？这个视权力如生命的女人，这个从来不向任何困难屈服的武后，居然甘心放弃她为之拼搏了半生的皇后之位，从此向命运缴械投降吗？

人们几乎不敢相信这是真的。

在这个微妙的时刻，朝野上下顿时把目光全部聚焦到了天子李治的身上，都睁大了眼睛看他到底会怎么做。

高宗很快就作出了回答。

两个字——不许。

他当然不许。因为这几年来，他的身体已是每况愈下，长年的疾病缠身使他不得不对武后产生了越来越严重的依赖。一旦没有武后，高宗根本就无法独自处理政务。

此外，让高宗不同意武后避位的另一个原因是——他心里很清楚，武后这么做并不是真的想放弃权力，而是在以退为进！

她的目的有二：

一，故作高姿态，平息朝野上下对她的不利舆论。

你们不是都说我专权吗？那我干脆辞职不干了，看你们还能说些什么！

二，用这种主动承担责任的方式向天下人强调，她才是大唐帝国真正的主宰者。

因为权力和责任是成正比的，所以，谁承担最大责任，谁当然就是拥有最高权力的人！

试问，武后这么做，不是明摆着把天子李治置于尴尬之地吗？古往今来，只听说出了天灾由皇帝下诏罪己的，哪里有皇后自请避位的？

如果高宗真的答应了她的请求，那无异于把自己摆在了一个从属的地位，更无异于扇自己一个响亮的耳光。

高宗当然不会这么傻，所以他必然要驳回武后的避位请求。

咸亨元年的避位事件，显然是武后化被动为主动的一着妙棋。如此一来，她不但巧妙地堵住了朝野上下的悠悠众口，而且进一步提升了自己的威望，在天下人面前树立起了“心系天下、不徇己私”的高大形象。

武后既然表现得如此高姿态，高宗当然也不能不有所表示。

随后，高宗宣布辍朝三日，为武后的母亲杨氏举办了无比风光的高规格葬礼——命司刑太常伯（刑部尚书）卢承庆主持丧葬事宜，特令宰相戴至德持节吊唁，又命在京九品以上文武官员及外朝诰命夫人，都必须前去吊丧哭拜，并送葬至渭桥；葬礼规格等同亲王，墓碑由高宗亲笔书写。稍后，又追赠武士彟为太尉、太原王，封杨氏为太原王妃，谥号忠烈。

至此，武后又一次以她那绝顶高明的政治手腕化解了危机，并且强化了“二圣临朝”的政治格局，进一步巩固了自己的权力和地位。

其实，平心而论，武后在掌控朝政的这些年里，大多数时候确实是在帮高宗打理政务的，基本上没有打什么个人的小算盘。

要是从显庆五年高宗患上风疾算起，武后参于朝政已经整整十年；就算从麟德元年的“二圣临朝”算起，武后垂帘听政也已经六年。在这么长的时间里，武后既没有在外朝培植新的政治势力，也没有引进任何强势干政的外戚。单凭这一点，武媚这个辅政的皇后也算当得尽职尽责，并没有多少值得诟病和指摘的地方。也许正因如此，高宗才会越来越倚重她。

当然，武后表现得如此谨慎和内敛，一方面固然是为了博取高宗的信任，另一方面，其实也是因为她的外戚力量先天不足——那几个同父兄和堂兄弟老早就被她搞掉了，他们的儿子也均遭流放；如今唯一一个在朝中任职的外戚，就是她姐姐韩国夫人的儿子贺兰敏之。

说起这个贺兰敏之，武后本来也是要用心培养的，不承想这小子纯粹是烂泥扶不上墙，让武后伤透了心。

贺兰敏之据说是长安有口皆碑的美少年，长得明眸皓齿、玉树临风，而且腹有诗书、才华横溢。史称他“不杂风尘，鸾章凤姿”，“风情外朗，神采内融”，“飞文染翰，为伯为雄”。（《全唐文补遗》第二辑《大唐故贺兰都督墓志》）古代的墓志大多都有溢美吹捧之嫌，贺兰敏之这一篇也不例外，但是综合两《唐书》、《资治通鉴》等各种史料来看，说他是才貌双全的美男子应该是没有问题的。

武后确实有心栽培贺兰敏之。早在武后当年除掉武元庆等人之后，就奏请高宗以贺兰敏之为武士彟的继嗣，改姓武，袭爵周国公，并擢升他为弘文馆学士、左散骑常侍。

然而，贺兰敏之却根本没有理会武后的一片苦心。

首先，他在政治上就没有和武后站在一边。这一点武后是在乾封元年看出来的。当时魏国夫人贺兰氏因武氏兄弟献食而暴亡，贺兰敏之参加妹妹的葬礼时，高宗哭着对他说：“我上朝时她还好好的，怎么一退朝就中毒不治了呢？事情为何发生得如此仓促？”

如果贺兰敏之够聪明的话，不管他当时心里想什么，都应该立刻把责任推到武氏兄弟身上，请高宗主持公道，说一些依法严惩武氏兄弟、替妹妹报仇之类的话。

可是他没有。

他自始至终只是陪着高宗伤心落泪，什么话都没说。

这说明什么？

这至少表明——他知道杀死妹妹的凶手不是武氏兄弟。

当武后得知贺兰敏之对这件事的反应之后，她只淡淡地说了四个字：“此儿疑我。”（《资治通鉴》卷二〇二）

心机缜密的武后知道，贺兰敏之已经猜出谁才是幕后真凶了。

就是从这个时候起，武后意识到，这个贺兰敏之绝对成不了自己政治上的帮手。

除了政治上让武后觉得靠不住之外，贺兰敏之的个人秉性和所作所为也让武后深感厌恶。

因为这小子是一个彻头彻尾的花花公子，基本上什么样的女人都敢搞。

最让武后吐血的就是，和贺兰敏之私通的女人，有一个居然是他的外祖母，也就是武后的母亲——杨氏！

八九十岁的外祖母居然与自己年方弱冠的亲外孙通奸？

如此耸人听闻、匪夷所思的乱伦故事，即便是今天最恶心的八卦记者恐怕也杜撰不出来，可这在当时的长安却几乎是一个公开的秘密，各种有关的史料也对此言之凿凿。如《旧唐书·武承嗣传》称："敏之既年少色美，烝于荣国夫人，恃宠多愆犯，则天颇不悦之。"《资治通鉴·卷二〇二》也称："敏之貌美，烝于太原王妃（杨氏）。"

武后感觉自己的脸真是被这祖孙俩给丢尽了！

而更让武后无语的是——花花公子贺兰敏之恶心人的事情还远不止此。

当时太子李弘已经长大成人，高宗和武后准备为太子纳妃，于是从众多的名门闺秀中挑选了司卫少卿杨思俭的女儿。这个女孩据说长得天姿国色，所以高宗和武后都很满意。可没人会料到，就在太子即将举行大婚之前，这个该死的贺兰敏之竟然冒天下之大不韪，丧心病狂地把这个准太子妃逼奸了！

武后又惊又怒，被迫取消了太子与杨氏的婚约。

贺兰敏之之所以敢如此肆无忌惮，就是因为他自认为有他的外祖母兼老情人杨氏撑腰。武后虽然气得浑身发抖，但是碍于母亲的面子，也只好忍了。

贺兰敏之有恃无恐，没过多久，居然又把魔爪伸到了太平公主身边。众所周知，武后的长女多年前就已夭折，所以武后一直将这个小女儿视同掌上明珠，捧在手里怕摔了，含在嘴里怕化了。可武后做梦也不会想到，这个色胆包大的贺兰敏之竟然趁着太平公主出宫去看望荣国夫人的机会，又一次淫心大发，逼奸了小公主身边的侍女。

既然连公主身边的侍女都敢下手，那谁敢保证他不会对公主下手呢?!

这一回，得寸进尺的贺兰敏之终于突破了武后的底线。

武后忍无可忍，决定除掉贺兰敏之。

就在这个时候，杨氏恰好病故，于是武后再无顾忌，在咸亨二年（公元671年）四月向高宗上表，详细列举了贺兰敏之的五大罪状，随即将其流放雷州（今广东雷州市）。

贺兰敏之刚走到半道，就被武后派来的杀手用马缰勒死。随后，朝中一大批与贺兰敏之交好的大臣也均遭株连，全部被流放岭南。

贺兰敏之死后，武后不得不开始考虑她在朝中的处境。

自从参与朝政以来，她过去的心腹许敬宗、李义府等人贬死的贬死、退休的退休，一个都没有剩下。而唯一用心扶植的外戚竟然又是这么一个死有余辜的货色！如今的武后，已经成了一个彻头彻尾的光杆司令。

尽管她目前拥有的权力和地位看上去似乎还很稳固，可武后却不能不居安思危。

因为现在的一切都是高宗给的。万一哪天高宗又受了哪个宰相的蛊惑，再来上演一出废后事件，那武后该怎么办？既没有宰相支持，又没有外戚襄助，武后要靠什么跟高宗和大臣们博弈？

所以，从现在开始，武后意识到自己必须在朝中培养一批新的势力，同时扶植一些可靠的外戚，让他们逐步进入帝国的政治中枢，成为她的左膀右臂。

只有这样，她才能确保自己的权力和地位不再受到任何威胁！

上元元年（公元674年）春天，有一个流放岭南的政治犯家属突然被一道诏书召回了长安。

这个人就是武元爽的儿子——武承嗣。

虽然他父亲生前曾经和武后发生过很多不愉快，可现在，武后却不得不捐弃前嫌、既往不咎。因为除了武承嗣、武三思这几个被流放在外的侄子，武后实在没有其他可以利用的外戚了。再者说，上一辈人的恩怨早已成为如烟往事，武后该发泄的仇恨也早已发泄完了。如今，武后的这些侄子已经和她成了政治上相互需要的利益共同体。也就是说，武后需要侄子们成为她的左膀右臂，以便在将来的政治博弈中替她冲锋陷阵；而武承嗣等人也需要武后给予他们梦寐以求的权力和富贵，从而彻底改变他们的命运。

武承嗣一回朝，马上承袭了周国公的爵位，并被任命为尚衣奉御（正五品下）。而仅仅一个月后，武承嗣就连跳数级，以火箭速度当上了宗正卿（从三品）。所谓宗正卿，就是皇族事务部长，虽然不是什么要害职位，但是官秩很高。而最重要的是——在这个位子上，自然就会对所有李唐皇室成员的一举一动了如指掌。换言之，这是武后合法监控李唐皇族的开始。许多年后，当高祖和太宗的龙子龙孙们有如覆巢之卵一一暴死在武后的铁掌之下时，人们一定会想起武承嗣从遥远的岭南飘然回朝的那一天。

不久，武元庆的儿子武三思也回朝担任了右卫将军。

随着武后的这些侄子们相继登上帝国的政治舞台，一个外戚当权的时代就悄然拉开了帷幕。

在积极扶植外戚的同时，武后又在这一年八月，撺掇高宗颁布了一道诏书。

这是一道“追尊祖宗”的诏书。

具体而言，就是从高祖的爷爷奶奶开始，给李唐的历代祖宗都加上一些尊贵的字号。如尊高祖李渊为神尧皇帝，尊太穆皇后为太穆神皇后；尊太宗李世民为文武圣皇帝，尊文德皇后为文德圣皇后，等等。

乍一看，这好像又是武后习惯玩的那种文字游戏。

可实际上，“追尊祖宗”只是个幌子而已，武后的真正目的是想借此改换自己的名号。

把祖宗封了个遍后，武后紧接着提出——为了避先帝、先后的称讳，从此以后，皇帝李治应该改称“天皇”；皇后武媚也不再称皇后了，而要改称“天后”。

就这样，中国历史上绝无仅有的“天皇”“天后”诞生了。

武后从此就由皇后变成了天后。

这真是一个意味深长的政治举措。一字之差，就让武后从古往今来的众多皇后中脱颖而出，成了独一无二的“天字头”皇后，只此一家，别无分店！

说是为了避讳，貌似很谦虚，其实谁都看得出来，“天后”绝对要比“皇后”尊贵得多。因为“后为坤德”，皇后再怎么尊贵也绝不能和

“乾”“天”扯上关系，可如今武后居然自称“天后”，这显然已经突破了宗法礼教的限制，把自己与至高无上的天子完全并列了！

变身天后的这一年，武后五十岁。

这是继麟德元年（公元664年）“二圣临朝”之后，武后在通往女皇的道路上迈出的又一大步。也许要到若干年后，当武曌把自己头上那顶天后桂冠的“后”字轻轻剥落，让它仅剩下一个“天”字时，人们才会恍然大悟——原来早在她自称天后的那一年，一切都已经埋下深远的伏笔了。

在扶植外戚并晋位天后之后，武后接下来要做的事情，就是着手培植自己的政治势力了。

这是刻不容缓的事情。

可是，武后却面临一个难题。

因为如今的宰相刘仁轨、戴至德、李敬玄、郝处俊等，都是高宗一手提拔的，武后既不可能把他们拉下来，也不可能一下子就把自己人弄上去；而拉拢中下级官员又意义不大，且远水救不了近火。既然如此，那武后该怎么办？

富有政治智慧的武后当然有她的办法——既然不能从宰相那里夺权，那就从他们那里分权！

如何分权？

建立私人内阁。

如何建立私人内阁？

参照太宗皇帝当年开弘文馆的做法——延揽学士。

随后的日子，武后便以编撰著作为名，亲自选拔了刘祎之、元万顷、范履冰、苗神客、周思茂、韩楚宾等一批才华出众的学士，特许他们进入禁中，开始大张旗鼓地编撰《臣轨》《百僚新戒》《乐书》《列女传》等，洋洋洒洒一千余卷，署名都是“大圣天后亲撰”。表面上，武后率领这帮学士著书立说，好像无关朝政，可实际上，武后却暗中把“朝廷奏议及百司表疏”悄悄拿到了学士们的案头，“密令参决，以分宰相之权”（《资治通鉴》卷二〇二）。

由于普通朝臣上朝都是从南门入宫，而武后这个私人内阁的成员都被特准从北门直接进入禁中，所以时人都称之为“北门学士”。这些北门学士就这样成了武后的心腹和智囊团，从此平步青云、官运亨通。

然而，尽管他们都是武后一手栽培的，可对于武后的跋扈和专权，并不是所有人都愿意买账。比如刘祎之，十几年后官至宰相，可他却不甘心充当武后篡唐的鹰犬，曾要求武后还政于李唐，“以安天下之心”，因而触怒武后，终遭杀身之祸。

其他的北门学士，由于参与武后的私密太多，结局也都颇为不堪。大约在武周革命前夕，他们都被武后假酷吏之手一一诛杀，落了个鸟尽弓藏、兔死狗烹的下场。

上元二年（公元675年），随着高宗身体的日渐衰弱，更随着武后在政治上的日益强势，一个异常敏感而微妙的问题，就突出地摆在了李唐朝廷的面前。

那就是——万一重病缠身的高宗驾鹤西去，大唐帝国的最高权力将落入谁的手中？是天后武媚，还是太子李弘？

此时的李弘已经二十四岁，早已成年，而且是法定的皇位继承人。在正常情况下，高宗一旦宾天，当然应该由他入继大统。这本来是毫无疑问的。可它之所以变成一个问题，是因为武后早把李弘当成了政治上的对手。

原因很简单，一旦李弘登基为帝，武后就要从天后变成太后，虽说她仍然可以用太后身份对李弘施加影响，可毕竟名不正言不顺。现在她作为高宗的妻子，还可以堂而皇之地帮患病的夫皇料理政务，但是高宗一旦退位为太上皇，武后唯一的职责就是悉心照料老病交侵的丈夫了。到时候如果过多地对新君指手画脚，肯定会遭到大臣们的非议和反对。而且，让武后一直深感忧虑的是，李弘虽然是她的亲生儿子，但在政治上从来和她不是一条心。到时候究竟能在多大程度上掌控李弘，武后根本没有把握。

此外，还有最重要的一点是——在高宗的特意安排下，如今的宰相几乎都是清一色的反武派，而且基本上都兼任东宫属官，所以他们的政治立场和政治利益都是与太子保持高度一致的。如果李弘即位，他们势必会更加紧密地团结在新君周围，形成一个实力强大的政治集团。到那时，只要他们认为武后的存在对他们和新君构成威胁，那就随时有可能把武后从帝国的权力舞台上驱逐出去。届时，不要说武后已经不可能控制李弘或继续干预朝政，就算武后仅仅想保住后半生的荣华富贵，兴许都不可得。即便生性仁孝的李弘会对她手下留情，可那几个一向反对妇人干政的宰相也不可能轻易放过她。

简言之，一旦李弘登基，武后的未来绝对不会美妙！

这对于一生都在为权力奋斗，并且已经非常接近最高权力的武后来说，当然是无法接受的。她绝不可能心甘情愿退出帝国的政治舞台，更不可能放弃目前拥有的一切！

不仅不会放弃，她甚至早已不再满足。从九年前参与泰山封禅的那一天起，一种既模糊又清晰、既隐约又强烈的梦想就一直萦绕在她的心头，并且逐渐支配着她的全部生命和所有行动。这个梦想就是——有朝一日从幕后走到台前，成为这个帝国名副其实的最高主宰者！

为了实现这个梦想，她会不惜一切代价。

谁成为她的阻碍，她就把谁铲除！

而眼下最大的障碍，无疑就是她的亲生儿子李弘。

武后会下手吗？

太子李弘暴亡

李弘根本没有想过，有朝一日自己会变成母亲权力之路上的最大障碍。

他更没有想到——给予她生命的母亲最后竟然会亲手将他的生命终结！

在李弘眼中，这个世界是美好而光明的。

至少，他认为世界应该是美好而光明的。

从很小的时候起，他的眼中就容不下一丝黑暗与邪恶。少年时代，东宫的老师郭瑜教他读《春秋》，当他读到楚国王子弑君篡位的事情时，立刻把书盖上，又惊又疑地说："此事是身为臣子的人不忍卒读的，经典既然是圣人垂训后世之用，为何会记载这种事呢？"

郭瑜回答："孔子作《春秋》，义存褒贬，故善恶必书，如此方能惩恶扬善、教化世人。"

可李弘还是无法接受。他态度坚决地说："我认为这种事情不仅不能说，而且连听都不忍听，还是换其他书来读吧。"

老师郭瑜被太子的仁孝深深感动，于是就把教材换成了专门讲解正面道德规范的《礼记》。

李弘的仁孝显然是得自高宗的遗传。除了这一点外，他还从高宗和武后那里继承了异常早慧的文学才华。龙朔元年（公元661年），年仅十岁的李弘就有了编纂书籍的想法。他召集了当时的东宫属官许敬宗、上官仪、杨思俭等人，一起博采古今文集，摘录其中的嘉言丽句，予以分门别类，最后由李弘本人综览审订，编成了一部五百卷的大型文集，起名为《瑶山玉彩》，献给了高宗。看到太子小小年纪就有如此过人的才华和领导能力，高宗大感欣慰，马上赐给太子绸缎三万匹，以示赞赏和鼓励。

由于李弘的仁孝和早慧，高宗一直对他钟爱有加，并且寄予厚望，因而早在显庆四年（公元659年）就曾让年仅八岁的李弘监国。从显庆五年（公元660年）患上风疾之后，高宗更是产生了一种前所未有的危机感，迫切想把太子培养成合格的接班人，于是便在后来的日子里频频命太子监国。

因为高宗在位的三分之一时间都不在长安，而是在东都洛阳，所以在李弘短暂的一生中，就有多达七次的监国纪录——分别是八岁、十一岁、十二岁、十六岁、二十岁、二十一岁和二十二岁。其中除了八岁那次因年纪太小、力不胜任而被高宗和武后接到东都之外，其余六次显然都是胜任愉快的。按《资治通鉴》记载，朝野上下对李弘监国给予了很高的评价："太子弘仁孝谦谨……礼接士大夫，中外属心。"

随着李弘监国次数的增多和政治经验的日益丰富，他开始拥有了自己的政治主张，同时也不断发出与他母亲武后截然不同的声音。麟德元年（公元664年），废太子李忠被赐死于黔州，死后暴尸荒野，无人收葬。李弘得知后，深感哀怜，立刻上表请求高宗收葬这个异母兄长。此事令武后非常不快，尽管她表面上也不得不跟着高宗和其他人一起称赞太子仁厚，可实际上从这个时候起，她对这个越来越有主见的儿子就开始生出不满和警惕了。

此后的几年间，太子李弘与武后的母子关系日渐紧张。到了咸亨二年（公元671年），又一个敏感事件的发生，导致李弘与武后的矛盾冲突迅速趋于尖锐并且完全公开化了。

这个事件是由萧淑妃的两个女儿——义阳公主和宣城公主引发的。

那一年，由于关中饥荒，高宗和武后率文武百官前往东都就食，让李弘留在京师监国。一个偶然的机会，李弘忽然发现义阳、宣城二公主自从她们母亲死后一直被幽禁在掖庭冷宫。这个意外发现让李弘大为惊讶，同时也产生了强烈的恻隐之情。当时，义阳公主二十七八岁，宣城公主也已二十四岁，由于唐朝女子出嫁的高峰年龄段都在十五岁左右，所以二公主显然已属大龄女了。（关于二公主的年龄，《资治通鉴》称“年逾三十不嫁”，《新唐书》更夸张，说是“四十不嫁”。其实两书的记载均与事实不符。因为此时高宗本人的年龄也不过四十四岁，怎么可能有两个三十多甚至四十岁的女儿呢？事实上，高宗十六岁当上太子不久便娶了萧淑妃，就算当年生子，长女义阳公主的年龄也绝对不会超过二十八岁；而次女宣城公主卒于唐玄宗开元二年，享年六十六岁，所以倒推回来，咸亨二年应该是二十四岁。）

有鉴于二公主这么多年来一直受到不人道的待遇，而且早已过了适婚年龄，所以李弘立刻上奏，请求高宗和武后为她们选择夫婿，让她们出嫁，过上正常人的生活。

看见太子的奏疏后，高宗当即应允，可武后却勃然大怒。

你小子什么意思，这不是故意让老娘难堪吗？

众所周知，萧淑妃是武后当年的死敌，她和王皇后的结局之悲惨，朝野上下的人们都有目共睹，并且记忆犹新。所以这么多年来，尽管大家明知道萧淑妃的两个女儿受到了不公正待遇，可始终没有人敢替她们说话。

作为政治斗争的牺牲品，她们这辈子也只能这样了。除了在寂寞深宫中自生自灭之外，她们还能怎么办？要想让谁来帮助她们脱离苦海，那基本上是不太可能的。

可人们万万没有料到，在时过境迁的多年之后，居然会有人站出来帮两个落难公主求情。更让人出乎意料的是，这个人居然是武后的亲生儿子李弘。

这真是一个绝妙的讽刺！

李弘的奏疏一上，朝野顿时哗然。

往小了说，这只不过是李弘在向两个处境凄凉的异母姐姐伸出援手；可往大了说，李弘此举不啻于在替武后的政敌萧淑妃伸冤平反！

因为李弘并不是一个普通的王子，而是堂堂的帝国储君，所以，他的一举一动绝不仅仅代表他个人的情感和好恶，还必然会带上浓厚的政治色彩。也就是说，李弘的特殊身份决定了，不管他的个人动机是否与政治有关，朝野上下的人们都会对他的行为作出各种富有政治意涵的解读。职是之故，太子此举就必然会深深刺痛他的母亲武后，也无异于狠狠扇了武后一记响亮的耳光。

在武后看来，太子这么做，摆明了是在以他的慈悲仁义衬托她的冷酷无情，更摆明了是在挑战她这个母亲的权威！

武后感到了无比愤怒和伤心……

然而，武后毕竟是一个城府极深的女人，不管她心里如何翻江倒海，表面上还是不动声色。面对太子的上疏，武后拿出了一副宽宏大度的姿态，当即把义阳、宣城二公主许配给了高宗的两个近身侍卫：权毅和王勖。

这两个侍卫虽然本人官职不高，但是家世出身都还不错（权毅的祖父是秦王府嫡系，封卢国公，父亲也官至桂州都督；王勖的祖父官至监门将军，封平舒公，父亲是歙州司马），论其门第，也还算配得上这两位落难的公主。

至此，这令人尴尬的一幕总算是翻过去了。

整个事件以武后再一次妥协退让、李弘又一次如愿以偿而告终。

表面上什么问题都没有，可事实上，经过这个“请嫁二公主”事件之后，武后与李弘的母子关系已经濒临破裂的边缘。史称，太子李弘“由是失爱于天后”（《资治通鉴》卷二〇二）。

也许就是从这个时候起，太子李弘的悲剧就已经注定了。

很可能也是在这个时候，一个可怕的念头悄然跃入了武后的脑海。

就像多年以前，当武后凝视着襁褓中的安定公主，也曾有一个黑色的念头蓦然跃入她的脑海一样。

咸亨四年（公元673年）二月，太子李弘一度被耽误的婚事终于要举行了。

由于此前的那个准太子妃杨氏被贺兰敏之辣手摧花，玷污了名节，所以婚事告吹。这一次，高宗和武后又替太子挑选了左卫将军裴居道的女儿。据说这个女子温柔娴淑，“甚有妇礼”，而裴氏本身又是河东大姓，所以高宗对这桩婚事非常满意，曾对侍臣说：“东宫内政，吾无忧矣！”（《旧唐书·孝敬皇帝传》）其欢喜和欣慰之情溢于言表。

高宗这句话，在一般人听来，很可能只是对儿媳的嘉许和赞赏，没什么别的意思。可是在武后听来，这句话却充满了让她紧张的弦外之音。

因为太子妃就是未来的皇后，“东宫内政”就是未来的“宫廷内政”，天子在公开场合如此强调，究竟意味着什么？是不是可以认为，高宗已经有了传位于太子之意，才会如此在乎裴氏有没有母仪天下的妇德？

后来的事实很快就证明——武后的担心并不是多余的。

就在太子大婚的两年后，亦即上元二年（公元675年）四月，高宗忽然对太子李弘表示，准备将皇位内禅于他。

这个突如其来的消息对武后而言不啻于晴天霹雳。

她一直以来最担心的事情终于变成了现实！

天子无戏言。高宗的禅位之意既已出口，那就不可能收回成命。既然如此，那武后该怎么办？难道要眼睁睁看着这个一向忤逆她的儿子登上皇位，然后名正言顺地拿走她奋斗了大半生才获得的这一切吗？

不。武后绝不会就此承认失败，更不可能败给自己的亲生儿子。

她知道，要阻止李弘登基的办法只有一个。

那就是——让他从这个世界上消失。

除此以外，没有别的选择！

此时此刻，武后已经不再是一个母亲，而是一个决意要问鼎天下的女人。

此时此刻，李弘也不再是一个儿子，而是武后在这个世界上的头号政敌！

后来发生的事情众所周知——大唐帝国的皇太子李弘，于上元二年四月随高宗和武后从幸东都，忽然暴亡于合璧宫绮云殿，年仅二十四岁。

太子之死让高宗李治悲痛欲绝。

他绝对没有想到，自己刚刚宣布要禅位，年纪轻轻的太子就遽然离世了。

白发人送黑发人，这无疑是世间至深至痛的悲剧之一。

高宗李治在无尽的哀伤中颁布了一道《皇太子谥孝敬皇帝制》，在制书中履行了对太子李弘的承诺，破例追赠他为孝敬皇帝：

> 皇太子弘，生知诞质，惟几毓性。直城趋驾，肃敬著于三朝；中寝问安，仁孝闻于四海。自琰圭在手，沉瘵婴身，顾惟耀掌之珍，特切钟心之念，庶其痊复，以禅鸿名，及腠理微和，将逊于位。而弘天资仁厚，孝心纯确，既承朕命，掩欻不言，因兹感结，旧疾增甚。亿兆攸系，方崇下武之基；五福无徵，俄迁上宾之驾……天性之重，追怀哽咽，宜申往命，加以尊名……慈惠爱亲曰'孝'，死不忘君曰'敬'，谥为孝敬皇帝。（《旧唐书·孝敬皇帝传》）

作为以高宗名义发布的官方文件，这道制书承担了两个任务：第一，对太子进行追赠；第二，也是更重要的——在第一时间对太子死因发表了官方声明，宣称李弘是因"沉瘵婴身""旧疾增甚"而自然死亡。

那么，李弘究竟是怎么死的？是像大多数史料记载和民间纷传的那样，被他的母亲武后鸩杀，还是如这份官方声明所言，是因罹患疾病而不治身亡？

要弄清李弘之死的真相，首先有必要回顾一下李弘的病史。

作为高宗的嫡长子，李弘不仅遗传了李治仁厚的性格，而且遗传了李治羸弱的体质。李弘从童年时代起就体弱多病，上面这道制书中所说的"自琰圭在手，沉瘵婴身"，就是说他打小就重病缠身了。"琰圭"是一种上尖下方的玉器，通常在举行某种大典时使用。李弘执圭的年龄难以具体确定，但是有两种可能：一是在他四岁被册立为太子的时候，二是八岁加元服并奉旨监国的时候。而无论哪一种，都足以说明李弘得病时的年龄还很小。而"沉瘵"的"瘵"（zhài）指的是肺结核。在古代，这是一种非常严重的疾病，基本上无法根治，只能依靠长期的药物调理来控制病情。

到李弘长大成人后，病情不但没有好转，反而有日渐加重的倾向。咸亨元年，也就是李弘十九岁时，负责太子膳食的典膳丞邢文伟，就曾因为太子长久居于内殿、很少接见东宫臣僚而上书批评，并依照礼制减免了对他的膳食供应。李弘连忙回信解释，说："比日以来，风虚更积，中奉恩旨，不许重劳”（《旧唐书·邢文伟传》），也就是说他近来病情加重，所以皇上特意命他多休息，不许过度劳累。

到了咸亨二年正月，高宗和武后至东都就食，留李弘于京师监国。当时的宰相戴至德、张文瓘都兼任东宫的左庶子，于是受命辅佐太子。可李弘还是由于“多疾病”、精力不济而无法打理政务，所以在监国期间，实际上“庶政皆决于至德等”（《旧唐书·孝敬皇帝传》）。

这一年五月，高宗又下诏，命时年十八岁的沛王李贤帮助太子处理朝政——“尚书省与夺事，及须商量拜奏事等文案，并取沛王贤通判。”（《唐会要·储君》）此举的主要目的固然是为了给李贤提供政治上历练的机会，但同时也从侧面表明，李弘的身体状况实在令人担忧，以至高宗不得不让李贤替太子分劳。

时至上元二年，婚后李弘的健康状况也并未因新婚之喜而有所改善。就是在这个时候，高宗向李弘表示要禅位于他，“庶其痊复，以禅鸿名”，就是说一旦太子身体有所恢复，就实行内禅；“及腠理微和，将逊于位”，这句话意思同前面一样，也是说等太子肤色稍微好看一点（指病情改善），就正式传位给他。

按照上面那道制书的表述，高宗很可能是想通过这个“禅位”的好消息，让太子的心情愉快一点、振作一点，借由心境的改善促进病情的好转。可高宗万万没有料到，“天资仁厚、孝心纯确”的李弘在听到这个消息后，非但不感到快乐，反而“因兹感结，旧疾增甚”，也就是因不忍父皇为他逊位而产生极大的伤感，导致病情更加严重，以至“俄迁上宾之驾”，突然就去世了。

鉴于李弘从小到大一直都是这种病恹恹的状况，加之李唐朝廷又以高宗名义发表了官方声明，宣称李弘是因病而亡，所以《唐实录》就对此做了模糊处理，只用了“暴卒”这种耐人寻味的字眼，没有明说李弘是怎么死的；而《旧唐书》中的李弘本传，除了把高宗的这道制书客观地记录下来之外，就只是轻描淡写地说了一句：“太子从幸合璧宫，寻薨。”事实上也并未说明李弘的死因。

然而，几乎就在朝廷发表官方声明的同时，民间关于李弘之死的另一个版本却已经传得沸沸扬扬，舆论的矛头一致指向李弘的亲生母亲——武后。

大多数的人认为是武后毒死了李弘。比如《资治通鉴》就称：“太子薨于合璧宫，时人以为天后鸩之也。”

此外，如《旧唐书》中李弘本传以外的其他传记以及《唐会要》《唐历》《新唐书》中的相关记载，基本上也都持这种看法。

其中，《旧唐书·肃宗诸子列传》《唐会要·追谥皇帝》这两种史料，都记载了中唐名臣李泌与唐肃宗的一段谈话，明确认为是武后鸩杀了李弘：“孝敬皇帝，为太子监国，而仁明孝悌。天后方图临朝，乃鸩杀孝敬。”

成书于中唐时期的《唐历》也称：“弘仁孝英果，深为上所钟爱，自升为太子，敬礼大臣鸿儒之士，未尝居有过之地。以请嫁二公主，失爱于天后，不以寿终。”所谓“不以寿终”，实际上就是死于非命。

《新唐书》的记载更是毫不含糊。该书的《则天武皇后传》直截了当地说：“后（武后）怒，鸩杀弘。”《高宗本纪》也说：“己亥，天后杀皇太子。”《孝敬皇帝传》称：“后（武后）将骋志，弘奏请数拂旨。上元二年，从幸合璧宫，遇鸩，薨。”

李弘死后，大唐帝国的储君位子并没有虚悬太久。

上元二年（公元675年）六月，也就是李弘暴亡的两个月后，有个人立刻补上了这个空缺。

他就是高宗和武后的次子——雍王李贤。

这一年，李贤二十二岁。

相对于多愁善感、体弱多病的故太子李弘而言，新太子李贤的出现顿时让朝野上下有一种眼前一亮的感觉。因为李贤和他那病恹恹的大哥截然不同，他身体强健、文武双全，是一个标准的阳光男孩。

不过此时的李贤并不知道，无论他过去的生命有多么阳光，在未来的日子里，他很快就将被一团巨大的阴霾所笼罩。

因为他坐上了大哥李弘曾经坐过的位子，所以他必然也要面对李弘曾经遭遇的命运。

一场新的噩梦开始了。

扫除最后的障碍——李贤

据说李贤天性聪敏，很小的时候就已熟读《尚书》《礼记》《论语》等儒家经典，并能背诵古诗赋数十篇，有“暂经领览，遂即不忘”的本领。由于他勤奋好学，腹有诗书，所以自然也就“容止端雅，深为高宗所嗟赏”。

上元二年六月，李贤刚刚继任太子，高宗旋即命他监国。

在治理朝政方面，新太子的经验固然是不及一生中七次监国的故太子李弘，但是李贤的表现也并未让朝野失望。在监国期间，史称其“处事明审，为时论所称”。高宗喜出望外，很快便降下一道手诏，对李贤大加褒扬，说他“自顷监国，留心政要。抚字之道，既尽于哀矜；刑网所施，务存于审察。加以听览余暇，专精坟典……”他在施政中既能做到宽厚公正，又不失精明审慎；而且表扬他在繁忙的政务之余还能用功读书等等。总之，新太子的各方面表现都让高宗十分欣慰，所以在手诏的最后，高宗还特意强调了八个字——“家国之寄，深副所怀！”（《旧唐书·章怀太子传》）

在此，高宗的满腔殷切之情溢于言表——他迫切希望李贤能够在政治上尽快成熟起来，以便早日接班。

高宗之所以表现得如此迫不及待，是因为李弘之死对他造成的打击实在是太大了。在过去的十多年里，高宗花费了大量的心血，刚刚把李弘培养成一个朝野公认的合格接班人，可他却说没就没了。这不仅让高宗多年的努力全部白费，而且给东宫造成了一个青黄不接的权力真空。所以，此时摆在高宗面前最紧迫的任务，就是必须在最短时间内重新打造一个储君——一个让文武百官和朝野上下都能服膺并拥戴的合格储君！

为了尽快达成这个目标，高宗在上元二年的八九月间，亦即李弘刚刚下葬之后，马上对宰相班子（实际上就是东宫班子）作出了调整：

原太子左庶子、同三品刘仁轨升为左仆射、同三品，兼太子宾客。

原户部尚书，兼太子左庶子戴至德升为右仆射、同三品，兼太子宾客。

原大理卿兼太子左庶子、同三品张文瓘升为侍中，兼太子宾客。

原中书侍郎、同三品郝处俊升为中书令、同三品，兼太子宾客。

原吏部侍郎兼太子右庶子、同三品李敬玄升为吏部尚书兼太子左庶子，同三品如故。

显而易见，整个宰相班子及故太子弘的原班人马，现在已经全部转为新太子贤的东宫属官。朝野上下都看得出来，以高宗培养李贤的决心之大、力度之强，如果不出现什么意外的话，新太子贤必将很快入继大统、登基为帝。

然而，紧接着发生的一件事情，却几乎让所有人都大跌眼镜。

这就是至今仍然令人百思不解并且众说纷纭的“高宗逊位”事件。

仪凤元年（公元676年）四月，高宗忽然向宰相们提出，准备让武后“摄知国政”，实际上就是打算逊位给天后。

这是怎么回事？

高宗莫非是病糊涂了？刚刚在李贤身上花了那么大力气、做了那么多事情，现在自己又把它全盘推翻，说要逊位给天后，他到底什么意思？

如此出人意料的荒唐提议立刻遭到宰相们的强烈反对。

中书令郝处俊忧心忡忡地说：“臣闻《礼经》云：‘天子理阳道，后理阴德，外内和顺，国家以治。’然则帝之于后，犹日之于月，阳之于阴，各有所主，不相夺也。若失其序，上则谪见于天，下则成祸于人。昔魏文帝着令，虽有少主，尚不许皇后临朝，所以追鉴成败，杜其萌也。况天下者，高祖、太宗之天下，陛下正合慎守宗庙，传之子孙，诚不可持国与人，有私于后。且旷古以来，未有此事，伏乞特垂详审！”同时，另一个宰相李义琰也说：“处俊所引经典，其言至忠，圣虑无疑，则苍生幸甚！”（《唐会要·识量上》）

其他宰相的意见虽然没有记载，但是他们的立场却不难推知。比如刘仁轨，曾是李义府的头号政敌，而且历来反对武后临朝，他当然不会支持天后摄政；再如戴至德和张文瓘，长期兼任东宫僚属，在李弘最后一次监国期间又曾实际主持政务，和武后之间无疑也存在着极大的利益冲突和权力紧张关系。因此，高宗的动议必然会遭到宰相们的否决。

虽然这个逊位动议最终没有付诸实施，但是此举却让宰相们丈二和尚摸不着头脑，同时也给后世的治史者留下了一个大大的疑问——

高宗为什么要这么做？

我们都知道，早在李弘临死之前，高宗就已经宣布要禅位给他了。就算是在李弘暴亡之后，高宗也很快就把李贤立为太子，并且强烈表现出要让他尽快接班的样子，可为什么在这个时候，高宗又一反常态，突然提出要逊位给武后呢？如果说是由于不堪忍受长年病痛的折磨，急欲脱卸治理天下的重担，那他为什么不干脆传位给李贤呢？

对此，诸多史书都语焉不详，一概没有对高宗的动机作出一个合理的解释。

那么，对于高宗这一近乎不可理喻的举动，我们又该作何理解呢？

唯一合乎逻辑的解释就是——他很可能受到了某种外来压力。

准确地说，是受到了来自武后的压力。

从政治角度来看，武后无疑是李弘之死最大的获益者。因为她借此赢得了宝贵的时间，可以进一步积聚政治实力，为夺取李唐江山作好充分准备。然而，李贤继位东宫之后，武后明显察觉高宗在用速成的办法培养李贤，照这个趋势发展下去，用不了多久，很可能就会把皇位传给李贤。

意识到这一点的时候，武后的危机感自不待言。尤其是当高宗把整个宰相班子及李弘的原班人马全部转为新太子的属官时，武后更是感到了一种莫大的威胁。

在这种情况下，武后首先想到的，很可能就是向高宗施加压力，希望他主动逊位。

这是最直接、最有效、成本最低的办法。要是高宗答应，那当然最好不过，因为谁也不用再提着脑袋拼个你死我活；就算不答应，武后权当投石问路，也没什么损失。

如果武后真的向高宗提出了这样的要求并且施加压力，那高宗又会作何反应呢？

第一反应，高宗肯定是非常不爽的。要是他真有逊位给武后的想法，又何必等到今天？早一天把权力交给武后，不是什么事都没了吗？所以，不管武后采用什么方式施压，高宗刚开始绝对是不会同意的。

可他为什么最后又同意了呢？

依笔者看来，高宗很可能是想利用这个机会对宰相们做一个试探。也就是说，尽管高宗已经把宰相们都任命为太子贤的属官了，可他们毕竟一直是故太子弘的人。如今虽说李弘不在了，可宰相们能够把他们当初对李弘的忠心，全都贡献给新太子李贤吗？

对此，高宗并没有十足的把握，所以高宗就有必要通过“逊位”之举来试探宰相们。

如果我们的上述推测成立，那么高宗的“逊位”动议显然是很聪明的：一方面，他可以把这颗皮球踢给宰相，要是宰相们投反对票，那武后自然就无话可说；另一方面，就是借此试探宰相们对太子贤，包括对高宗本人的忠诚度。

高宗的逊位动议被宰相否决，最失落的人莫过于武后了。

不管这个动议是她的主意还是高宗本人的，总之这个结果是她最不想看见的。

因为这样的结果显然在向武后表明——如今的皇帝、宰相、太子，俨然已是“三位一体”了，无形中都把矛头指向了她。

面对实力如此强大的反对派，武后该怎么办？

她自然有她的手段。

对于高宗，武后基本上没有任何顾虑。今后她只要继续扮演“贤内助”的角色，高宗就不能拿她怎么样。

对于宰相，武后虽然暂时没有什么强有力的手段，但她也并不十分担心——当初长孙一党何其强大，最后不也是在她的严厉手段之下纷纷垮台、人亡政息了吗？所以武后相信，不需要太长时间，她就能把宰相班子逐一换成自己的人。

至于说对付太子李贤，武后更是拥有绝对自信。她决定拿出驯服狮子骢的惯用方法——先用鞭子抽，如果不服的话，再用铁锤和匕首！

随后的日子，武后摆出一副严厉的面孔，开始对李贤进行调教。她命北门学士送给李贤两本书，一本是《少阳正范》，专门教他怎么做一个好太子；另一本是《孝子传》，专门教他怎么做一个乖儿子。与此同时，武后还不断写信给李贤，对他的种种过失和缺点大加数落，最重要的，当然是指责他不孝。

然而，让武后断然没有料到的是，李贤不仅把她送的书扔到了一边、把她的谆谆教诲全都当成了耳旁风，而且还用一种意想不到的方式，对她进行了强有力的还击。

李贤的还击就是——写书。

关键时刻，李贤早年勤奋好学打下的根柢终于发挥了作用。他学着母后的样子，很快召集了一帮学者：太子左庶子张大安、太子洗马刘讷言、学士许叔牙等人，卷起袖子，准备为一部史书作注。

哪一部？

《后汉书》。

在浩如烟海的文史典籍中，李贤为什么单单选择了这部书呢？

原因很简单，整个东汉一朝最显著的历史特征，莫过于太后临朝和外戚擅权！而今李贤专门挑出这部书来作注，摆明了就是要跟武后叫板。

对不起，你想教育我怎么当一个好太子和乖儿子，那就请你先用这部书照照自己，看你是如何做一个好皇后和好母亲的！

仪凤元年（公元676年）十二月，李贤的《后汉书注》大功告成。他立刻郑重其事地把书献给了高宗。高宗大喜，就像当初看到李弘献给他的《瑶山玉彩》一样，内心充满了欣慰，当即赐给李贤三万匹绸缎。

李贤注此书，至少达到了三个目的：第一，向朝野上下显示自己的才学，进而提升自己的政治威望；第二，效法当年的秦王和如今的武后，延揽学士，建立自己的政治班底；第三，以此对母后进行坚决的反击！

虽然带有这么多政治目的，可李贤这部注疏的学术价值却不可低估。清末学者王先谦曾经对此作出了很高的评价："章怀之注范，不减于颜监之注班。"意思是说，李贤（谥号章怀太子）所注的范晔《后汉书》，水平不低于颜师古（曾任秘书少监）所注的班固《汉书》。

时至今日，我们阅读的比较权威的《后汉书》版本，仍然是李贤的这个注本。

看着李贤得意扬扬地捧出他的《后汉书注》，武后当时的愤怒可想而知。

她断然没有想到——眼下的李贤居然会比当初的李弘走得更远，对她的挑衅和攻击也更为有力、更加明目张胆！

这是武后绝对无法容忍的。

既然李贤可以无视她的鞭子，她当然只能动用铁锤和匕首了。

仪凤元年，新太子李贤以一副初生牛犊不怕虎的姿态，义无反顾地走上了一条和武后抗争并决裂的道路。

很显然，这是在步李弘之后尘。

很显然，这是一条不归路。

正当武后与太子的冲突日渐升级之际，一则耸人听闻的流言又在宫中不胫而走。流言说太子李贤并不是天后的亲生儿子，而是天后的姐姐韩国夫人所生。

没有人知道这则流言的出处，只知道它一下子就在朝野上下传得沸沸扬扬，并且使得武后和李贤原已异常紧张的母子关系变得雪上加霜。

面对这则杀伤力极强的流言，一贯自信而倔强的李贤也不得不产生了深深的疑惧。

他知道，尽管这种居心叵测的流言蜚语从来不值得深究，更不值得让人牵肠挂肚，可他还是不无痛苦地发现——这则流言并非空穴来风！

原因很简单，只要算一下武后几个子女的出生日期，李贤的身世自然就显得疑窦丛生了：李弘生于永徽三年（公元652年）的下半年，而李贤生于永徽五年（公元654年）的十二月，其间相隔二年。这本来很正常，但是问题在于，在弘和贤之间，还有一个在襁褓中便已夭折的安定公主！

这就是说，如果李贤真的是武后所生，那武后就必须在两年之间连续怀孕并产下三个子女，这可能吗？

显然不太可能。

既然如此，那李贤会不会真的如流言所说，是韩国夫人所生的呢？

可能性很大。

因为武后当时正以昭仪的身份得宠于高宗，她的姐姐就有可能以这层关系得以自由出入禁中，并因此被高宗宠幸，产下李贤。可韩国夫人根本没有任何名分，所以，如果高宗想要留下这个孩子，唯一的办法只能是让武后认养。而当时武后正与王皇后激烈较量，就算她对高宗和韩国夫人的暧昧关系心生不爽，也只能以大局为重，暂时忍耐。所以我们认为，在当时那种特殊的形势下，由武后出面认下姐姐的这个“未婚先有子”，可能性还是很大的。

在这个世上无忧无虑地活了二十几年，有一天却猛然发现，自己的身世原来是一个说不清道不明的谜团！这样的发现无论对谁来讲，都是一个异常强烈的打击。

李贤当然也不会例外。面对这个巨大的谜团，他感到愤怒，也感到悲哀。可他却不知道要如何消解自己的愤怒和悲哀。他既不可能去问武后——我到底是不是你的亲生儿子？也不可能去问高宗——当年您和韩国夫人之间到底发生了什么？

所以，他只能咬紧牙关，对一切保持沉默。

用沉默来对抗这则居心叵测、甚嚣尘上的流言，用沉默来对抗那个身份暧昧、性格冷酷的“母亲”！

接下来的日子，大明宫中可谓一波未平、一波又起。有关太子身世的流言还没有消停，又有一些让人不快的政治谣言开始在李贤的耳边嘤嘤嗡嗡地飞舞。

此前的流言来历不明，让人想发泄都找不到对象。可这次却不同，所有的谣言都有一个明确的制造者和传播者。

这个人就是明崇俨。

明崇俨是一个术士，在江湖上名声很响，据说很早就跟师傅学了一手绝活——役使鬼神。除此之外，他还擅长画符、厌胜、医术等，总之是旁门左道中的顶尖高手。乾封初年（公元666年），明崇俨在某地当县丞，当地刺史的女儿得了绝症，眼看就要没救了，明崇俨不知从哪里搞来了一副偏方，竟然药到病除、妙手回春，把上司女儿的一条命硬是从鬼门关外拉了回来。

从此，明崇俨名声大噪，连天子李治都被他惊动了，很快就把他召进宫中，对他甚为赏识。明崇俨入宫后，屡经升迁，于仪凤二年（公元677年）被任命为正谏大夫，并得到天子特许，入阁侍奉。从此明崇俨就成了高宗和天后身边的红人。

如果是一般的江湖术士，混到这分上绝对应该知足了。

可明崇俨显然不是一般人。

他对政治似乎有一种特别强烈的兴趣。史称高宗每次召见他时，明崇俨都会做出一副神秘兮兮并且忧国忧民的样子，“假以神道，颇陈时政得失”。借着鬼神说政治，这自然要比朝臣们千篇一律的奏议新鲜得多，所以高宗每回都被他说得频频点头，“深加允纳”（《旧唐书·明崇俨传》）。

明崇俨对政治的强烈兴趣引起了武后的关注。后来的日子，武后就经常密召明崇俨，让他暗中搞一些厌胜之术，俨然把他视为心腹。很快，明崇俨就成了武后手中的一枚棋子，被摆上了与太子对弈的棋盘。

能得到天后宠信，明崇俨深感三生有幸，自然愿意替天后效犬马之劳。

可他并不知道，这是一个危险的棋局。他贸然入局的结果，最终不仅为他自己惹来了杀身之祸，而且由此引发了高宗末年性质最严重、规模最大的一起政治案件。

在武后的授意下，明崇俨开始刻意制造对太子李贤不利的政治言论。比如说什么“太子庸劣无德，不堪继承大统，只有英王（李显）相貌最似太宗”，又说“看来看去，还是相王（李旦）的相貌最为尊贵”云云，总之是一意挑拨太子与兄弟之间的关系，借此蛊惑人心，制造矛盾。

明崇俨在宫廷内外肆意散播这些言论，当然引起了太子李贤极大的愤怒。

一个靠旁门左道上位的江湖术士，居然敢明目张胆、肆无忌惮地攻击当朝太子，真是不知天高地厚！李贤知道，明崇俨之所以如此嚣张，无非是因为背后有天后撑腰。

一想起自己的身世之谜，再加上明崇俨的恶意攻击和公然挑衅，李贤的气真的是不打一处来——明崇俨，你别以为仗着天后撑腰就可以有恃无恐！老子明里是拿你没辙，可暗里还收拾不了你吗？

调露元年（公元679年）五月，东都洛阳爆发了轰动一时的“明崇俨被刺案”，深受高宗和天后宠信的术士明崇俨遇刺身亡。

当时，二圣与太子均在东都。武后对此案异常重视，立刻命人缉查凶手，几乎把洛阳翻了个底朝天，可最后还是一无所获。朝廷只好含糊其词地宣布明崇俨“为盗所杀”，然后追赠他为侍中，连带着赏给他儿子一个秘书郎的官职。

其实对于这个案件，武后心里是有数的。她知道，刺杀明崇俨的幕后真凶并不是什么江洋大盗，而很可能就是太子李贤！

可是，武后没有证据。

所以她只能等待。

她的铁锤和匕首早已准备好了。

她等待的，就是太子李贤自己露一个破绽——露一个致命的破绽！

调露二年（公元680年）八月，武后等待已久的时刻终于到来。

此前不久，东宫的谏官、司议郎韦承庆上书劝谏太子，劝他不要过度纵情声色、嬉戏宴游，应该“博览经书以广其德，屏退声色以抑其情”（《旧唐书·韦思谦传》）。

可令人遗憾的是，太子李贤却对此置若罔闻，依然我行我素。

说起李贤的私生活，本来也没什么大问题。唐代享乐之风盛行，王公贵族的生活更是惯以飞鹰走马、嬉戏宴游为主题。李贤不是李弘，他从小并没有受到严格的储君教育，私生活自然要比太子放纵一些，这其实也无可厚非。更何况，李贤也并非不学无术的纨绔子弟，他的才学修养在王公贵族中还是属于上乘的，否则也不会受到高宗的一再褒扬，更不可能拿出《后汉书注》这样的学术著作。

然而，尽管李贤的私生活基本没什么问题，可还是在某方面让人抓了小辫子。

那就是李贤的性取向。

虽然已经是三个孩子的父亲，可李贤的性取向依然是男女通吃，极度宠爱一个叫赵道生的户奴，时常与他同床共寝、出双入对，而且赏赐极厚。谏官韦承庆所批评的“纵情声色”，主要就是针对此事。熟悉中国历史的人都知道，古代贵族男子经常有这种断袖之风、龙阳之好，所以就算李贤有双性恋的倾向也没什么大不了的。但是问题在于——现在的李贤不是普通贵族，而是堂堂帝国储君！既然是这样的身份，他当然不能随心所欲，而必须比别人更为检点。

贞观年间的太子李承乾就是因为宠幸娈童称心，才被矢志夺嫡的魏王泰抓住了把柄，一状告到了太宗那里，最终被废黜。可见有唐一朝，对这方面的要求还是比较严格的。如今李贤当上了太子，还一如既往地把亲密爱人赵道生带在身边，这不啻于给自己埋下了一颗定时炸弹。尤其是他现在正处于和天后激烈交锋的非常时期，就更应该爱惜自己的羽毛。

可李贤毕竟太年轻了。他似乎没有意识到——在你死我亡的政治角斗场上，任何一个细微的破绽最终都有可能导致严重的政治后果！

如今他既然露出了这么大一个破绽，精明过人的武后当然不会轻易放过。

于是，武后不失时机地出手了。

李贤的末日就此降临。

抓住了李贤“纵情声色”的把柄后，武后立刻命人对太子发出指控，旋即立案审查。武后亲自点名，命不久前刚刚升任宰相的中书侍郎薛元超、黄门侍郎裴炎，会同御史大夫高智周，组成三司合议庭，开始了对李贤的审查。

按照唐制，只有性质特别严重的大案要案，才需要由中书、门下两省长官会同御史大夫共同审理，现在武后搞出这么一个豪华阵容，摆明了就是要把这个普通的“风化案”整成大案，就像当初的长孙无忌硬是把一起“性骚扰案”弄成了震惊朝野的谋反案一样！

而此次的两位主审官——薛元超和裴炎，又恰恰是武后一手提拔上来的。这几年来，原本铁板一块的宰相班子已经有数人因病去世，武后终于守得云开见月明，于是破格提拔了几个低品级官员，总算在帝国的权力核心中楔入了自己的政治势力。

薛元超是初唐的著名文人，文品甚佳，但人品不怎么样，曾先后依附李义府和上官仪，但两次遭贬，属于比较典型的墙头草，如今得到武后的信任和器重，自然是感恩戴德、决意报效。还有裴炎，在拜相之前官秩仅为四品，能够青云直上也全拜武后所赐，这次主审太子案，正是他扬名立万、捞取政治资本的良机，所以他必然也要全力以赴。

由武后这两个一心想创造政绩的亲信来审案，李贤当然是在劫难逃了。

薛元超和裴炎首先从李贤的情人赵道生身上打开了突破口。有司把赵道生逮捕归案后，还没有动用大刑，赵道生就一五一十全招了，声称太子李贤唆使他刺杀了明崇俨。赵道生一招供，案件的性质突然就严重了，从毫不起眼的“风化案”变成了富有政治色彩的“教唆杀人案”。但是据此还不足以彻底整垮太子，于是主审官们再接再厉，又从东宫的马坊中搜出了几百副崭新锃亮的盔甲。至此，案件再度升级，从教唆杀人案又变成了谋反案。武后非常满意，马上为此案定调，宣称太子谋逆，其罪当诛！

武后已经把绞索套上了李贤的脖子，长年躲在深宫中养病的高宗才如梦初醒。他慌忙要求武后手下留情，宽宥太子的过失。然而一切已经来不及了。武后严词拒绝了天子的请求，说：“为人子怀逆谋，天地所

不容；大义灭亲，何可赦也！”（《资治通鉴》卷二〇二）

武后声色俱厉，一副得理不饶人的样子；而高宗则只能低声下气，苦苦请求。最后的处理结果相对折中：太子贤免于一死，但废为庶人，押往长安幽禁；那几百副惹来滔天大祸的盔甲在洛水桥当众焚毁。一年后，李贤又被流放到了离京师两千多里的巴州（今四川巴中市），在那个边瘴之地度过了生命中的最后几个春秋。

李贤被废后，武后趁机发动了一场大规模的政治清洗。几位支持太子的宰相先后被罢黜，其他一些与太子友善的宗室亲王和朝臣也遭受株连，或贬谪或流放，被驱逐殆尽。而在此案中立下大功的两位主审官则在一年后再次荣升：裴炎升为侍中，薛元超升为中书令。

至此，一度与武后分庭抗礼、激烈争锋的太子贤被彻底打入了万劫不复之地，他在朝中的势力也被全部肃清。武后以她的心机和铁腕，又一次铲除了权力之路上的障碍，在天下人面前牢不可破地树立起了她的无上权威！

调露二年八月二十三日，亦即李贤被废的第二天，高宗和武后的第三子——英王李哲（原名李显）被立为太子，朝廷改元永隆，大赦天下。

有唐一朝，民间长期流传着一首政治歌谣，名为《黄瓜台辞》，相传为李贤所作：

种瓜黄台下，瓜熟子离离。
一摘使瓜好，再摘使瓜稀。
三摘犹自可，摘绝抱蔓归！

如今，武后这个种瓜人已经亲手摘下了两条黄瓜，显然已是“再摘使瓜稀”了。

接下来，她还会“三摘”吗？

内忧外患的帝国

据说李贤在被废的不久之前，曾经谱写了一首曲子，名为《宝庆之曲》。有一天，李贤命乐工在太清观演奏此曲，被一个叫李嗣贞的始平县令偶然听见。李嗣贞是善解音律之人，当他静静地听完曲子后，脸上忽然浮出一层浓重的忧虑之色。他对身边的那些道士说："此乐宫商不和，君臣相阻之征也；角徵失位，父子不协之兆也。杀声既多，哀调又苦，若国家无事，太子受其咎矣！"

数月之后，太子李贤果然被废为庶人。

没有人会想到，李嗣贞的几句感叹竟然成了如此准确的预言。后来高宗听说此事，感念李嗣贞的忧国之心，就将他擢升为太常丞。

不久后，李嗣贞又发出了一番感叹。

也可以说，他又作出了一个预言。

当然，这一次他不敢在大庭广众之下说了，而是在私下里对密友作了透露。因为这则预言实在是太大了——它不但涉及天皇、天后、李唐皇室，而且涉及整个帝国的未来！

李嗣贞说："祸犹未已！主不亲庶务，事无巨细，决于中宫，将权与人，收之不易。宗室虽众，皆在散位；居中制外，其势不敌。我恐诸王藩翰，皆为中宫所蹂践矣……我见患难之作，不复久矣！"（《唐会要·论乐》）

祸乱尚未结束！皇上不理政务，事无巨细皆决于中宫，把权力交付给别人，要收回来又谈何容易。李唐的宗室亲王虽多，但都分散在外；中宫居中制外，其势无人能敌。我担心李唐诸王，都不免被中宫所蹂躏啊！……我预感到帝国的危难，不久就会来临！

不管李嗣贞是否曾作过如此可怕的预言，如今大唐帝国的政治局面确实令人忧虑：大唐天子重病缠身，大权旁落；帝国储君一再罹祸，死的死，废的废；而中宫的主人——太后，则一手掌握了恩威刑赏、生杀予夺的大权！如此阴阳颠倒、上下违和，又怎么能不让有识之士忧心忡忡呢？

无独有偶。就在李哲继任太子的第二年，亦即开耀元年（公元681

年）三月，高宗李治让老臣刘仁轨陪他到一座新建的宫殿参观。此殿名为镜殿。顾名思义，就是相关的负责官员为了讨天子欢心，别出心裁地在宫殿四壁装饰了许多光可鉴人的铜镜。

可想而知，这样一座宫殿必定是富丽堂皇、美轮美奂的。

然而，就在高宗带着大臣们刚刚进入殿中的时候，出人意料的事情发生了。

只见宰相刘仁轨忽然吓得面无人色，拔腿就往外跑。高宗被他搞得莫名其妙，赶紧叫住他，问他怎么回事。

刘仁轨当场作出了回答，可他的回答却更让人感到意外。他说："天无二日，国无二主。臣适才发现，四壁有数位天子，这是非常可怕的不祥之兆！"

很显然，刘仁轨纯粹是在借题发挥。

他老人家出将入相，在官场和沙场上摸爬滚打了大半辈子，什么场面没见过？又岂能让区区几面镜子吓倒？假如不是心中郁结了太多的困惑和忧虑，他绝不会如此故作惊人之语。

对此，高宗李治当然也是心领神会。

他比任何人都更清楚刘仁轨的良苦用心，也比任何人都更能听懂刘仁轨的弦外之音。

可是，听懂了又能怎么样？

冰冻三尺，非一日之寒！武后当权的政治现实，是事出有因、由来已久的，又岂是高宗想改变就能改变的？如果高宗不是一直被病魔所困扰，如果他的病情能够好转，那一切自然就另当别论了。只可惜，历史没有如果，这个世界从来就没有如果。

参观镜殿的当天，高宗立刻命主管官员拆掉了那些充满"不祥之兆"的镜子。

镜子当然是可以说拆就拆的，可帝国政治中潜伏的危机和隐患，又岂是这么容易就可以消除的？

这些年来，除了帝国的内政让人异常担忧之外，在国际政治，尤其是对外军事方面，大唐帝国也遭遇了自开国以来最惨重的失败和最严重的挫折。

对帝国最具有威胁性的挑战首先来自日益强大的吐蕃王朝。自从咸亨元年（公元670年）薛仁贵惨败于大非川之后，帝国与吐蕃的交锋就败多胜少了。仪凤三年（公元678年），李敬玄的十八万唐军又被吐蕃国相论钦陵大败于青海湖，工部尚书兼左卫大将军刘审礼被俘；眼看唐军又将面临全军覆没的危险，所幸勇将黑齿常之率敢死队夜袭敌营，迫使吐蕃军队败退，李敬玄才得以带领残部逃回鄯州。

此后，虽有新近成长起来的优秀将领黑齿常之、娄师德等人守御边境，使吐蕃有所顾忌，数年不敢犯边，但唐军也始终只能采取守势，根本没有力量对吐蕃发动反攻。

吐蕃的悍然崛起本来就已经让高宗君臣感到焦头烂额了，而朝鲜半岛的形势同样不让人省心。从咸亨年间（公元670~674年）起，高丽的旧势力发动了一波又一波的叛乱，虽然屡屡被唐将高侃击败，但由于新罗一直在全力支持高丽的反叛势力，所以唐军始终无法将高丽彻底荡平。此后新罗又出兵占领了百济故地，大有称霸朝鲜半岛之势。

上元元年（公元674年）正月，高宗终于忍无可忍，命老将刘仁轨再度挂帅，以卫尉卿李弼、靺鞨族将领李谨行为副帅，发兵征讨新罗；与此同时，高宗又下诏削除了新罗国王金法敏的封号和官爵，封他的弟弟，其时正在唐朝任职的金仁问为新罗的新国王，让他即日归国赴任。

上元二年（公元675年）二月，刘仁轨亲率主力在七重城大破新罗军队，同时又命李谨行率靺鞨部众在新罗南部海岸登陆，横扫驻扎在这一带的新罗守军，斩获甚众。稍后，高宗考虑到刘仁轨年事已高，不宜长久在外征战，遂召他回国，然后任命靺鞨勇将李谨行为安东镇抚大使，让他进驻新罗的买肖城，摆出与新罗打持久战的架势。

新罗国王金法敏不甘心失败，一连对李谨行发动了三次反攻，试图夺回买肖城，拔掉唐军插在他心窝上的这枚钉子。不料，新罗军队的三次进攻皆被李谨行挫败。金法敏发现自己在军事上已经无牌可打，只好转而打起了政治牌，当即遣使向唐朝入贡，并口口声声向高宗谢罪。

由于唐帝国这些年一直疲于应付吐蕃，本来就不希望两线作战，所以高宗马上趁这个机会就坡下驴，赦免了金法敏，并恢复了他的封号和官爵。此时金仁问刚刚走到半道，朝廷忙不迭地将他召了回去，并把他原来的爵位“临海郡公”还给了他。可惜金仁问才做了几天国王梦，就稀里糊涂地被打回了原形。

新罗既然已经谢罪，唐军便主动撤出了朝鲜半岛。可高宗君臣断然没有想到，唐军一走，金法敏便故态复萌，马上又开始了对高丽和百济的蚕食，成心要跟大唐打一场“敌进我退、敌退我扰”的疲劳战。

面对朝鲜半岛如此风云变幻、反复无常的形势，高宗君臣到最后确实也有些疲惫和无奈之感。仪凤二年（公元677年）二月，高宗不得不改变战略：一方面收缩战线，把安东都护府从朝鲜半岛的平壤撤至辽东的新城（今辽宁抚顺市北）；另一方面，任命原高丽国王高藏为辽东都督，封爵朝鲜王，任命原百济太子扶余隆为熊津都督，封爵带方王，让他们回国安抚旧众。

高宗此举，名义上是让他们复国，实际目的是要在朝鲜半岛建立亲唐政权，以此遏制新罗。这与当年太宗让阿史那思摩返回漠南重建东突厥以遏制薛延陀的战略，可以说是如出一辙。

然而，太宗当年的计划失败了，如今高宗的这个举措会成功吗？

很遗憾，结果也是失败。

问题首先出在高藏身上。

九年前，高藏作为一个屈辱的亡国之君来到唐朝，虽然备受优待，甚至被高宗授予工部尚书的要职，但是亡国之痛一天也没有从他的心头消失。就算现在高宗给了他“朝鲜王”的封号，并在名义上让他复国，可高藏很清楚，在大唐的扶植下重建起来的高丽当然不可能是原来的高丽，充其量只能算是一个傀儡政权。而高藏在亡国之前已经做了太长时间的傀儡，所以这一次，他无论如何也不愿意再做傀儡！

一回到辽东，高藏便暗中与靺鞨人联络，企图与他们联手反叛大唐。可是高藏刚开始筹划，安插在他身边的朝廷耳目便察觉了他的阴谋，当即向朝廷密报。于是高藏很快就被召回，随即流放邛州，最后死于贬所。

随着高藏的贬死，高丽的复国行动随之搁浅。新罗趁势向北扩张，出兵占据了高丽的旧都平壤。由于当时百济荒残，扶余隆暂时寓居在辽东，一见新罗势强，当然不敢回国，所谓的重建就更是无从谈起了。

至此，高丽、百济的复国计划彻底泡汤，高宗的新战略宣告失败。

没有人会料到，大唐帝国在朝鲜半岛上的多年经略，到头来只是为别人做了嫁衣裳；而当初一直在扮演弱势群体的那个可怜兮兮的新罗，却成了笑到最后的唯一赢家！

新罗占据了百济故地和原高丽部分领土后，继而统一了朝鲜半岛大同江以南的所有地区，从此国势蒸蒸日上，进入了其历史上最鼎盛的一个时期。

新罗的背信弃义和以怨报德让高宗李治怒不可遏。

仪凤三年（公元678年），高宗宣布，准备再度发兵征讨新罗。当时正卧病在家的宰相张文瓘闻讯，连忙抱病入宫进行劝谏："今吐蕃为寇，方发兵西讨；新罗虽云不顺，未尝犯边，若又东征，臣恐公私不堪其弊。"（《资治通鉴》卷二〇二）

张文瓘的谏言正反映了当时朝野上下的普遍忧虑——多年征战的唐帝国已经没有那份雄厚的国力，可以在东、西两线同时打赢战争了！

这样的担忧高宗又何尝没有？

只是新罗实在是太操蛋了，不煞一煞它的嚣张气焰，高宗绝对吞不下这口恶气！

然而，来自吐蕃的巨大威胁又让人不敢忽视。

怎么办？

就在高宗万分踌躇、左右为难的时候，西部边境传来了李敬玄十八万唐军惨败的消息，高宗的一颗心顿时跌入了谷底，东征新罗的计划就此搁浅。

紧接着在第二年，即调露元年（公元679年），北方边境又爆发了严重的危机。这个危机不仅迫使高宗彻底放弃了东征高丽的计划，而且在今后的几年里，令原本已经不堪重负的大唐帝国陷入了更深的战争泥潭之中。

这个来自北方的危机就是东突厥的复国运动。

平定突厥叛乱

在历史上，东突厥一直是中原王朝最强劲的对手。在贞观四年（公元630年）李靖平定东突厥之前，它也是唐帝国最大的心腹之患。自从其覆灭之后，大唐帝国的北疆基本上就平静了，除了突厥余部车鼻可汗在贞观末年发动过一次小小的叛乱之外，东突厥的降众人多数时候都还算老实。但是这些年来，眼见唐帝国在吐蕃的打击下连遭惨败，国力大不如前，沉寂了将近半个世纪的突厥人终于坐不住了。

调露元年十月，单于大都护府辖下的阿史德家族率先揭起了反旗。

阿史德家族分为两部：一部由阿史德温傅统领，一部由阿史德奉职统领。两部同时起兵，拥立阿史那泥熟匐为可汗。随后，原东突厥境内的二十四州酋长也纷纷起兵响应，一时间，叛乱部众多达数十万人。

消息传来，朝廷大为震惊，高宗急命单于大都护府长史萧嗣业率部平叛。一开始，平叛战役进展顺利，所以萧嗣业就起了轻敌之心。其时正逢天降大雪，唐军更无戒备，突厥叛军遂对唐军发动夜袭。萧嗣业猝不及防，狼狈拔营而走，唐军大溃，被俘和阵亡者不计其数。随后，萧嗣业因战败之罪被流放桂州，两名副帅也均被革职。

此次惨败令高宗又惊又怒。他意识到，如果不慎重选择一位真正具有才干的统帅，势必无法扑灭东突厥的叛乱。

十一月，高宗经过慎重考虑，终于锁定了一个最合适的人选。

他，就是初唐历史上最杰出的军事家和政治家之一——裴行俭。

裴行俭是绛州闻喜县人，父亲裴仁基是隋朝将领，曾任河南讨捕使，后来归附李密、王世充，武德初年曾密谋归唐，因事泄被王世充所杀，武德中期被追赠为原州都督。裴行俭幼年时以父荫入弘文馆就读，于贞观中期参加科举考试，考中明经科，开始进入仕途，任左屯卫仓曹参军。当时，他的顶头上司恰好是左屯卫中郎将苏定方。苏定方对他颇有好感，于是“尽以用兵奇术授行俭”（《旧唐书·裴行俭传》）。

永徽年间，裴行俭经过六次升迁，当上了长安令一职，但紧接着就遭遇了他仕途上最大的一次挫折。永徽六年（公元655年），裴行俭因反对高宗立武昭仪为皇后，被逐出长安，贬至西域，任西州都督府长史。可是，仕途挫折并没有磨掉裴行俭的锐气，反而磨炼了他的意志，激发了他建功立业的雄心壮志。此后十年间，裴行俭在西域边陲多有建树，遂于麟德二年（公元665年）升任安西大都护。

几年后，政绩卓著的裴行俭又被调回朝中担任吏部侍郎。在此任上，裴行俭再次展现出非凡的政治才华，创造了著名的诠注法，作为官吏选拔和升降的标准。所谓诠注法，就是在选拔官吏的时候从身、言、书、判四个方面进行考察：身，要求体貌丰伟；言，要求言辞辩正；书，要求楷法遒美；判，要求文理优长。先观其书、判，再察以身、言，最后再注明其有何特长，以此标准来任命官吏。

由于此法具有一定的客观性和可量化性，在当时算是比较先进的制度，所以一经颁行，就在唐朝成为定制。

除了在军事上和政治上具有过人的才华之外，裴行俭也是初唐历史上著名的书法家，尤工草书，与当时的褚遂良、虞世南等大家齐名。裴行俭曾不无得意地对人说：“褚遂良写字时，一定要用上好的笔墨；不择笔墨而能写出一手好字的，大约就只有我和虞世南了。”

调露元年五月，也就是在东突厥的阿史德家族发动叛乱的半年之前，西突厥的贵族阿史那都支就已暗中联合吐蕃，侵逼安西，并密谋重建西突厥。情报传回长安后，朝臣们纷纷建议出兵讨伐。由于当时李敬玄、刘审礼刚刚败于吐蕃，帝国元气未复，不宜再出动大军西征，所以裴行俭力排众议，向高宗提出了一个智取西突厥之策。

在取得高宗的同意后，裴行俭率副将王方翼，以护送波斯王子泥涅师归国为名，向西突厥进发，在途经阿史那都支的驻地时，趁其不备将其生擒，从而兵不血刃地平定了西突厥的叛乱。

裴行俭的智慧和胆识顿时赢得了朝野上下的交口赞誉，同时也让高宗大为叹服。

正因为裴行俭在政治、军事等多方面的能力都相当突出，并且拥有极为丰富的经验，所以高宗此次才会亲自点名，让他担任北征军的统帅。

这一年，裴行俭已经年逾六旬。

出征之前，高宗专门设宴为裴行俭饯行，对他说：“卿有文武兼资，今授卿二职。”（《资治通鉴》卷二〇二）随即任命裴行俭为礼部尚书兼检校右卫大将军。由于当时的左卫大将军由英王李哲挂名，所以裴行俭实际上就成了京师宿卫部队和出征野战部队的最高军事统帅。于此足见高宗对他的倚重和信任，也足以表明此时的裴行俭已经成为大唐帝国数一数二的名将。

调露元年年底，帝国的北征军集结完毕，由主帅裴行俭亲率十八万主力，另以丰州都督程务挺为西路军，以幽州都督李文暕为东路军，两路皆受裴行俭节制，兵分三路直取东突厥。

为了一举平定东突厥的叛乱，唐帝国此次一共出动了三十多万大军，其动员兵力之多，为高宗登基以来所仅见。

永隆元年（公元680年）春，北征军进抵朔川（今山西朔州市境内），与东突厥的前锋部队已经近在咫尺。由于在此次北征之前，东突厥叛军曾成功偷袭萧嗣业的运粮队，所以裴行俭料定，此次突厥人一定还会故伎重施。于是他将计就计，挑选了一些老弱残兵伪装成运粮部队，负责押送三百辆粮车，同时在每辆车中隐藏五名勇士，一律装备劲弓和长柄大刀，专等突厥人上钩。

果不其然，唐军的“运粮队”刚出发不久，东突厥的偷袭部队便呼啸而至。按原定计划，那些押送粮草的老弱残兵立刻一哄而散。突厥人抢了粮车后，毫无戒备，纷纷下马饮水。就在此时，埋伏在粮秣车中的唐军勇士突然冲杀出来，东突厥军猝不及防，顷刻间便都成了唐军的刀下之鬼。

首战告捷之后，唐军主力迅速北上，于三月进抵黑山（今内蒙古包头市北），在此与东突厥叛军的主力展开决战，一战便将其击败，生擒叛军首脑之一阿史德奉职。

经此一役，东突厥叛军元气大伤，军心开始动摇，当初参加叛乱的二十四个部落个个心怀鬼胎，都想要自我保全。可汗麾下的几个部落酋长经过密商，最后干脆刺杀了新立可汗阿史那泥熟匐，砍下他的首级投降了唐军。

其余部众不敢再与唐军交锋，随后便在阿史德温傅的率领下仓皇退守狼山（阴山）。

北征军的东、西两路尚未出击，裴行俭的中路主力就已基本平定了叛乱。捷报传至长安，高宗大喜过望，即命户部尚书崔知悌到前线去慰劳官兵，并处理善后事宜，同时命裴行俭班师回朝。

高宗之所以急着把大军调回，目的是要应付日趋紧张的吐蕃战事。

这一年，吐蕃攻陷大唐西南的军事重镇安戎城（今四川理县西），致使西洱诸胡（今云南洱海湖一带）全部投降吐蕃。随后，吐蕃完全占据了羊同（今西藏西北部）、党项（今四川西北部）以及诸羌的地盘，向东威胁大唐西部的凉州（今甘肃武威市）、松州（今四川松潘县）、茂州（今四川茂县）、巂州（今四川西昌市），南部边境与天竺接壤，西陷安西四镇，北抵东突厥，疆域纵横万余里，其势力空前强大，如日中天。

裴行俭班师时，无论是高宗本人，还是朝中的大臣们，几乎都认定东突厥的叛乱已经平息。

然而，他们万万没有料到——东突厥残部并未放弃复国的念头。

很快，他们就将卷土重来。

斩草而不除根的结果，就是给对手以喘息之机，并且让对手变得比原来更加强大！

永隆二年（公元681年）正月，东突厥的一个酋长阿史那伏念又在部众的拥戴下自立为可汗，随后又与叛乱首谋阿史德温傅联手，重新纠集了叛乱各部，于是声势复振。

裴行俭再度临危受命，率右武卫将军曹怀舜、幽州都督李文暕，第二次踏上了北征之路。

三月，唐军前锋曹怀舜部刚刚越过边界，就得到一个来源不明的情报，说阿史那伏念和阿史德温傅正在阴山北面的黑沙巡视，随从骑兵不足二十人。曹怀舜为了抢一个头功，当即亲率一支精锐骑兵直扑黑沙。可到了目的地后，不要说突厥可汗，连一个鬼影都没见着。曹怀舜大为沮丧，只好往回撤。

当人困马乏的曹怀舜部撤至长城北面时，突遇阿史德温傅。双方进行了一次小规模的遭遇战，随即各自引兵而去。此时，唐军的第二梯队李文暕、副将刘敬同也已率部越过长城，与曹怀舜会师于横水。就在这时候，阿史那伏念的主力突然出现，而阿史德温傅也迅速折返，与阿史那伏念合兵一处，将唐军团团包围。

由于曹怀舜此前误信假情报，导致部队长途奔袭，消耗了大量体力，此刻又是仓促迎战，战斗力明显不如突厥人。所以曹怀舜不敢恋战，只好和李文暕部一起结成方阵，且战且退。

突厥人紧紧咬住唐军，整整追击了一天一夜。第二天，趁着一次刮顺风的机会，阿史那伏念命令部队发起总攻。唐军的方阵被冲乱，曹怀舜等人一见大事不妙，赶紧扔下部队，拍马便逃。指挥官一跑，士兵们更是争相逃窜，大军当即崩溃，被杀者不计其数。

后来曹怀舜又担心跑不出突厥人的包围圈，为了保住性命，只好收拾金帛前去贿赂阿史那伏念，请求议和。阿史那伏念也是一个见钱眼开的主，他见金帛的数量不少，便欣然与曹怀舜议和，杀牛盟誓，然后引兵北还。

曹怀舜虽保住一命，但是回国之后，还是遭到了革职流放的处罚。

横水之战的失败，显然是因为唐军中了突厥人的圈套。

首先，突厥人抛出假情报，目的就是要诱使曹怀舜长途奔袭，消耗体力；其次，阿史德温傅与曹怀舜略微交手便主动撤离战场，明显是为了试探唐军的战斗力；最后，唐军二部刚一会师，突厥主力就突然出现，更加说明阿史那伏念实际上一直在盯着曹怀舜，之所以按兵不动，就是想等李文暕过来，然后把这两支部队一块吃掉。

总之，突厥人事先已设计好了一切，然后才把唐军一步一步引上了歧途。

要命的是，唐军的前锋指挥官曹怀舜偏偏又是一个既贪功又怕死的草包，所以才会自始至终被对方牵着鼻子走，最终让突厥人的阴谋得逞。

那么，当北征军的前锋被突厥人玩弄于股掌并围歼于横水的时候，主帅裴行俭在干什么呢？

值得庆幸的是，裴行俭毕竟不是等闲之辈。他并没有把胜利的赌注全部押在前锋曹怀舜和李文暕身上，而是暗中打出了一张绝妙的好牌：就在前锋二部刚刚出发时，裴行俭便已派遣裨将何迦密、右领军中郎将程务挺，各率一支精锐骑兵分路出击，目标直指阿史那伏念的老巢——金牙山。

由于阿史那伏念为了一举吃掉唐军的前锋二部，早已把主力全都拉了出去，所以留守金牙山的兵力十分薄弱，根本不是唐军的对手，很快便被击垮。阿史那伏念的妻儿皆被唐军俘虏，辎重粮草也尽数落入唐军之手。

阿史那伏念绝对没有料到——就在他自以为得计地斩断唐军手臂的同时，裴行俭却已经神不知鬼不觉地端掉了他的老巢。

一来一去，阿史那伏念显然是亏大了！

老巢被洗劫一空，后勤补给出现了严重困难，阿史那伏念只好率部撤进了大漠深处。

虽然裴行俭策划的奇袭行动大获全胜，但横水之败毕竟也给唐军造成了重创，所以裴行俭不得不把军队暂时拉回代州（今山西代县）休整。

然而，休整期间的裴行俭并不是无所事事，而是在酝酿一个新的更大的计划。

他的目标是——不战而屈人之兵。

接下来的日子，裴行俭频频派出间谍，对突厥人实施了一系列的反间计。渐渐地，阿史那伏念和阿史德温傅开始互相猜疑。由于此前阿史那伏念因贪图金帛与唐军议和，放走了曹怀舜等人，阿史德温傅就已经对他非常不满，背后大骂他“竖子不可与谋”，所以阿史那伏念时刻担心阿史德温傅会对他下黑手。此外，他的妻子儿女现在都在唐军手里，阿史那伏念自然也要考虑她们的安危。

在多种不安的折磨下，阿史那伏念最后终于动了降唐的念头，于是派秘使去晋见裴行俭，表示可以逮捕阿史德温傅，然后归降唐军。唯一的条件是——必须保证他和妻儿的生命安全。

这个条件并不过分，裴行俭当即满口答应。

尽管与裴行俭暗中达成了协议，可阿史那伏念还是有些举棋不定。毕竟裴行俭的唐军主力现在与他远隔千里，短时间内根本就打不过来。所以阿史那伏念还是心存一丝侥幸，不想轻易放弃可汗的位子。

对于阿史那伏念这点花花肠子，裴行俭其实心知肚明。

他知道，不使出杀手锏，阿史那伏念绝不会轻易就范。

可是，如何使用杀手锏呢？阿史那伏念不是早已退至大漠深处了吗？此刻裴行俭的主力又驻扎在代州，双方远隔千里大漠，岂不是鞭长莫及？

其实，这个问题根本不存在。

因为，早在阿史那伏念率部北撤的时候，裴行俭就已派遣程务挺和张虔勖，就近调集单于都护府的府兵，从背后悄悄跟上了他。所以，此刻唐军并非与阿史那伏念远隔千里，而是隐藏在他的大营附近，随时等待着裴行俭的下一步指令。

这一招，阿史那伏念当然是打死也想不到的。

而裴行俭之所以没有命令这支追兵发动进攻，就是想通过实施反间计，加上手中的人质筹码，迫使阿史那伏念投降，以达到不战而屈人之兵的目的。

随后，刘敬同和程务挺接到了裴行俭的指令，随即逼近阿史那伏念的牙帐。阿史那伏念一直以为唐军不会这么快越过大漠，所以根本没什么戒备。直到唐军突然出现，阿史那伏念才如梦初醒。他万般无奈，只好设计逮捕了阿史德温傅，然后带着各部酋长及其部众，前往裴行俭的大营投降。

至此，东突厥的第二次叛乱宣告平定。

在这个世界上，凭借勇悍和武力取胜的名将常有，而善于用智慧和谋略克敌的名将则不常有。

裴行俭显然属于后者。

通过这场平叛战争，裴行俭再次向世人展现了运筹帷幄、决胜千里的杰出军事才华，同时也用生动的战例诠释了孙子的那句名言："百战百胜，非善之善者也；不战而屈人之兵，善之善者也！"

永隆二年九月末，裴行俭班师凯旋，向朝廷献俘。三天后，朝廷为庆祝此次大捷，改元开耀。

然而，就在改元的次日，一件令人意想不到的事情发生了——

高宗忽然下令，将阿史那伏念、阿史德温傅等五十四名东突厥战俘全部押赴长安闹市斩首。

听到这个消息时，裴行俭目瞪口呆。

裴行俭此前曾答应过阿史那伏念，一旦归降就保住他的性命。如今朝廷却背信弃义、公然杀降，这不是令天下人齿冷心寒吗？

更何况，自从贞观初年以来，唐军几乎每一次出征都会带回来一大批高级战俘，而这些人基本上都会被朝廷赦免，并且被授予官爵。最典型的当属贞观四年平定东突厥那一次，自颉利可汗以下，东突厥的所有战俘和降将一律受到了大唐的优待，在朝中官居五品以上者共有一百余人，占到朝廷高阶官员的一半。

贞观时代，唐帝国之所以能够在对外战争中所向披靡、百战百胜，并且赢得周边四夷的尊敬和拥戴，主要就是归功于唐太宗李世民所制定的这种怀柔政策。高宗执政前期，朝廷也一直在奉行这种深得人心的宽大政策，所以才能维持帝国在外交和军事上的强势地位。可为什么这一次，高宗竟然会一反常态、大开杀戒呢？

裴行俭真是百思不得其解。

后来他才知道，高宗之所以一反常态，原因是宰相裴炎对他进了谗言。

裴炎是这么对高宗说的："此次大捷并不是裴行俭的功劳，而是副将程务挺和张虔勖北上进逼阿史那伏念，加上漠北的回纥人向南压迫，阿史那伏念走投无路，这才投降，并不是裴行俭真有什么了不得的本事。"

就在裴炎的这几句话中，裴行俭平定东突厥的功劳被一笔勾销。

那么，裴炎为什么要跟裴行俭过不去呢？

原因很简单——此时的裴炎并不是代表他自己，而是代表另外一个人。

谁？

武后。

众所周知，从咸亨年间开始，武后就一直试图与宰相分权，并且处心积虑地向宰相班子渗透自己的势力，像裴炎、薛元超等人就是她一手提拔的。可这些年来，武后的老政敌裴行俭却成了满朝文武中风头最健的人，无论是经略西域、整顿边务、改革吏治还是出征突厥，每一次出手都令人刮目，每一回表现都可圈可点，论其资历、功勋和声望，已经完全具备了拜相的资格，随时有可能入相。

对此，武后当然不能无动于衷。一旦裴行俭拜相，肯定会成为她权力之路上的最大障碍。所以她必须未雨绸缪，尽一切可能对他进行打压！

裴炎就是在这种情况下出面的。而高宗未经调查，便听信了裴炎的一面之词，认为阿史那伏念并非真心归降，于是断然下达杀降的命令。可怜阿史那伏念这五十多人，就这样阴差阳错地成了大唐高层权力斗争的牺牲品。

他们被斩的那一天，裴行俭仰天长叹："浑、浚争功（王浑，西晋大将，因在平吴战争中被部将王浚夺得头功，便愤然与其争功，故而备受后世讥讽），古今所耻。但恐杀降，无复来者。"（《资治通鉴》卷二〇二）

裴行俭的意思是：他不会像小肚鸡肠的王浑那样与自己的部下争功，所以，无论此次大捷的功劳算在谁的头上，他都不会在乎。他唯一担心的只是——大唐如果开了杀降的先例，日后恐怕就无人敢来归附了。

经过这件事，裴行俭颇有些心灰意冷，从此称疾不出，主动淡出了政坛。

就像裴行俭所担心的那样，杀降必然会导致严重的后果。第二年，亦即永淳元年（公元682年）春，这种恶果就初步显现出来了——西突厥的一个酋长阿史那车薄率十姓部落发动了叛乱。

危急时刻，高宗再次想起了裴行俭，慌忙任命他为西征军统帅，准备让他率领右金吾将军阎怀旦等人，分兵征讨西突厥。

然而，就在大军即将出征的前夕，一代名将裴行俭就因病去世了，终年六十四岁。

裴行俭的去世，对战事方殷、外患频仍的大唐帝国来说，无疑是一个莫大的损失。平定西突厥的重任，就此落到了裴行俭先前培养起来的一位重要将领、时任安西都护的王方翼身上。

阿史那车薄起兵之后，首先进攻弓月城（今新疆霍城县），王方翼立刻率部驰援，在伊丽水（伊犁河）大破西突厥叛军，斩首千余级。稍后，西突厥的三姓咽面部落（位于今哈萨克斯坦巴尔喀什湖东）又与阿史那车薄联手，叛军的势力顿时更加强大。

不久，王方翼率部与西突厥联军在热海（今吉尔吉斯斯坦伊塞克湖）展开了一场大型会战。在激烈的交战中，一支流箭射穿了王方翼的手臂，王方翼用佩刀砍下箭杆，继续与敌人激战，连左右亲兵都不知道他已负伤。

经过热海会战，阿史那车薄充分领教了王方翼的厉害，知道自己远远不是他的对手，于是想出一计。由于当时王方翼麾下有一部分外族士兵，所以阿史那车薄就暗中派人与他们联络，唆使他们发动兵变，生擒王方翼。

可是，阿史那车薄的小动作并没有瞒过王方翼的眼睛。他随后便以召开军事会议为名，把企图发动兵变的那些头目都召集起来，然后又谎称要赏赐财物，让念到名字的人到帐外去领赏。这些人根本没意识到其中有诈，当即兴高采烈地排队出去领赏。而王方翼早已命刀斧手准备在帐外，出来一个就干掉一个，一共杀了七十余人。在动手的过程中，王方翼还命人在一旁敲锣打鼓，以防参与叛乱的士兵听见动静。所以，直到所有头目都被送进了鬼门关，这些士兵还是毫无察觉。等他们最后明白过来时，已经全部成了俘虏。

肃清内部之敌后，王方翼随即兵分数路，对阿史那车薄和咽面部落发起了总攻。此时阿史那车薄正在信心满满地等待着王方翼被俘的消息，所以完全放松了警惕，被唐军打了个措手不及，军队迅速崩溃。这最后一战，唐军基本上将西突厥联军悉数歼灭，仅生擒的叛军酋长就多达三百余人。

这场来势汹涌的叛乱就这么被王方翼平定了。

当时因为裴行俭病逝，朝廷重新任命阎怀旦为主帅，准备让他率领西征军去平定叛乱。可阎怀旦尚未出发，王方翼的捷报便已传回了长安。

高宗大喜过望，旋即征召王方翼入朝。许多人都认为，王方翼此次入朝，肯定是去接受嘉奖和封赏的。

可令人遗憾的是，事实并非如此。

接见王方翼的时候，高宗发现他的衣服上渗出了血迹，连忙问他原因。王方翼解开衣襟，露出手臂上的箭伤，据实禀告了热海苦战的经过。

高宗看着那个流血的伤口，不住地叹息。

然而，高宗也只能叹息而已。

因为王方翼是被废的王皇后的族兄，一直深受武后嫉恨。碍着这层关系，高宗当然不敢为王方翼论功行赏，更不敢予以重用。

就这样，为帝国立下赫赫战功的王方翼千里迢迢地回到长安，除了听到天子的几声叹息之外，什么都没有得到。

王方翼的故事告诉我们——在最注重裙带关系的中国社会，决定一个人是否能够飞黄腾达的最首要因素，往往是他的社会关系和家庭出身，其次才是能力和业绩。换句话说，“又红又专”这种人才评定标准，并不仅仅是二十世纪极左时代的产物，而是几千年中国社会一直就有的东西。

当然，“红”的具体内容是因时而异的，在古代是要看你的家世背景，在革命年代是要论你的革命资历，而在今天，则要看你上头是不是有人。可无论“红”的具体内容如何演变，有一点是万变不离其宗的，那就是——总有一种让你很无奈又很无力的东西，会始终凌驾于你的“专业能力”之上！

永淳元年四月，西突厥的二次叛乱刚刚平息；十月，东突厥的第三次叛乱旋即爆发。

这就叫此起彼伏、前仆后继，这就叫按下了葫芦又起了瓢。

这次叛乱是由东突厥残部的一个酋长阿史那骨咄禄和阿史德元珍发动的，他们召集残部，占据了黑沙城（阴山北麓）；随后一边进攻北面的铁勒九姓，抄掠了大量牛羊，一边向南入寇并州、岚州等地，砍杀了岚州（今山西岚县）刺史王德茂。随着叛军势力的逐渐强盛，各部落纷纷归附，阿史那骨咄禄遂自立为可汗。

面对一波比一波更为凶猛的反叛浪潮，唐高宗肯定会思考这么一个问题——突厥人为什么会对叛乱如此情有独钟呢？

论主观原因，这固然是出于他们的复国信念和那些叛乱头目的权力野心，可要论客观原因，却显然与高宗上次的杀降密切相关。

不知道在这样的时刻，高宗会不会为当初草率而错误的行为感到后悔呢？

不过就算后悔也没有用了，因为一切已经成为事实。眼下的当务之急，就是要赶紧物色一位合格的将领，北上抵御东突厥。

可是，突厥人的克星裴行俭（西突厥的首次叛乱与东突厥的前两次叛乱，皆为裴行俭所平定）已经不在了，如今要派谁去，才能镇得住穷凶极恶的突厥人呢？

高宗思前想后，最后终于决定起用一位老将。

薛仁贵。

自从大非川惨败之后，名将薛仁贵就落入了他人生的低谷。虽说后来曾经被短暂地起用过一次，去征讨高丽叛乱，但是回朝后不知因为犯了什么事，就再度被罢职免官，流放象州。几年后他遇赦回京，不过已经是一个无官无职的庶民。

现在薛仁贵终于二次复出，被高宗任命为右领军卫将军兼检校代州都督。

可是，这一年薛仁贵已经七十高龄了。

当年雄姿英发、勇冠三军的青壮派，如今已是两鬓斑白、名副其实的老将军了。古稀之年的薛仁贵，还能挑起捍卫帝国边塞的重任吗？还能创造出“三箭定天山”那样辉煌的业绩吗？

薛仁贵就任代州（今山西代县）都督后，很快就接到一则战报，说叛军的二号人物阿史德元珍正在云州（今山西大同市）一带出没。薛仁贵随即率部出发，很快就在云州附近与东突厥军队正面遭遇。

听说大唐名将薛仁贵来了，阿史德元珍不禁将信将疑。为了弄清真相，他便亲自跑到阵前向唐军喊话，问对方大将是谁。薛仁贵报上自己的名号。阿史德元珍还是不信，大声说：“听说薛仁贵被流放象州，已经死了好久了，你少拿他的名号来唬人！”

薛仁贵哈哈大笑，当即摘下头盔，让对方看个清楚。阿史德元珍定睛一看，脸色顿时变得煞白。

没错，眼前这个须发皆白却依然威风凛凛的老将军，正是名震天下的传奇英雄薛仁贵！

阿史德元珍来不及多想，赶紧和他的随从们一起下马，毕恭毕敬地向薛仁贵行礼。随后，可能是出于内心的敬畏，阿史德元珍率部稍稍后撤了一段距离。

双方还没有开打，突厥人在气势上就已经输了。

薛仁贵则抓住战机，果断下令军队出击。突厥人无心恋战，当即四散奔逃。唐军就此大破东突厥军队，斩首万余级，俘获了两万余人，还有驼马牛羊三万余头。

经此一战，老将薛仁贵的威名再度远播塞北，令突厥人闻风丧胆。史称突厥人"闻仁贵复起为将，素惮其名，皆奔散，不敢当之"（《旧唐书·薛仁贵传》）。

刚刚自立为可汗的阿史那骨咄禄更是暗暗叫苦——有了这个战神一样的人物镇守唐帝国的北大门，自己还能捞得着半点便宜吗？

然而，人算不如天算。就在云州之战刚刚结束不久，薛仁贵便卧病不起了。

云州大捷就此成为名将薛仁贵一生中最后的辉煌。

这一年年底，薛仁贵紧继裴行俭之后，在代州都督任上溘然长逝，终年七十岁。

两颗将星的相继陨落，不仅对于危机中的大唐帝国是一个重大打击，而且宣告了一个辉煌时代的终结。从此，唐帝国在军事上就告别了天可汗时代的巅峰，开始步入一个漫长的衰退期。直到半个多世纪后的唐玄宗时代，帝国才重新抬起往日的辉煌。

当薛仁贵去世的消息传到塞外，突厥人顿时欣喜若狂。

没有了薛仁贵，唐帝国的北部边防在突厥人的眼中就形同虚设了。

永淳二年（公元683年），东突厥军队开始从各个方向对大唐帝国发起了一波又一波的猛烈进攻。

二月，突厥大军进攻定州（今河北定州市）、妫州（今河北怀来县）。

三月，骨咄禄可汗与阿史德元珍大举围攻位于云中（今内蒙古和林格尔县）的单于都护府，都护府司马张行师率部迎战，被突厥人击斩。

五月，骨咄禄可汗进攻蔚州（今山西灵丘县），蔚州刺史李思俭兵败被杀；丰州（今内蒙古五原县）都督崔智辩率军在朝那山（今内蒙古固阳县东）截击突厥军队，遭遇惨败，崔智辩被俘。

六月，东突厥军队又攻掠岚州（今山西岚县）……

仿佛一夜之间，突厥人就回到了全盛时期——始毕可汗的时代。

在唐帝国广袤而绵长的北部边境线上，他们的骑兵纵横驰骋、呼啸来去，刮起了一阵比一阵更猛烈的战争旋风。

东突厥的崛起速度之快、来势之凶猛，令大唐君臣和朝野上下大为震惊。

虽然此时骨咄禄的势力范围还没有扩大到突厥全境，但是，从他自立为可汗的那一天起，东突厥的全新时代就已经不可阻挡地来临了！

这个再度崛起的新突厥，在历史上称为突厥第二汗国，或称后突厥。在此后长达半个多世纪的时间里，这个后突厥将再次成为大唐帝国最强劲的对手。

第十章
武则天的盛唐

天牢囚犯成了天子保镖

这些年来，高宗李治感觉自己的人生越来越像是一场噩梦。

首先是多种病症的长期折磨，其次是两个太子的一死一废，最后是帝国在对外军事上的屡屡受挫……如此种种，都足以让他充满痛苦和无力之感。

开耀元年（公元681年）闰七月，高宗的病情进一步恶化，他不得不走上太宗皇帝的老路——开始服用长生不老药（或者该叫催命夺魂丹？）。

就像太宗李世民一样，高宗李治在患上风疾之前也曾嘲笑过希求长生的秦皇汉武，可自从患病之后，高宗就开始征召方士开炉炼丹了，据说前后征召的方士达百人之多。虽然各色药丸炼了一大堆，但高宗一直碍于大臣谏诤，也不敢轻易服用。只是这一次，高宗或许是被病痛折磨得太厉害，因此也就横下一条心，死马当活马医了。

可吞食丹药的结果，当然也是和太宗当年如出一辙——病情不但不见改善，反而越发严重。

眼看高宗已经时日无多，武后自然要郑重考虑大皇的身后事。

准确地说，武后必须确保在高宗宾天的时刻，自己还能牢牢掌控帝国的政局。

为此，她决定想办法让高宗离开长安，东幸洛阳。

因为长安是关陇集团的发祥地，是李唐旧势力盘根错节的老巢，在这里，武后难免会受到掣肘，无法放开手脚。而东都洛阳则不同，那是她经营多年的根据地，只有在那里，武后才能自如地掌控一切！

但是，在高宗已经病入膏肓的这个时候，要用什么样的理由才能说服他离开长安，离开这个生于斯、长于斯的故乡呢？

武后首先想到的理由就是——封禅。

是的，没有比这个更正当的理由了。

武后劝高宗说，既然天下有五岳，那就不能仅仅满足于封禅泰山。接下来，应该前往东都洛阳，准备封禅嵩山，最后把五岳封一个遍。

封禅五岳？

这真是个激动人心的建议！尽管眼下高宗的身子骨已经是弱不禁风了，可他还是被武后这个前无古人的倡议搞得有点心动。

然而，心动不等于行动。日渐恶化的病情实在不允许他长途颠簸，所以高宗不免又有些踌躇。

正当武后为此犯难、颇感无计可施的时候，上天忽然帮了她一个大忙。

永淳元年（公元682年）四月，关中遭遇严重的饥荒，一斗米的价格涨到了三百钱，吃饭问题又一次尴尬地摆在朝廷的面前。由于洛阳拥有漕运的便利，储存了大量从江淮运来的粮食，所以从隋朝开始，每当关中出现灾荒，朝廷就会前往洛阳就食，这已经成为惯例。既然如此，高宗无论病得再厉害，也不得不宣布东幸洛阳了。

武后笑了。

这就叫时来天地皆同力！

关键时刻，老天爷似乎总是站在她这一边。

东幸洛阳的事情就这么定了，可武后仍然面临一个棘手的问题。

那就是，这一路上要由谁来为天子护驾？

天子出巡历来都是由军队护驾的，这本来不成问题。但关键在于，武后现在不希望军队前往洛阳。因为她对军方的掌控力还比较弱，而且目前军队实际上的最高领导人又是她的老政敌裴行俭（永淳元年四月初，裴行俭尚未去世），所以，武后自然要对军方严加防范，绝不可能把军队调到洛阳。换言之，她可不希望在高宗驾崩的时候，被手握军权的裴行俭从背后捅她一刀。

但是，既要保证天子一路上的安全，又不想动用军队，这个难题该怎么解决？

武后不想为此费神，径直把问题抛给了新任的监察御史魏元忠，让他去想办法。

这个魏元忠就是未来武周和中宗两朝的著名宰相，也是日后李唐复国的重要人物之一。然而眼下，他还只是一个刚刚出道的八品文官，手底下连半个兵都没有，你叫他如何保证天子一路上的安全？

天知道武后是怎么想的，竟然会把这个几乎不可能完成的任务扔给官卑权轻的魏元忠。莫非她认定他是个人才，所以故意拿这个棘手的问题考验他的能力？

对此我们不得而知。

可不管武后是出于什么目的，反正这下子是把魏元忠害惨了。

他一连数日茶饭不思，冥思苦想，差点把脑袋想破，最后终于想出了一个不是办法的办法。几天后，魏元忠利用手中仅有的权限，跑到长安县和万年县的大牢里，命看守逐个打开牢房，这里瞧一瞧，那里看一看，几乎把里面的囚犯都看了个遍，好不容易才找到了他想找的人——一个举止作派、表情言语都像江湖老大的人物。

魏元忠仔细观察了半天，最后下定决心——就是他了！

他赶紧命人打开这位老大的手铐脚镣，好酒好菜一顿招待，然后道明来意，说天子要巡幸东都，一路上怕盗贼捣乱，所以请他陪着走一趟。

这位老大一听就乐了。没想到自己在江湖上混了这么多年，居然一不留神混成了天子的保镖，这可是做梦也想不到的好事啊！干完这趟差使，往后在江湖上行走，谁还敢不给他这个天子保镖面子？

于是这位老大胸脯一拍：啥也别说了，包在兄弟身上！

魏元忠大喜，赶紧给他换上官袍，然后就让他陪着銮驾一起开赴洛阳。一路上，沿途盗贼听说有某位江湖老大替天子保驾护航，也就没敢轻举妄动。于是这浩浩荡荡的一万多人的天子队伍，果真就在没有军队护驾的情况下，平安无事地抵达了东都。

堂堂天子出巡，居然由黑社会老大护驾，这可真是旷世奇闻！如此奇闻就算放在几千年的中国历史上，恐怕也是仅此一例。

魏元忠的表现让武后非常满意。他日后能够在武周一朝平步青云、官居宰辅，或许就和这次急中生智的特殊表现密切相关。

顺利地把高宗弄到洛阳之后，武后接下来要做的，就是以最快的速度重组宰相班子。

在李贤被废之前，宰相团的成员是：刘仁轨、郝处俊、李义琰、崔知温、裴炎、薛元超、王德真、张大安。其中，张大安因李贤被废而遭贬谪，不久，王德真、郝处俊也先后罢相；在剩下的五个宰相中，刘仁轨、李义琰是铁打的反武派，崔知温的立场不太明朗，但显然也不是武后的人；只有裴炎和薛元超是武后的亲信。很明显，武后在宰相班子中的支持率还是偏低的，所以这几年来，武后早就有意打造一个完全听命于她的宰相班子。

现在，刘仁轨、裴炎、薛元超这三个宰相都奉高宗之命，留在长安辅佐监国的太子李哲；而李义琰目前的职务是太子右庶子，自然也要留在太子身边。所以，此次跟随高宗来到东都的，只有一个年迈体弱的崔知温，这当然就为武后重组宰相班子提供了一个绝佳的借口和机会！

四月二十二日，高宗和武后刚刚抵达洛阳；二十四日，武后就以闪电速度提拔了四个官员入相。他们是：黄门侍郎郭待举、兵部侍郎岑长倩、检校中书侍郎郭正一、吏部侍郎魏玄同。

按照唐制，只有三品官才能入相，可武后却一再打破这个制度——无论是先前提拔的裴炎和薛元超，还是此次提拔的这四个人，在拜相前都仅有四品官秩。而且，这四个人的资历甚至比当初的裴、薛二人要浅得多。为了不使他们的入相显得太过突兀而引起那些资深宰相的不满，武后就挖空心思地抛出了一个新的官衔——同中书门下平章事，以示和先前的宰相官衔同中书门下三品相区别。（贞观八年，时任右仆射的李靖曾因病请求致仕，被太宗下诏挽留，并特许他“每三两日，至门下、中书平章政事”。这应该是同中书门下平章事的由来，但是此衔被正式确立为宰相头衔，还是从武后开始的。）

从此，同中书门下平章事这个新官衔就成了年纪轻、资历浅、品秩低的官员们拜相的常用头衔，到最后甚至取代同中书门下三品，成为中晚唐宰相的唯一头衔。

武后如此折腾，此时的高宗究竟作何感想呢？

他并不反对。

不仅不反对，而且他还在帮武后补台——为了尽量不让老宰相们对这个出人意料的政治举措产生过于强烈的抵触情绪，高宗特意对崔知温解释说：“待举等资历尚浅，且令预闻政事，未可与卿等同名。”（《资治通鉴》卷二〇三）

其实，高宗之所以默许武后的所作所为，甚至还帮她补台，原因并不是他病糊涂了，而是因为高宗知道，一旦自己驾鹤西去，唯一可以稳定大局的人，唯一可以保证帝国在权力交接过程中不至于出现动荡的人，就只有武后了！

所以，他只能信任武后。

如果说，李弘和李贤其中任何一个现在还是太子的话，高宗肯定会在一定程度上遏制武后的势力，同时加强太子那一头的权力比重。只可惜，眼下的帝国储君既不是李弘，也不是李贤，而是一直让他深感失望的李哲。

早在服食丹药期间，高宗就首度命太子李哲监国。离开长安之前，高宗还特意安排了三个宰相给他辅政，并且对其中的薛元超（其时兼任太子左庶子）作出了郑重的嘱咐：“吾子未闲庶务，关西之事悉以委卿。所寄既深，不得不讲！”（《旧唐书·薛收传》）

就像当年不遗余力地培养李弘和李贤一样，如今高宗也是希望在最短的时间内，把李哲培养成一个合格的储君。

然而，令高宗大失所望的是，李哲和他的大哥、二哥根本没的比！

从小，李哲就沉湎于斗鸡走马，喜好射猎宴游，既无出众的品行，又无过人的才学，属于皇族中那种典型的纨绔子弟。其实对于一个普通的亲王而言，这本来也是无可厚非的。因为没有人能料到，高宗和武后最终竟然会三易太子，把储君的桂冠戴到李哲头上。所以，从小到大不曾受过严格的储君教育的李哲，身上的纨绔习气难免就会浓厚一些。

但是不管以前怎样，至少在当上太子之后，李哲就应该意识到——自己的身份已经今非昔比了。要想成为一名合格的储君，就必须主动减少一些玩乐，多学习一些治国理政的经验。

只可惜事实并非如此。

就在高宗和武后东幸洛阳期间，留守京师的太子李哲还是照样飞鹰走马、射猎宴游。深受高宗重托的薛元超一再劝谏，可李哲却依然故我。最后薛元超只好一状告到了东都，高宗赶紧遣使慰劳薛元超。

李哲这副烂泥扶不上墙的德性，自然是让高宗极度失望。

在这种情况下，高宗当然只能希望在自己宾天之后，武后能够继续把握大局、全力辅佐太子。

虽然这是一个无奈的选择，但是除此之外，高宗又能作何选择呢？

高宗驾崩：终结与开始

永淳二年（公元683年），帝国的宰相班子里头又出现了一些人事变动。

首先是在三月初，李义琰因改葬父母之事有违礼制，武后趁机对高宗大吹枕头风，使得高宗对李义琰大为不悦。李义琰自忖再恋栈禄位必定是凶多吉少，于是主动以足疾为由提出辞职，随即获准致仕。紧接着在三月末，崔知温又因病亡故。至此，整个宰相班子中除了一个年逾八旬的刘仁轨，其他人都已经是清一色的后党。

一切都在按照武后的计划有条不紊地进行着。

与此同时，高宗李治的病情也在无可挽回地恶化着。

这一年七月，原定将于十月举行的嵩山封禅，因为天子的健康原因不得不推迟到下一年正月。

八月，高宗紧急下诏，命留守京师的太子李哲赶赴东都。表面上的理由说是为明年的封禅大典作准备，实际上是高宗的病情已经不容乐观，所以必须让太子守候在皇帝身边，以便随时接班。

趁着太子离开京师的机会，武后又以高宗名义下令，由李哲的儿子、年仅两岁的皇太孙李重照留守京师，同时命老臣刘仁轨为副留守，辅佐皇太孙。

让一个八十多岁的宰相辅佐一个两岁的婴儿，如此绝妙的组合恐怕也只有武后想得出来！一位是已经老态龙钟、行将就木，一位却还在蹒跚学步、牙牙学语，假如在此期间京师真出了什么乱子，真不知道这两位留守长官该如何应付。

其实，武后之所以这么做，目的无非就是把刘仁轨钉死在长安，以便她能够在东都大展拳脚。

十月，高宗和武后从东都起程，前往嵩山脚下的奉天宫（今河南登封县境），看上去似乎是为了筹备两个月后的封禅大典，可实际上一到奉天宫，高宗就因病势沉重而下诏取消了嵩山封禅的计划。

十一月初，高宗的病情再度恶化，眩晕越来越严重，到最后甚至出现了失明的症状。御医秦鸣鹤立刻被召来诊治天子的病情。据有关学者考证，这个秦鸣鹤是来自大秦（东罗马帝国）的景教徒。景教是基督教的一个分支，其教徒在初唐时期大量涌入长安。他们除了传播基督教义之外，也带来了西方的外科医术。据说，为失明的患者实施开颅手术，就是他们的拿手好戏。

秦鸣鹤仔细观察了高宗的症状后，马上作出诊断："风毒上攻，若刺头出少血，则愈矣。"所谓风毒上攻，用今天的话说就是脑部血管堵塞，压迫到视觉神经。所以，只要适当释放脑部淤血，便能恢复视力。

但是秦鸣鹤话音刚落，珠帘后立刻传出一声怒叱："此可斩！天子头上，岂是试出血处耶？"

毫无疑问，珠帘后的人就是武后。

秦鸣鹤当即吓得面无人色，不住地叩头谢罪。

还好这时候高宗发话了。他说："医之议病，理不加罪。且我头重闷，殆不能忍，出血未必不佳。"（《大唐新语》）

武后闻言，只好悻悻地闭上了嘴。

秦鸣鹤战战兢兢地针刺高宗头部的百会、脑户二穴。片刻后，高宗果然发出一声惊喜的呼喊："吾眼明矣！"秦鸣鹤顿时如释重负，赶紧擦了擦额头上不断冒出的冷汗。

武后在帘后，立刻作出一副兴高采烈的样子，向秦鸣鹤顶礼致谢，说："这是苍天赐我神医啊！"

据说为了表示对这位神医的感谢，武后还"自负彩百匹以赐鸣鹤"（《资治通鉴》卷二〇三），也就是亲自背了一百匹彩帛赏赐给秦鸣鹤。

武后这个举动实在是有够夸张。就算她确实对秦鸣鹤充满了感激之情，似乎也没必要亲自动手。要知道，背一百匹帛是需要相当体力的，尤其对武后这么一个年届六旬的老妇来说，更不是一件轻松的事情。可见武后此举，摆明了就是要拍高宗的马屁，而且还拍得相当肉麻。也许正因为如此，中唐人刘肃才会在他编撰的《大唐新语》中，把这个故事归入了《谀佞篇》。

根据常识，一个人越是对另一个人大献殷勤、猛拍马屁，越是表明这个人心里有企图。

而且，很可能还是不可告人的企图。

武后有不可告人的企图吗？

据刘肃记载，高宗的病情之所以极度恶化，就是因为武后“幸灾逞己志，潜遏绝医术，不欲其愈。”武后希望高宗的病情加重，以便早日实现她的个人意志，所以暗中阻止良医诊治，不希望高宗病愈。而司马光在《资治通鉴》中也作了类似的表述：“（武后）不欲上（高宗）疾愈。”

尽管大秦医生秦鸣鹤的医术确实高超，可令人遗憾的是，短暂的复明对此刻的高宗来讲只能是一次回光返照。

十一月末，高宗下诏命太子监国，数日后返回东都。

十二月初四，高宗李治在病势垂危的情况下，宣布改元弘道、大赦天下。

本来高宗还想登上则天门楼亲自宣布赦令，可是严重的气喘已经让他无法骑马，只好召集百姓代表在殿前听宣。大赦典礼结束后，躺在病榻上的李治轻声问侍臣：“百姓们都高兴吗？”

侍臣答：“百姓蒙赦，无不感悦。”

李治苍白的脸上缓缓露出一个笑容，可最后凝结在他嘴角的竟然是一丝凄怆。他微微地叹了口气，说：“苍生虽喜，吾命危笃。天地神祇，若延吾一两月之命，得还长安，死亦无恨！”（《旧唐书·高宗本纪》）

这是史书记载的高宗李治的最后一句话，也是他一生中的最后一个心愿。

然而，他已经回不去了。

弥留之际的李治只能在美丽而忧伤的回忆中静静地遥望自己的故乡长安。当半个多世纪的岁月烟云和人世沧桑从他的眼前倏忽飘过，李治无力地伸出了手，想抓住什么，然而他终究什么也没有抓住。

最后他无力地垂下了手。

同时垂下的，还有他噙满思乡之泪的疲惫的眼帘。

弘道元年（公元683年）十二月初四深夜，唐高宗李治崩于东都洛阳的贞观殿，享年五十六岁。

高宗留下遗命，由宰相裴炎辅佐朝政，同时留下了一份政治遗嘱，史称《大帝遗诏》。

> 天下至大，宗社至重，执契承祧，不可暂旷。皇太子可于柩前即皇帝位，其服纪轻重，宜依汉制。以日易月，于事为宜。园陵制度，务从节俭。军国大事有不决者，兼取天后进止。（《唐大诏令集》卷一一）

一个时代就这样终结了。

在这个时代里，唐高宗秉承贞观时代之余烈，将帝国的文治和武功都推向了一个新的巅峰，并且将大唐的疆域拓展得比太宗时代都更加广袤而辽远。然而也是在这个时代里，帝国的命运出现了重大的转折——外交和军事频频受挫，内忧和外患纷至沓来，李唐的江山社稷也面临着从内部被颠覆的危险。

随着高宗时代的终结，一个新的时代就此拉开了帷幕。

此时的大唐臣民并不知道，这是一个终将令天地变色、令历史改辙的时代。

这个时代诞生了中国历史上空前绝后的一个女皇。

她的名字就叫武曌。

不流血的政变：废黜中宗

高宗留下的那道遗诏是耐人寻味的。

除了一些政治上的惯用说辞之外，诏书中最值得人们关注的就是最后一句——“军国大事有不决者，兼取天后进止”。嗣皇帝对军国大事有不能裁决的，应该听取天后的意见。

这一方面固然是授权，可同时也对武后形成了双重限制：一，普通的行政权仍然在李哲和宰相手中，只有特殊的军国大事，武后才有发言权；二，只有当李哲碰到难以定夺的军国大事时，武后才有最终裁决权。

面对这份授权与限制并存的遗诏，武后的心情自然是喜忧参半。

不过，宰相裴炎很快就出面替武后打破了这个限制。十二月初七，也就是高宗驾崩的三天之后，裴炎就奏称："由于太子尚未即位，所以没有资格发布诏敕，若遇紧急情况，应由天后发布政令，交与中书、门下两省施行。"

武后笑了。

如此一来她就大大突破了遗诏的限制，拥有单独处理政务的权力。

十二月十一日，二十八岁的太子李哲正式登基，是为唐中宗；同时尊天后为皇太后。李哲虽然在名义上成了皇帝，可仍然处于服丧期间，因此朝政大权自然还是掌握在武后手中。

然而，按照遗诏"以日易月"的规定，民间服丧一月，李哲只须服丧一天，所以，最迟在新年到来之际，武后就必须归政于皇帝。

除非武后真有"还政于君"的心思，否则她就必须在这短短二十天的时间里，利用手中短暂的过渡性权力，全面控制局势，以便在新君李哲脱下丧服之后，仍然能够把帝国的最高权柄牢牢抓在自己手里！

时间异常紧迫，可武后还是以一副胸有成竹、举重若轻的姿态，不慌不忙地出手了。

在短短二十天之间，武后一共完成了四项意义重大的政治举措：

第一，安抚李唐宗室。十二月十七日，武后下令，将李唐宗室中一批"地尊望重"的亲王加封为一品大员：高祖诸子韩王李元嘉为太尉，霍王李元轨为司徒，舒王李元名为司空，滕王李元婴为开府仪同三司，鲁王李灵夔为太子太师；另封太宗诸子越王李贞为太子太傅，纪王李慎为太子太保。此举有效地安抚并拉拢了李唐皇族的大部分重要成员，让他们成了武后临朝的利益共享者，从而彻底麻痹了他们的心志，让他们不但对随后的废黜中宗之举视若无睹，而且对即将降临他们头上的灭顶之灾也毫无察觉。

第二，调整宰相班子。首先，把资深望重的老臣刘仁轨提升为从二品的左仆射，借此笼络其心；而在外示尊崇的同时，又任命他为西京留守，实际上就是把他闲置在长安，让他无法插手东都的政务。其次，将不久前提拔上来的几个新宰相转正，把"同中书门下平章事"的头衔改成"同中书门下三品"。最后，同意裴炎的要求，把他从门下省的侍中调任中书省的中书令，同时对宰相制度进行了一次配套改革，将政事堂从门下省迁到了中书省。

这项改革看似不经意，实际上却是唐朝政治制度史上的一次重大变革。众所周知，从贞观时代开始，唐朝的宰相制度就实行三省合议制，亦即中书省起草政令、门下省审核驳议、尚书省颁布施行。也就是说，唐朝所实行的是一种集体宰相制。然而就是从这次改革之后，门下省的驳议之权就被大大削弱了，掌握出旨权的中书省取得了一种独尊地位，原本属于“三省宰相联席会议”的政事堂，逐渐变成了中书令一人独大的“一言堂”，裴炎成了唯我独尊的首席宰相，不但每次会议都由他主持，而且各台省官员要进入政事堂也必须经过他的批准。从此，唐朝三省合议的集体宰相制就名存实亡了。

裴炎通过这次改革独揽了相权，这无疑是他前不久出面替武后打破权力限制的回报。说白了，这就是裴炎和武后之间的一场政治交易。而这笔政治买卖对武后来说显然是非常合算的，因为三省合议的宰相制度不仅是对相权的分化和制衡，同时也是对君权的监督和制约，如今武后借裴炎之手削弱了门下省的驳议之权，这自然为她日后畅通无阻地行使最高权力打开了方便之门。

第三，控制禁军。高宗去世前，在武后苦心经营的权力之网中，军队一直是一个薄弱环节。武后当然知道，倘若没有军队的拥戴，任何执政者的地位都将是不稳固的。所以这一次，武后特意提拔了两名将领，让他们分别掌管左右羽林军。这两个人就是程务挺和张虔勖。当初裴炎为了排挤裴行俭，就把平定东突厥的功劳归给了他们。而这一次，武后又让他们掌管了禁军，程、张二将无不对此感恩戴德，从此成为武后的铁杆拥趸。正所谓枪杆子里面出政权，在武后接下来废黜中宗的行动中，程务挺和张虔勖的禁军就发挥了至关重要的作用。

第四，镇抚地方。弘道元年十二月二十九日，也就是中宗李哲即将除丧的最后日子，武后派遣了四名心腹将领：王果、令狐智通、杨玄俭和郭齐宗，分别前往并州（今山西太原市）、益州（今四川成都市）、荆州（今湖北江陵县）、扬州（今江苏扬州市），与当地的府司共同镇守。这四大都督府是唐朝地方上的军事和经济重镇，其中，并州是李唐的龙兴之地，又是防御东突厥的桥头堡，其重要性自不待言；益州素称天府之国，历来享有“沃野千里”“民殷国富”的盛誉，是唐朝中央财政的主要来源之一；荆州是中南地区水陆交通的重要枢纽，四通八达，战略地位十分突出，自古乃兵家必争之地；扬州富甲天下，是唐代最大的经济都会，也是有唐一代最重要的赋税来源地，与益州正相颉颃，被时人称为“扬一益二”。

在权力过渡的敏感时期，武后以心腹将领出镇这些重地，足见她在政治上的深谋远虑。此举具有双重作用：从积极意义上讲，是为了防止地方叛乱；从消极意义上讲，即便武后在朝廷的权力斗争中失势，她也还有许多后路可退。所以，武后的这最后一着可以说是进可攻、退可守的万全之策。

公元684年注定是李唐王朝的多事之秋。

这一年，朝廷先后更换了三个年号：嗣圣、文明、光宅。这背后，是一段波谲云诡、变幻莫测的历史。朝野各种势力在这一年里竞相登场，展开了一幕幕有声或无声的博弈和厮杀。而武后则独自一人站在权力金字塔的顶端，眼观六路，耳听八方，翻掌为云，覆手为雨，把各式各样的对手一个个打入万劫不复之地，或者径直推入死亡的深渊。

第一个被她从天堂打入地狱的对手，就是她的第三子：中宗李哲。

新年的正月初一，刚刚脱掉丧服的新君李哲就迫不及待地改元嗣圣、大赦天下，同时册立太子妃韦氏为皇后。

然而，此刻的李哲却不无郁闷地发现——尽管他已经贵为皇帝，可武后丝毫没有还政于君的意思。

而更让他感到悲哀的是——满朝文武，宫廷内外，几乎都是他母亲的党羽。放眼所及，根本就没有一个可以让他信赖的人。

李哲愤怒了。

既然让我当这个天子，你就要给我天子的权力！

李哲开始愤而行使自己的天子权力了。就在册立韦后的同一天，李哲就把韦后的父亲韦玄贞从小小的普州参军（正九品下）一下子提拔为豫州刺史（从三品）。正月十日，李哲又把韦后的一个远亲、时任左散骑常侍的韦弘敏任命为太府卿、同中书门下三品，让他一步跨入了宰相的行列。

很显然，血气方刚的中宗李哲既不想当傀儡天子，也不想当光杆司令，所以他必须培植自己的政治势力。如今既然满朝文武没有一个人值得他信赖，那他当然只能倚重外戚了。

又过了几天，李哲再次做出了一个令人瞠目结舌的举动——宣布要将岳父韦玄贞从尚未坐热的刺史交椅上再度擢升为侍中，并且还想把乳母的儿子提拔为五品官。

面对新天子任性而鲁莽的惊人之举，顾命人臣兼首席宰相裴炎顿时有一种啼笑皆非之感。尽管他很了解新君李哲此时此刻的心情，可他对李哲的行为却不可能抱有丝毫同情。

没错，韦玄贞贵为国丈，天子想任用他、提拔他，实属人之常情，原也无可厚非。可问题在于——国家有国家的法度，朝廷有朝廷的规矩。要想升官可以，但也要讲条件、论资历，岂能在短短半个月的时间里，就把一个小小的九品参军一下子擢升为堂堂的三品宰相？你李哲虽然是天子，可你也要按规矩办事，像这种有违法度的事情，对不起，我裴炎万难从命！再者说，门下省握有封驳之权，假如让韦玄贞当上了侍中，那岂不是恰好对我这个中书令形成制约？我裴炎好不容易独揽了宰相之权，又岂能让他韦玄贞来分我的蛋糕？

因此，裴炎十分坚决地把天子的旨意顶了回去。不管李哲说什么，裴炎就是两个字——不行。

最后李哲终于勃然大怒，忍不住指着裴炎的鼻子咆哮：“我就算把整个天下送给韦玄贞又有何不可？何况一个小小的侍中？”

李哲的首次帝王生涯，就在这句没头没脑的气话中悄然地画上了句号。

裴炎看着暴跳如雷的天子，什么话也没说，一转身就去晋见太后，并把天子的话原封不动地向太后作了汇报。

武后的嘴角掠过一丝冷笑。

她比谁都了解自己的这个儿子。她知道，以他的能耐，不可能在天子的位子上坐太久，迟早有一天，他自己就会露出马脚，然后乖乖滚下台。只是让武后有点始料未及的是——李哲竟然这么沉不住气，才当了几天皇帝就犯下如此低级的错误。

真是不长进的东西！

当天，一个废立皇帝的计划就在武后与裴炎的密谈中定了下来。

嗣圣元年二月六日，武后把文武百官全部召集到洛阳宫的正殿——乾元殿，准备举行一场特殊的朝会。按惯例，从高宗显庆二年（公元

657年）开始，朝会都是间隔一天举行的，也就是逢单上朝，逢双不上朝。而这一天是双日，武后却突然召集百官上朝，她到底想干什么呢？中宗李哲对此大惑不解，同时也隐隐嗅出了一丝不祥的气息。

当文武百官鱼贯进入大殿时，所有人都感到今日朝会的气氛有些异样。天子端坐在御榻之上，神情略显张皇；太后依然隐于透明的帷帘之后，人们看不清她的脸，却分明可以感受到一股威严和肃杀之气正在整座殿庭中弥漫。

百官按班位依次站定后，赫然发现班首的位置少了两个人。

中书令裴炎和中书侍郎刘炜之。

就在百官们满腹狐疑之际，殿门口忽然响起一阵急促而杂沓的脚步声，人们看见裴炎和刘炜之带着一脸凝重之色双双步入殿中，紧跟在他们身后的是禁军将领程务挺和张虔勖，后面还有一大群铠甲铿锵、杀气腾腾的羽林军士兵。

百官们不约而同地在心里发出一声惊呼——

要变天了！

中宗李哲的脸色也在这一瞬间变得煞白。裴炎径直走到丹墀前，用一种略带轻蔑的眼神瞥了天子一眼，然后转过身去，面向百官高声宣读了太后敕令：自即日起，废皇帝李哲为庐陵王。话音刚落，两名全副武装的羽林军士兵迅速冲上丹墀，不容分说地把天子架了下来。李哲一边挣扎一边扭头大喊："我有何罪？"

帷帘后传出了武后不容置疑的声音："汝欲以天下与韦玄贞，何得无罪？"（《资治通鉴》卷二〇三）

蓦然听见这句话，刚才还在拼命挣扎的李哲顿时像泄了气的皮球一样瘫软下来，任由士兵把他架出了大殿。

目睹这突如其来而又惊心动魄的一幕，百官们面面相觑，整座乾元殿鸦雀无声。

一个由高宗亲自指定的接班人，一位登基还不到两个月、实际当政不过三十六天的皇帝，就这样说废就废了。武后似乎连一根小指头都没动过，一场不流血的政变就这样在转瞬之间宣告完成！

次日，武后的第四子豫王李旦就以一个普通亲王的身份被武后直接册立为皇帝，是为唐睿宗；同日改元文明、大赦天下，并册立睿王妃刘氏为皇后、六岁的嫡长子李成器为皇太子。然而，李旦虽然挂了一个皇帝的头衔，可只不过是个政治花瓶，一切政务皆由太后处置。李旦被安置在别殿里，不得参预政事，实际上形同软禁。

二月八日，武后将高宗所立的皇太孙李重照废为庶人，将李哲的岳父韦玄贞流放钦州（今广西钦州市）。

二月九日，武后派遣左金吾将军丘神勣前往废太子贤的流放地巴州（今四川巴中市），表面上是让他监视李贤，其实是暗示他逼李贤自尽。

二月十二日，武后亲临武成殿，由皇帝李旦率王公大臣向武后重上太后尊号，正式确立了武后临朝称制的合法性。从此，洛阳宫的紫宸殿上赫然升起了一道淡紫色的纱帐，在薄如蝉翼的纱帐背后，端坐着一个睥睨天下、拨弄乾坤的女人——太后武媚。

这是武后独断朝纲的开始。

这一年，武后六十岁。

如果是一个普通的妇人，此时最大的幸福莫过于在含饴弄孙中优游卒岁，在天伦之乐中安度晚年。可对未来的女皇武曌而言，她传奇人生中真正的华彩乐章才刚刚奏响，由她领衔主演的一出空前绝后、精彩纷呈的历史大戏也才刚刚开场！

好戏还在后头。

帝国唯一的主宰

李旦被立为皇帝的那天夜里，洛阳城中爆出了一条令人不寒而栗的新闻。

那是十几个禁军飞骑因为一句牢骚话而全部脑袋搬家的故事。

这十几个禁军士官在前一天参与了废黜中宗的行动，可能是领到了一些赏钱，于是结伴到一家妓院中饮酒作乐。酒过三巡，其中一个就借着酒劲发牢骚："早知道才赏这几个酒钱，没有加官晋爵的赏赐，还不如拥护庐陵王呢！"

其他人深有同感，连声附和。大伙发完牢骚，继续喝酒，话题自然也就转到别处去了。可谁也没有料到，正当他们酒酣耳热、浑然忘我的时候，其中一人已经悄然离席，拍马飞奔玄武门，向他们的长官告密去了。

片刻之后，一群凶神恶煞的羽林军就冲进这座灯红酒绿的妓院，把这十几个沉醉在温柔乡中的飞骑兵悉数逮捕，一起扔进了禁军监狱。当天夜里，带头发牢骚的那个就被砍掉了脑袋，其他人以知情不报的罪名被处以绞刑，唯独告密的那个被授予了五品官。

这条爆炸性新闻很快就在洛阳坊间传得沸沸扬扬。

不过，人们对这十几个惨遭杀身之祸的飞骑兵并没有多大兴趣，他们谈论最多的还是那个因出卖同僚而加官晋爵的告密者——一次轻轻巧巧的告密就能换来一袭五品官服，一次聪明的选择就可以让人少奋斗几十年，这种出人头地的方式实在是让很多人艳羡不已！

榜样的力量是无穷的。通过这次告密事件，人们蓦然发现了一条升官发财的捷径。从此，越来越多的人开始以出卖朋友为荣，以知情不报为耻；以拥护朝廷为荣，以议论时政为耻。

“告密之端自此兴矣！”（《资治通鉴》卷二〇三）

到了武周王朝，由于女皇武曌的大力倡导和丰厚赏赐，告密之风更是像空气一样弥漫在大周帝国的每个角落，甚至渗入了武周臣民的呼吸和血液之中。

人生就像是一场可笑而荒诞的梦。

这是睿宗李旦在这个变幻莫测又杀机四伏的春天里最为强烈的生命体验。

一夜之间，他就被母亲的权力铁腕从亲王直接推上了皇帝宝座，成了这个帝国名义上最有权势的人；旋即又被打入冷宫，成了这个世界上最高贵的囚徒。

这一切到底是为什么？

李旦实在看不透这大起大落的命运背后隐藏的玄机。

他只知道——自己并不喜欢当皇帝。从小到大，李旦最喜欢做的事情就是静静地待在书斋里，读书、写字、研究、思考，除此之外，别无他求。（《旧唐书·睿宗本纪》：“及长，廉恭孝友，好学，工草隶，尤爱文字训诂之书。”）他对政治根本没有兴趣，对权力更无野心。这辈子，他只想做一个自在逍遥、无忧无虑的亲王，而不愿意像大哥李弘和二哥李贤那样，被关进那个由欲望、阴谋、权术、暴力所编织的政治樊笼中，压抑心灵、斫丧天性，到头来又落得个身死流放的可悲下场。因此，李旦一直很庆幸自己是排行最小的儿子。他一直以为，不管是当太子还是当皇帝，这种烦人的事情肯定不会轮到他，这种大起大落的凄凉命运也绝对不会降临到他身上。

可是，李旦错了。无情的现实还是一举击溃了他纯真的梦想。就在他二十三岁的这个春天，母亲武后还是把这顶沉重的帝王冠冕不由分说地扣到了他的头上！

这是普天之下人人垂涎的冠冕，唯独李旦从来对它缺乏好感。然而人生就是如此荒诞——喜欢这顶帽子的人硬是得不到（如大哥李弘和二哥李贤）、戴不长（如三哥李哲），不喜欢它的人偏偏又逃不掉、躲不开。

面对如此人生，李旦唯有苦笑而已。

面对这囚徒般的帝王生涯，李旦也唯有苦笑而已。

因为这是来自母亲的囚禁，是这个世界上最温柔也最残酷的囚禁，让你无从辩驳、无力反抗，更让你无所逃于天地之间！

从戴上帝王冠冕的那一刻起，李旦知道自己已经变成天底下最高贵的一只金丝鸟，从此没了灵魂、没了意志，只能披着一身虚有其表的光鲜羽毛，在母亲的恩赐和施舍下作感恩和幸福状、在金碧辉煌的牢笼中发出温良恭顺的啼啭。

除此之外，他还能做什么呢?！

这一年二月末，巴州的瘦山枯水迎来了武后的特使丘神勣将军。李贤第一眼看见丘神勣的时候，就意识到自己的末日到了。

因为丘神勣的嘴角虽然挂着微笑，但眼里却布满杀机。

丘神勣告诉李贤的第一句话是——你母亲让我转达对你的问候。

话音未落，李贤就突然发出了几声刺耳的笑声。

母亲?

对李贤而言，这是一个多么温暖又多么冷酷、多么熟悉又多么陌生的称谓啊！迄今为止，李贤依然不知道自己的生命到底是韩国大人给的还是武后给的，但是有一点他很清楚——自己这条命早就在武后手里头攥着了，早一天拿去晚一天拿去，对他来讲实在没有半点分别。

所以，当丘神勣字斟句酌、拐弯抹角地表明来意时，李贤忍不住再次仰天狂笑。

这笑声是如此凄厉，以致在场的人都觉得毛骨悚然。

李贤用一种近乎蔑视的眼神最后看了丘神勣一眼，返身走进内室，把一条白绢抛上了房梁，毫不犹豫地结束了自己三十一岁的生命。多年以后，当丘神勣偶尔回想起李贤临死之前的笑声，脊背还是会不由自主地阵阵发凉。

三月，丘神勣圆满完成任务，如期返回东都。武后很满意，但表面上还是以误解太后懿旨、错杀李贤的罪名，把丘神勣贬为叠州（今甘肃迭部县）刺史。但是这样的贬谪形同公费旅游，丘神勣去叠州待了一阵子，很快就被武后召回洛阳，仍旧当他的左金吾将军。

对于李贤的身后事，武后自然也是做得相当体面。她不但追封李贤为雍王，并且亲率文武百官，在洛阳宫的显福门举行了一场隆重的“举哀”仪式。武后此举，一方面固然是为了彰显自己的爱子之情；另一方面则是希望将李贤已死的事实昭告天下，让所有拥护李贤的人死了翻盘的这条心。

四月末，庐陵王李哲被流放房州（今湖北房县）；几天后，李哲再次被押往均州（今湖北丹江口市），软禁在当年魏王李泰住过的那所旧宅里。

在高宗去世后的短短几个月里，武后以迅雷不及掩耳之势废黜李哲、挟持李旦、逼杀李贤，轻而易举地排除了所有障碍，把帝国的最高权柄紧紧攥在了掌心。做完这一切，武后才长长地松了一口气，开始回头料理高宗的后事，命睿宗李旦护送高宗灵柩返回长安，于八月安葬于乾陵。

随着高宗的入土，武后顿时有了一种如获新生之感。

因为从这一刻开始，她将不再扮演别人的妻子和配角，而将彻底成为自己命运的主人！从这一刻开始，她将不再是天皇李治的天后，而是这个庞大帝国至高无上的唯一主宰！

从四十六年前入宫到今天，武后历经各种曲折艰险与荣辱悲欢，在你死我活的政治斗争中击败了各路对手，阅尽沧桑，几度浮沉，如今终于拥有了一个全新的起点。

蓦然回首，四十余载的岁月恍如一梦。

从今往后，她将独自伫立于仅容一人驻足的权力之巅，笑傲天下，指点江山，再也无人可以阻止她去实现改天换日、翻转乾坤的宏大梦想……

《血腥的盛唐4》即将出版，精彩预告：

武则天篡唐立周，在位十五年，被“神龙政变”推翻。中宗李显复辟后，昏懦无能，大权旁落，唐帝国因此爆发了一系列惊心动魄的宫廷政变。武三思、李重俊、韦后、安乐公主、太平公主、李隆基等人先后登场，上演了一幕幕残酷血腥的权力博弈，最终由李隆基结束内乱，执掌朝政，并引领唐帝国走向贞观之治后的又一个高峰，史称“开元盛世”……

敬请期待《血腥的盛唐4》。

读客|公务员读史丛书_030：读历史，更懂政治，修身治国平天下

《其实我们一直活在春秋战国》全国热卖中！

春秋的思想、战国的计谋，至今依然深刻地影响着每一个中国人的思维方式和生活习惯。

公元前770年到公元前221年，在这段被后人称之为春秋战国的550年间，那些空前绝后的伟大人物和传世经典井喷似的涌现：

孔子述《论语》、孟子写《孟子》、老子写《道德经》、墨子写《墨子》、孙子写《孙子兵法》、鬼谷子写《鬼谷子》、韩非写《韩非子》……

百家争鸣奠定了中华文明的基石，四书五经铸造了后世中国人的价值观，春秋五霸开创了谋略计策的典范，战国七雄构建了现今中国版图的框架。

如今2000多年过去了，中国人的思维方式一直没有走出过那个时代圣人先贤们的思想边界，我们今天的生活习惯也与春秋战国丝丝相扣：见面点头打招呼，是周礼作揖的简化；端午节吃的粽子，战国的时候就已经包好；指导今日中国农耕安排的农历节气，同样始于春秋战国；甚至我们的姓氏，赵钱孙李周吴郑王……也来自于那个兵荒马乱的年代。

翻开本书，查看中国人思维方式的源头，时不时茅塞顿开，时不时眼前一亮。